共享经济

重构未来商业新模式

PEERS INC

HOW PEOPLE AND PLATFORMS ARE INVENTING THE COLLABORATIVE ECONOMY AND REINVENTING CAPITALISM

[美] 罗宾·蔡斯（Robin Chase）◎著　王芮◎译

浙江人民出版社
ZHEJIANG PEOPLE'S PUBLISHING HOUSE

云计算、大数据、宽带网络与智能终端这四种力量的聚合，催生着“共享经济”的新形态。它改变着我们传统的“拥有”“产权”等核心观念，转变为“使用”“信任”“合作”。“共享平台”“人人参与”改变着我们的政府、企业与人的角色，冲击着现有社会的分工与监管。产业互联网的时代正在到来。因此在共享经济下，互联的商业模式也从“免费”改变成为按时间、质量、场景等“类运营商”的新模式。要理解、拥抱这些巨变，只有解放思想，不断学习与实践。此作品恰逢其时。

田溯宁

宽带资本董事长

我们正步入共享经济的黄金时代，越来越多的人认识到分享过剩资源的意义与重要性，致力于努力挖掘平台与个人的重要价值。“共享”二字蕴含着无限大的想象空间，而这本书能帮我们抓住其中的机会。

毛大庆

UrWork（中国）创始人，万科集团原高级副总裁

这个社会资源越来越少，因为地球的产能是有限的；这个社会资源也越来越“多”，因为人类对物质的不断占有，导致了极大的过剩与浪费。顺应时代、顺应需求、顺应科技，作为一名创业者，我坚信共享会让这个世界变得更美好。

罗军

途家网联合创始人兼 CEO

移动互联网的共享经济是一场深刻的革命，它不仅会影响我们的各种行业，更会深刻地影响我们的生活习惯与行为，并给这个社会带来新的秩序。这也给每个行业、每个人带来新的机遇与挑战。这本书会帮助你找到自我。

朱平豆

滴滴打车副总裁、滴滴打车媒体研究院院长

本书揭示的不仅仅是一场资源革命（资源使用最优化），更是前所未有的生产关系革命。首先，生产资料所有制演变为租用制，我未必拥有原料、工具、技能和时间，但皆可租得。其次，产品的分配不再是一次性的，而是通过新型的协作性消费关系反复分配，至臻价值最大化，这就是当前的共享经济。再次，生产和交换过程的参与主体个人化。书名直译是“个体公司”，这种社会组织形态不是共产主义的“团结共有”，比“U 盘化生存（自带信息，不装系统、随时插拔、自由协作）”更丰富，也超越了“产消合一”和创客运动。个人既有独立意志和利益诉求，又能利用平台参与大规模的知识分享和协作性创造，实现个别天才和大公司所不能及的大创新，解决人类面临的大危机，这是即将到来的生成（generative）经济。

吴甘沙

英特尔中国研究院院长

蔡斯女士在书中提出的“放弃‘我拥有’，追求‘我创造’”，揭示了共享经济对人的权利的发展——从拥有权、使用权到创造权。共享经济正成为自法国大革命以来，人类的又一次产权制度革命，正在创造一个既非公有经济，亦非私有经济的混合所有制的新产权制度，解决了纠缠人类已久的公私矛盾，让财富之泉通过共享而尽情喷涌。

姜奇平

中国社科院信息化研究中心秘书长、互联网周刊主编

共享经济是另外一种路径的资源革命，不仅具有极大的商业价值，还有极其深刻的社会意义。

魏武挥

天奇创投投资合伙人

人人共享组织将改变我们对于经济形态、自身工作方式、企业创办方式的认识，同时将帮助我们解决最为棘手的社会问题。

克里斯·安德森

畅销书《长尾理论》作者

罗宾是一位拥有远见卓识的领导者，她致力于创建更美好的未来。她在书中给出的清晰、实用的观点，带我们迈出了改变未来的第一步。

赛斯·高汀

Squidoo.com 的创始人，畅销书《部落》作者

如果你想要理解推动行业转型的力量，你必须阅读本书。本书提出一个重要且新颖的观点：为什么个人和平台能够拥有如此大的能量，以及当他们结合在一起时能够产生什么样的效果？本书是一位真正有前瞻意识的智者的杰作。

朱丽叶·斯格尔

波士顿大学社会学教授

这是一本了解经济世界新逻辑极度综合又极其简明的指南。与个人如何组

织起来利用平台获利相比，让我更感兴趣的是他们是如何做出改变的。正如罗宾·蔡斯所指出的，如果我们想要和气候变化抗争，就需要将每个人都联系在一起。本书给出了人们需要的答案！

比尔·麦吉本

环保组织 350.org 创始人

让我们开放资产，数据，还有头脑

胡泳

北京大学新闻与传播学院教授，新媒介批评者

打开罗宾·蔡斯的网站，首先映入你眼帘的是五句话：

> 让我们打造一个富足经济。
> 让我们发现过剩产能，并将其释放出来。
> 让我们开放资产，数据，还有头脑。
> 让我们努力解决气候变化和贫富不均问题。
> 让我们创造一个我们愿意生活其中的世界。

对于一个企业家来讲，这些可谓远大的目标。毫不奇怪，罗宾·蔡斯不是你想象中的那种寻常企业家。她自称为一个“交通企业家”，创办了汽车共享公司Zipcar、P2P 汽车租赁公司 Buzzcar 以及拼车网站 GoLoco。这几个公司有什么特点？你猜对了，它们都是时下方兴未艾的共享经济的先驱。没错，“共享”当然也是这本书的关键词。

打开书，首先跳出来的前言标题叫作“欢迎来到共享经济的决胜期”。已经到了决胜期了，蔡斯显然是用一种胜利者的口吻在回顾自己的光荣史。然而，共享经济的起步期可并不美妙。她把时钟拨回到 2000 年，在 Zipcar 成立早期的几个月里，蔡斯讲到，她总是做同一个噩梦：一个汽车租赁行业的恶棍冲进房间，拿枪指着她和她的丈夫。原因当然是，她所创建的业务模式正在摧毁这个有着上百年历史的行业。

百年行业怎会被轻易摧毁？你又猜对了，依靠互联网。蔡斯起步时，首先琢磨客户租车最在乎什么，答案是“经济和便捷”，于是，Zipcar 所有的商业模式都围绕经济和便捷来打造，努力降低客户租车所需的金钱和时间成本：预订更快捷，取车更容易，支付更方便，尽可能减少人工服务的流程，以自助式服务让消费者拥有高度自主权。

Zipcar 也注重从技术上提升传统租车的用户体验，比如给汽车安装射频识别收发器（RFID transponder），可以读取会员资料，开启车门，并向控制中心更新汽车的使用时间和里程数；引入 Mobile 技术，让用户通过移动设备查询和预订汽车。可以说，人手一部的智能手机正是“汽车共享”的关键。

沿着这个汽车共享的概念走下去，人们发现，改变汽车的传统使用方式，会带来一系列好处：首先它可以充分发挥每一辆车的作用，降低车辆持有率及停车场的占有率；其次它可以减少消费者的“碳足迹”，对地球环保和气候变化都是福音。

由此来看，蔡斯提出以上的五大追求就不是偶然的了，她在技术慈善方面所做的大量工作也其来有自。本书意在探究大众和平台如何构建共享经济，突破资本主义，进而完善这个世界。**蔡斯试图在书中描画一种时代精神，过剩产能＋共享平台＋人人参与，形成崭新的“人人共享”模式，把组织优势（规模与资源）与个人优势（本地化、专业化和定制化）相结合，从而在一个稀缺的世界里创造出富足。**

今天，我们对Uber、Airbnb和比特币都耳熟能详，它们在共同颠覆着从交通到旅游到金融的广大领域。蔡斯的数据是，2014年，共享经济总共募集了3万亿美元的资金。《时代周刊》则说，在共享经济中大约活跃着10 000家公司。

可以共享的东西太多了：有物业，有资源，有时间，有数据，还有技能。这对旧式的产业是巨大的挑战，对整个社会也是如此。工作机会可能越来越少，工作保障也日益成为明日黄花……共享经济的益处是明显的：所有者通过分享自己的资产，为其赋予了多种用途，既能够为自己带来收益，也能够创造出社会经济学的好处。如同蔡斯所说，它重新定义了我们对于资产的理解：它是专属于个人的还是大众的；是私有的还是公有的；是商业的还是个人的。我们都知道，分享资源会带来效率，分享知识会带来创新，那么，分享资产会带来什么呢？

蔡斯很聪明，懂得首先接受资产分享观的一定是年轻人。所以Zipcar花大力气攻打大学城，其三分之二的会员年龄在35岁以下。年轻人喜欢Zipcar租车的低门槛，也更钟情绿色出行的理念。就连Zipcar标榜的口号“你身边的轮子”和令人会心一笑的广告“一年有350个小时做爱，却要花420个小时来找车位，到底是哪里出错了”，都透露出年轻时尚的气息。

年轻人消费的特点是什么呢？体验，体验，还是体验。因此分享型经济实际上就是体验型经济，更具体地说是“马上体验”经济：马上要用，马上就得拿到；用多少，就付多少。对一代又一代年轻人来说，资产正变得越来越失重，往往是“不求拥有，只求使用”。

而共享经济的命门也正在此处：正处于人生上升时期的年轻人，想不到共享经济中的劳动者将会缺少养老金、健康保险、伤残保险和假期。这个被称为“无领劳动者”的群体——既不是蓝领也不是白领，将面临一个困惑性的问题：“我们处在雇用和剥削之间的什么位置？”

蔡斯写道：“我们需要建立新的社会机制，以使新平台经济学的收益普惠化——甚至分配给每个人一个基本的收入。如果做不到这一点，社会后果可能是非常可怕的。”

在这个意义上，人人共享必须达到人人受益，而人人受益则意味着地球受益，所以对于倡导共享经济的人来说，最后我们遇到的不仅是个投入产出问题，而且是个生死问题。我们需要人人共享是因为，它所产生的结果是，我们仅需最少的东西，就可以维持最大数量的人。

在气候变化、人口增长、环境恶化等正极大地威胁我们这个蓝色星球的当口，愿每一个有开放头脑的人都能从这一点上来认识和实践共享经济。

共享经济，共享未来

陈大年

连尚网络（WiFi 万能钥匙）创始人兼 CEO

从美国到中国，全球都在探讨共享经济的热潮。在美国，以 Uber、Airbnb 为代表的共享经济企业正在改变人们的出行、居住等生活习惯。目前，Uber 估值已经达到 500 亿美元，媲美全球最大租车集团企业号控股集团（Enterprise Holdings）；Airbnb 的估值不断飙升突破 250 亿美元，赶超世界最大连锁酒店希尔顿酒店。在中国，以滴滴快的、WiFi 万能钥匙为代表的共享经济企业也受到用户、投资者的高度关注。

在全球共享经济发展中，罗宾·蔡斯女士是较早思考和实践共享经济的科技创业者之一。她在日常生活中用细腻、独特的眼光发现了汽车出行的低效和弊端，创建了美国最早的汽车互联网租赁公司 Zipcar，倡导通过租车形式来解决当今日益严重的环境污染和能源紧缺等问题。

罗宾·蔡斯女士有着丰富的共享平台创业和管理经验，在本书中，她回顾了 Zipcar 的创业经历，用大量的全球共享案例和经验归纳了共享经济给个人、商业带来的巨大变迁，提出用共享理念来解决人类最大危机——气候变暖、水源变少、食物变得不再安全等问题。

因此，我很高兴将第一本在中国付梓出版的“共享经济”类书籍介绍给大家，也希望中国读者通过这本书更了解共享经济的内涵、价值和未来前景。在“人人共享”的社会中，找到不同以往的机会。

回顾中国市场，共享经济还处在起步阶段，滴滴快的、WiFi 万能钥匙等公司是在 2012 年才成立的，未来还有很长的路要走。但是，共享经济诞生的历史根源，注定它将有一个不平凡的未来。**这是适应时代发展的新经济模式，也将是未来最主要的经济模式之一。**

传统商业逻辑里，供需关系的解决主要依靠生产力的不断提高。但是，第三次工业革命后，尤其是近二三十年来，传统依赖生产解决供需矛盾的方法逐渐失效，因为人们面临的主要问题不再是产能不足，而是资源分配不均衡。但通过人人共享，可以将过剩产能达到最大限度的平衡，从而实现新的价值。

罗宾·蔡斯女士在本书中也提出，被忽视的过剩产能，将产生无处不在的机会。“它可能属于你，也可能属于别人。它可能是有形的、暂时的、虚拟的，也可能是与流程、网络或经验相关的。这些过剩产能在过去造成了资源浪费，但在共享时代，它意味着孕育无限的可能。”目前，全球范围内，除了 Uber、Airbnb 之外，还诞生了大量的共享公司来满足人们日常衣食住行学等方面的需求，譬如书中提及的，BlaBlaCar，让人们可以快速、简单、安全地分摊乘车成本；reCAPTCHA，利用验证码解读和转写字符；Waze，为驾驶员提供更好的行车路线等等。

推荐序二　共享经济，共享未来

共享经济来源于互联网，但是，我认为共享经济带来的冲击将远远超过互联网本身。**共享经济提供了一种新的思维方式，通过过剩资源的再利用，替代了传统的生产力。因为过剩，所以变得便宜；因为过剩，不需要再生产，所以环保；因为过剩，所以“顾客就是上帝”开始变成了“顾客也是服务者”，顾客也提供服务。这就是共享的力量。**

共享经济的流行也要感谢移动互联网的发展。移动时代，人们可以随时随地上网，分享也变得更加容易。WiFi 万能钥匙的理念即是让人们“随时随地连上 WiFi”，因此，公司在成立短短两年多时间里，全球总用户量超过 7 亿，月活跃用户达到 3.6 亿，日均成功连接近 30 亿次。而且，这个数字还在不断快速增长中。共享理念下，WiFi 万能钥匙还曾仅用七天时间，就募集到高达 77.14 亿元的投资意向，与初始募集人民币 3 250 万元相比，超募 237 倍。这在数十年前，根本无法想象需要耗费多少人力物力才能达到的目标，通过互联网以近乎零成本的方式实现了。

正如罗宾·蔡斯女士所说：“我们正处于史无前例的创新时代。”我也相信，共享经济将在很多传统行业掀起新的产业革命。未来 80% 以上的产业都将被共享经济所改变。在李克强总理倡导的“大众创业、万众创新”历史大潮中，我期待更多的个人、组织和行业加入共享经济行业中。未来，我们的交通运输、教育、能源等一系列产业都将因为共享经济变得更高效、环保和节能。

希望从本书开始，共享经济的书籍能够百花齐放，帮助更多企业共享化。

人人时代，人人共享

得知本书即将在中国出版，与中国读者见面，我感到非常激动。中国的经济改革对世界有着深远和重要的影响。从计划经济转型为一个由消费者驱动的经济体，中国经济的变化对于全球经济的影响举足轻重，当然，对于 13 亿中国人也是至关重要的。对于“人人共享”的理解和认识，以及商界和政府在这方面的推进，将帮助个人、组织以及政府在全世界快速的经济转型中找到方向。在如今越来越快的经济转型时期，所有人都需要认识到工作中的力量，并确保我们最终会实现自己想要的结果。现在正是创造一个我们愿意生活其中的世界的时候，已没有时间让我们消极等待。

尽管我在书中讲述的很多“人人共享”成功案例都发生在美国以及欧洲，但是成功的要素是存在于全球各地的。想必你们都知道共享型公司阿里巴巴实现了规模最大的首次公开募股吧。我希望本书能够鼓励创业者、公务员、科学家以及学生重新思考充满力量的新方式，将过剩产能转化为让人们充满惊喜的新价值。这一平台经济赋予组织和个人以灵活性使其能够快速、创造性地适应改变，让社会的潜力得以释放。

能让全球读者阅读本书是我最大的荣幸。我很高兴能够为你们呈现大公司平台如何与个人的才能结合从而带来比他们单打独斗更好的结果。我希望本书以及共享经济将能够为中国及全世界经济的转型带来一剂良药。

不难想象，策划本书花费的时间要比实际写作的时间长很多。正如读者所看到的，本书描绘了对于未来经济形势的愿景，并不仅仅是分享故事。鉴于此，我需要收集全球不同领域的专家学者的意见并倾听他们的经历。我在 2014 年 3 月开始本书的写作，于2014年10月15日将手稿交给出版商。看上去这段时间并不算长，但我却花费了一年多的时间来决定本书最终的写作方式，以及哪些内容要写，哪些内容不写。

在本书的写作过程中，我最喜欢的部分是收集那些在本书中出现过的人的想法、故事、意见以及创意。我一直和这些做有趣事情的人保持联系，相互发送邮件、推文，以及视频沟通。我得到了新老同事的支持和建设性的意见。非常感谢经济、科技趋势、免费开源软件和气候变化方面的专家和创业者对我的帮助。这些各自领域的领导者为本书的完成提供了非常多的帮助，并能确保我所写的事实准确无误。

最后，还要感谢两位重要的编辑：我的大女儿（她也是一位作家），以及我的新同事（一位在写作、可持续发展、开源技术方面的专家），是他们帮我将所写的内容编写成一本着眼于未来的精彩书籍。所以，最终呈现在你面前的是我们共同努力的结果。在写作的过程中，本书中提到的第三个奇迹多次出现——正确的人总会出现，并且总是在我最需要他们的时候！本书的大部分是在马塞诸萨州的坎布里奇市、缅因州的避暑别墅以及伦敦市朋友家中完成的。

PEERS
INC
目录
How People and Platforms Are
Inventing the Collaborative Economy
and Reinventing Capitalism

的世界。从一开始，我就认为 Zipcar 是一家以不同方式来思考商业的公司，商业世界中关于信任、责任以及合作的假定都被改变了。

【共享先锋】

Zipcar，传统租车行业颠覆者

Uber，改变城市交通现状

过剩产能无处不在。它可能属于你，也可能属于别人。它可能是有形的、暂时的、虚拟的，也可能是与流程、网络或经验相关的。它包围着我们，孕育着无限的潜能。

【共享先锋】

BlaBlaCar，快速、简单、安全地分摊乘车成本

reCAPTCHA，利用验证码解读和转写字符

Waze，为驾驶员提供更好的行车路线

过剩产能是一种诱人的低成本原料，它使得搭建平台变得更有意义。借助平台，人们可以联合起来释放出隐藏在过剩产能中的价值：资产、时间、专业知识以及创造力等。

以以指数级速度学习，多样化的网络群体让我们得以即时获取正确想法。人人共享带来的这三个奇迹证明了，只要搭建了良好的平台，改变必将随之到来。对此，我们深信不疑。

【共享先锋】
Airbnb，让陌生人住到你的家里来
DuoLingo，免费高效的语言指导
HelpAround，帮助病人避开危机

第二部分
重塑未来商业新模式

要想抓住商机、增加市场份额，就要在公司运营的过程中选对时间点、启用合适的人、采用正确的战略。在为群体建设一种富有弹性且具有吸引力的基础设施时，这些条件一定要同时具备。

第三部分
放弃“我拥有”，追求“我创造”

那些对每个人都免费开放的资源，无论有多少人共享，也不会被用尽。私人领域已经渐渐开始意识到，开放程度最大的平台中的投资，具有实现股东最大价值的巨大潜力。

未来，整个世界的气候会变暖，水源会变少，食物会变得不再安全，这是每一个人都要面对的问题。汇聚人们的聪明才智、创造力、能量、人脉和时间，这是你成为英雄的最佳时机!

欢迎来到共享经济的决胜期

时间退回到2000年，在汽车共享网站Zipcar成立之初的几个月里，我晚上总是辗转反侧，反复做着同一个噩梦：躺在丈夫的身旁，我总觉得会有一个恶棍—— 一个汽车租赁行业的恶棍，冲进房间，拿着枪指向我们。那时的我清楚地知道，我们创建的业务模式正在摧毁这个有着上百年历史的行业。

虽然Zipcar是互联网汽车租赁行业的先锋，但我当时仍然无法想象互联网将会带来的巨大转变。当你能轻松地与人交流，分享资产、人脉和想法时，所有的一切都改变了，而不仅仅是你的租车方式。谷歌、eBay、Facebook、OKCupid、YouTube、Waze、Airbnb、WhatsApp和Duolingo等，这些网络平台都是当今商业转型的一部分。Web 2.0、共享经济、众包、协同式生产、协同消费和网络效应等，都是在这一转型过程中出现的现象。将这些现象的出现都归功于互联网也并不恰当，因为这样就会忽略掉其构建模块以及用更可控的方式复制这些活动的能力。**这些活动都有一个共同的基础：产能过剩 + 共享平台 + 人人参与。我们工作、创业和经济发展的方式也都因此而发生了改变。我将这种模式称为“人人共享”。**

人人共享整合了个人和企业的最佳能力，其实质就是高效利用每种资源和每个利益相关者。“组织”能带来行业的优势（需要较大的规模和大量资源），“个人”能带来个体的优势（本地化、专业化和定制化）。**当组织和个人都在努力做到最好，为对方解决困难、恼人或是难以攻克的难题时，最终双方的合作就会产生出人意料的结果，甚至是奇迹。**

在当今这个资源稀缺的世界里，人人共享组织可以创造出富足。通过利用已有的资源，如有形资产、技术、网络、设备、数据、经验和流程等，这些组织可以实现指数级成长。人人共享重新定义了我们对于资产的理解：它是专属于个人的还是群体的；是私有的还是公有的；是商用的还是个人的。人人共享也让我们对监管、保险和管理有了新的思索。通过挖掘大众群体的多样化，这些组织充满创造力并具有了指数级成长的能力。人人共享重新书写了价值创造的法则：**分享资源会带来最高效率；分享知识会带来最伟大的创新。**

人人共享正在推动这个工业化社会转型为共享经济社会。传统经济发展所基于的理念是，财富是通过一点一滴地囤积资产再将其售卖累积起来的。这就是我们发明专利、版权、商业机密、证书和保密条例等的原因，也是我买了一辆车、买了上百张唱片的缘由。我们都会存储东西，将它们放在身边保存好，相信这就是我们（包括个人、企业、机构和政府在内）获取价值的方式。这样做的结果就是造成了巨大的损失——本可以被充分利用的产能严重过剩。在仔细研究那些人人共享组织成功的原因时，我们一次又一次地看到了开放、关联资产和理念所能带来的巨大价值。

在这个变化无常的世界里，人人共享带来的合作能使我们以前所未有的速度、规模和品质发生着改变。创造力、创新、复原力和信息冗余是每一个人人共享组织的本质特征。这是现在这个时代所需要的结构：我们可以在这样的平台上快速地试验、试错、迭代和进化。我们能以更节省成本、更快速的方式来解决问题，能将全球化的问题通过本地化来解决。老旧的工业化经济模型无法解决气候变化带来的问题，因为发展得太慢、太没有效率、太过孤立。**人人共享正在使我们的经济发生翻天覆地的变化，为不断消失的工作岗位、不断加大的贫富差距以及日益严重的资源稀缺问题给出自己的答案。**

我们现在所做的一切会对我们的未来形成深刻而持续的影响。如今，依靠燃烧化石燃料、以消费为基础的工业经济即将终结，而依靠分享、开放和连接而发展起来的共享经济则会逐渐繁荣。我们对于抛弃什么和如何为未来做准备的选择，将会决定我们是否能够及时作出转变以及有多少人会因此而获得帮助。现在，决胜期已经到来了。

扫码关注“庐客汇”，回复“Robin”，
直达《赫芬顿邮报》对罗宾·蔡斯的专访。

PEERS INC

How People and Platforms Are Inventing the Collaborative Economy and Reinventing Capitalism

第一部分

创造一个你想要的新世界

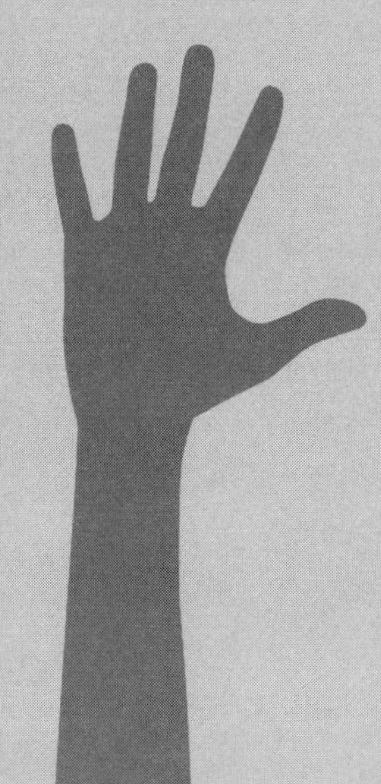

PEERS INC

How People and Platforms Are Inventing the Collaborative Economy and Reinventing Capitalism

01

Zipcar的诞生

|共享型企业的三个理论基础|

【共享先锋】

◎ Zipcar，传统租车行业颠覆者

◎ Uber，改变城市交通现状

在我与安特耶·丹尼尔森（Antje Danielson）创建了 Zipcar 之后，有一家知名杂志曾称我们是来自美国马萨诸塞州坎布里奇市的“两位母亲”。虽然这样的措辞听起来毫不谦逊，但它的确道出了使我成为 Zipcar 最有资格创建人的原因之一——我是 3 个孩子的母亲。现在，让我从头说起。

我父亲是美国的一名外交官。我高中毕业于埃及亚历山大港的一所中学，在来到这所学校之前，我到过 7 个国家，上过 13 所学校。这样的成长经历赋予了我丰富的阅历、充沛的冒险精神以及独立性。我知道如何快速地探索初到的城市，也深谙交通方式的选择。小时候，父母就允许我步行、滑滑板车或是骑自行车去我想去的地方。我去过叙利亚首都大马士革、以色列首都耶路撒冷、斯威士兰首都姆巴巴内，还有弗吉尼亚州的阿林顿县（Arlington）。得益于此，我渐渐地不再让母亲操心——我们家有 6 个孩子，母亲总有一大堆事务要处理。当美国大部分青少年都渴望拿到驾驶证享受自由驾驶的乐趣时，在埃及亚历山大港读高中时，我就已经明白有很多种交通方式可供选择了，其中包括便宜的出租车和有轨电车。

在经历了多年的举家迁徙和不断地适应新生活后，我最终来到了坎布里奇市，并在这里生活了 20 年。整整 20 年！我怎样在坎布里奇市找到以前的那种独立感呢？我需要找到一种最快速、便捷的交通方式来让我和 3 个孩子在幼儿园、公司、超市和公园之间来回穿梭。在这个城市里，这就意味着要么步行（没有座椅，没有安全带，当然也不用找停车场），要么乘坐公共交通工具。当然，若能偶尔开车的话，就更完美了，很多事情也会变得更简单。

我的独立、机智、热爱冒险以及急躁的心态在创建 Zipcar 的最初几个月里表现得最为明显。Zipcar 成立之后，我在与好友卡林·拉哈尼（Karim Lakhani）的一次交谈中了解到，**最佳的解决方案和最具创造性的实践往往都来自那些“门外汉”**。拉哈尼是麻省理工学院研究科技创新的讲师，他的博士论文详细论述了创新平台的相关理论。我想自己就是他所说的那种“门外汉”吧。Zipcar 需要天使投资人，需要风险资本家，需要这些有钱人让公司正常运转起来，但这些人却同时也是车主和经常开车外出的人。我们想要以小时和天为单位将车出租给别人的理念，与他们所知的普通人的生活状态和生活方式以及完成这件事所需要解决的技术、操作和融资方面的难度都是相违背的，更别说这家汽车公司的创始人还是女性了。

你好，Zipcar

Zipcar 创立于 1999 年 9 月，那是一个晴朗的返校日。无论我离开校园多久，9 月对我来说都是一个关于未来、关于改变、关于兑现诺言的月份。这可能是因为我住在美国东北部的一个大学城里，每年都有大批年轻人在树叶变黄、随风飘落时拖着沉甸甸的行李来到这里。那一年的 9 月，丹尼尔森和我在离孩子幼儿园几条街区的 Ras Café 里喝咖啡，等着接孩子。我们聊了聊最近她去德国度假的事。她在柏林的一个咖啡厅里看见街道对面停着一辆可供他人分享的车。后来她发现，这辆车可供人们以小时或天为单位租赁。这件事后来一直在她的脑海里萦绕。她问我：“这种方式在坎布里奇市是否可行？”

我是和她讨论这个问题的最佳人选——正确的时间、正确的地点和正确的人。那时，我刚刚参加完麻省理工学院斯隆管理学院（MIT Sloan School of Management）的一场校友聚会，了解到诸多同学的创业故事和成功经验。在那个时代，大都会波士顿是科技类初创公司的温床。雷声公司（Raytheon）、数字设备公司（DEC）、数据通用公司（Data General）、王安电脑公司（Wang）、易安信公司（EMC）都是在这里成立的。这里就是美国东海岸的硅谷。2000 年 3 月，互联网热潮达到顶峰，纳斯达克中此类公司的股票市值飙到了历史最高位。

我不仅做好了创建一家汽车共享公司的准备，自己也属于汽车共享行业的目标人群。我的丈夫每天早上开车去位于郊区的办公室，然后将车停在停车场里闲置一整天。虽然我有时的的确确需要一辆车，但却找不到说服自己买车的理由。因为买车之后，停放、清洗和保养都是问题。我不想每天总要记着还有洗车的任务没有完成，也不想每天早上 7 点总是收到拖车司机的警告然后跑出去挪车。对于那些和我一样不需要开车去工作的人来说，拥有一辆车的成本比车带来的益处要大得多。在某些无奈的情况下，我偶尔会向邻居借车。但是，经常借车的行为会让我感觉自己像一个乞讨者。因此，我需要 Zipcar。

就在为创建公司开始做准备工作的两个月之后，我们拿到了第一笔天使投资资金。这笔钱来自我在麻省理工学院的同学珍妮·哈蒙德（Jeannie Hammond），共计 5 万美元。我们几乎把这些钱都交给了公司的工程师吉姆·勒纳（Jim Lerner）。我和他合作创建了 Zipcar 的第一个网站、会员申请页面、车辆预定和付费流程、基本的车队管理系统以及整合以上技术的集成数据库。另外，在 Logo 和网页的设计方面，我们也花了一笔不小的费用。4 个月后，Zipcar 的账户里仅有 68 美元，当时距离 Zipcar 正式上线只有 3 天了。我们的计划是将 4 辆车停在 4 个预定好的停车场，分别靠近坎布里奇和波士顿的 4 个相邻的地铁站。我们有一辆崭新的灰绿色甲壳虫轿车，名为“贝齐”（Betsy）。这辆车是我用房子做抵押，每月分期付款 299 美元买下的。另外三部车是大众公司生产的：一辆甲壳虫、一辆高尔夫和一辆帕萨特，这三辆车预计将会在次日早上送达。但之后，我接到租赁公司副总裁的电话。他告知我，每辆车都要收取 7 000 美元的保证金。你们肯定以为那时的我会惊慌失措，但我没有，只是感觉很累，毕竟没有什么事情能轻而易举地完成，这不过是我们要克服的另一个难关。

当天傍晚，我还没有想出应对之策。为了分散一下注意力，也是由于已经答应了别人的邀请，我在晚上 6 点去了另一家初创公司的聚会。聚会被安排在一间几乎没有粉刷过的工厂里：水泥地面，墙壁刚刚被刷成了白色，一张张长长的餐桌紧靠着墙壁，上面铺着纸质的桌布。我一进去就遇到了此前联系过的天使投资人胡安·恩里克斯（Juan Enriquez）。我本打算过些日子去拜访他，但是在 6 月的那一天，我们有了一次简短却意义非凡的对话。

“蔡斯，Zipcar 最近进展如何？我能为你做些什么吗？”
“我需要在明早筹集到 2.5 万美元。”
“没问题。”他说。

果然，就在次日早上 9 点，银行告知我 2.5 万美元已被划到了我们的账户上。我把钱交给租赁公司，拿到了车，Zipcar 终于正式上线了。

我仍然需要钱。2000 年，能将潜在投资人和潜在创始人联系在一起的在线社交网站和门户网站还未出现，因此天使投资人的个人贷款、众筹以及一条龙式投资对我们来说并不存在。

我第一次感到无法与风险资本家达成共识是在和波士顿的一位风险投资人第三次会面时。

在正式会议结束后，我们一起在办公室里吃午餐。我得知他也有孩子，而且有 9 个！我在家里 6 个孩子中排行第 5。我告诉他自己孩提时代最喜欢看的电影是《彼得·潘》，我记得自己五六岁在电视上第一次看到这部电影时，就爬到了卧室大衣柜的上面，并从上面跳了下来，希望自己能飞起来。当然，我摔了个大跟头。

他告诉我，他也曾将自己两岁的孩子放到卧室大衣柜的上面。他将胳膊伸向孩子，说：“跳！跳！”孩子有些犹豫。他继续说：“跳吧！我会接住你的。”孩子最终跳了下来，但他放下双手让孩子摔到了地上。“我必须让他从小就记住：不能信任任何人。”

在回家的路上，这个故事一直在我的脑海里徘徊。整个下午，我都在思考这件事。等我的三个孩子都睡着了之后，我把这个故事讲给丈夫听。风险资本家们似乎与我有着截然不同的世界观。我认为可以相信别人，大部分人都是好人。我可以信任我的父亲，甚至是一个陌生人，相信他们都会在我摔下来时伸出援助之手。也许我的想法过于幼稚，**每一天我都在努力去发现并构建一个我愿意生存的世界。从一开始，我就认为 Zipcar 是一家以不同方式来思考商业的公司，商业世界中关于信任、责任以及合作的假定都被改变了。**

Zipcar 运营的三个基本理论

我总结出了确保 Zipcar 能良好地运转下去的三个基本理论，而这三个理论同时也能为投资者和商业研究者们思考问题提供一个新的视角。

蔡斯的理论 1：出于经济方面的考虑，与拥有一部车相比，人们更希望能“分享”一部车。

投资者的回复：美国人对于消费和所有权已形成了某种固定的想法。他们和自己的汽车有着一种特殊关系，其社会地位和汽车紧密联系在一起。美国人不仅想驾驶汽车，更想拥有它们。

蔡斯的理论 2：一个可以将互联网和无线技术连接起来的科技平台让分享变得更容易。

投资者的回复：科技的门槛太高、内容太复杂，如你所说的那个平台还从未构建起来，何况你也不是一名工程师。

蔡斯的理论 3：公司相信用户可以在不受监管的情况下取车、还车，用公司的信用卡给汽车加满油，并在使用完毕后带走车上的垃圾。

投资者的回复：在欧洲也只有瑞士人才会做这种事，美国人永远不会这样善待汽车。

之所以在第一条理论上为分享一词加上引号是有原因的。在 1999 年的一次调查中，我们发现有 40% 的人认为“分享”一词有贬义色彩。他们认为，“分享”的潜台词是“脏乱差”、“需要等”和“嬉皮士风格”。上述这些词语与我们所要提供的服务根本无法等量齐观。**但我们相信科技能将“分享”转变为一种无缝和快速交易的方式。Zipcar 将提供高品质的服务，我们的客户也无须配合他人或是等待。**

结果，我所理解的“分享”预言了社会化网络 10 年后的发展。Facebook 和其他社会化媒体公司彻底重新定义了“分享”的含义。我很幸运的准确预料了人们的分享意愿，在 Zipcar 网站上线后不到一分钟，电话铃就响了。

> “你好，这里是 Zipcar。我是蔡斯。有什么可以帮你的吗？”
> “你好，我想租一辆车。”
> “你不是在开玩笑吧，我们的网站刚刚上线！太令人难以置信了！没问题。”

克雷格·克莱曼（Craig Kleffman）就这样成了 Zipcar 的第一位会员。他以小时为单位租用我们的车来将架子鼓运到表演现场，随后又以天为单位租车去参加在郊区举行的铁人三项比赛。对于像克莱曼这样生活在城市里且无须开车去工作的人来说，买一部车或是选择传统汽车租赁都是一种浪费，因为他们拥有的比实际需要的多。

PEERS INC
How People and Platforms Are Inventing the Collaborative Economy and Reinventing Capitalism
共享的力量

人们选择 Zipcar 是因为“分享”是更为明智、更为经济的选择，而 Zipcar 也是聪明、有趣、灵活、方便和可靠的代名词。Zipcar 在创建 13 年后于 2013 年被阿维斯出租汽车公司（Avis）收购，当时其在美国、加拿大和英国已有 76 万名会员和 1 万部汽车。近期，Zipcar 在西班牙和奥地利收购了当地的汽车分享公司，并于 2014 年在巴黎推出了自己的服务，大大扩展了经营范围。

Zipcar 的目标是将租车变得简单易行，就像人们从 ATM 机里取钱一样简单。我们的目标是，让你在整座城市内都可以简单、方便、可靠地使用那些可租用的车。你可以在任何时间只需数秒就完成预约和对车解锁，你和车之间不会存在任何障碍。

我花了 6 个月时间才想到用 ATM 机来比喻我们正努力完成的事。今天，我认为我们的成功并不是因为我们使租车变得像从 ATM 机里取钱一样简单和方便，而是因为我们使租车比拥有一辆车更加简单和方便。“你身边的轮子”这一口号预示着我们给予消费者的是开车权而不是所有权。如果你能确信在你有需要的时候就能开车，那为什么还要买（存、管理）车，并承担所有费用呢？实践证明，推行这种新消费方式需要的时间是 6 个多月。

如果一个想租车的人需要找到提供租车服务的场所、排队、填各种表格等，至少要花费 15 分钟才能开上车，而且还车时还要花费一样长的时间，那么没人会只租用 1 小时的车。完成交易所需的努力越少越好、成本越低越好，这一商业逻辑对我们来说也是正确的：**要使 Zipcar 运行下去，我们就需要使 8 个 1 小时租赁和一个 8 小时租赁所需的成本相同。**我们必须使交易成本几乎为零。随着车队逐渐壮大，我需要雇用一位在运营车队方面经验丰富的副总裁。有一位来自传统汽车租赁行业的候选人问我："Zipcar 每笔交易的成本是多少？"那时，我们几乎将所有千辛万苦拿到的投资都投入到了技术方面，在研发方面的成本很高。不过，付出是值得的，我们每一笔交易的"边际成本"最终几乎为零。

"那你们的交易成本是多少？"我会反问道。我知道，在租赁行业，每笔交易的成本在 8 美元至 12 美元之间。和我们比起来，这样的成本有点儿夸张。难怪他们要求每次租赁都要至少一天的时间。

对我们有利之处同样也正是我们的用户所需要的。为了使交易成本降到零，使这种分享简单易行，我们需要的技术要具备如下特点：

◎ 面对消费者的软件：首先，用户只通过网站来加入 Zipcar，预定车辆，支付账单，并管理账户（当时还没有智能手机）。
◎ 后台业务：网页只是我们能看见的部分，为了管理用户、汽车以及停车地点，我们需要后台业务。
◎ 车内硬件：当用户走近他们预定的车时，汽车挡风玻璃下的 Zipcar 阅读器能让用户对汽车解锁。该阅读器内置同预定系统通信的天线以及解锁门、点火的小黑盒，还能知道已经行驶的距离和发动机故障检测灯亮着的可能原因。

当我们的首位客户克莱曼预定车时，有可能出现以下情况：克莱曼已决定在周二晚上出门买很多食物，所以他决定当晚 7~9 点间预定一部车。在 Zipcar

的网站上，他能看见汽车“贝齐”本周的预约情况——“贝齐”是一部罕见的、抓人眼球的灰绿色甲壳虫，在 Zipcar 成立的数月之前，大众汽车公司刚刚推出这款轿车。若是周二晚上 7：30 之前的时间段内“贝齐”都被预约了，那么克莱曼可以决定他是否要在当天推后半小时出门，或是在周三晚上等车可以租用的时候再去预约。

但在传统汽车租赁公司，车的预定情况只有员工可见。

> 克莱曼：我想要在周二晚上 7~9 点预约甲壳虫“贝齐”。
>
> 传统租赁公司：不好意思，该车已经被预定了。你想换一部贵一些的车吗？
>
> 克莱曼：不需要了。
>
> 传统租赁公司：那你想在周三晚上租车吗？
>
> 克莱曼：不用了。
>
> 传统租赁公司：你想租一辆在 10 个街区以外的车吗？
>
> 克莱曼：不用了，谢谢。

克莱曼知道对他来说什么是最重要的，并且已经做好了决定，而不是基于汽车租赁公司能提供更快、更便宜、更智能的车来做决定。他能快速且毫不费力地作出权衡。

当 Zipcar 运营近 6 个月时，作为从零开始的初创公司，我们得到了外界难以置信的肯定。那是 2001 年年初一个工作日的早晨，Zipcar 新上任的运营副总裁马克·海明威（Mark Heminway）在坎布里奇市的一处停车场倚靠着冰冷的水泥墙面，满怀好奇心地等待我们的理论在实践中得到验证。

海明威在赫兹汽车租赁公司（Hertz Car Rental）工作了 15 年，曾任该公司北美区的车队运营主管。在赫兹汽车租赁公司，他可以在一年时间内向福特汽车公司和通用汽车公司订购 30 万辆车；但在 Zipcar，他只能给他们打电话说：

"我想买……两辆车。"海明威深谙汽车使用的季节性模式，并且了解汽车租赁行业的商业模式。他和同事们有自己的一套行事方法，也经历了租车行业的起起伏伏——并购、裁员和回聘等，所以在这个行业中积攒了不少人脉。

海明威的好友杰伊·英斯利（Jay Inslee）与他一起在停车场里站着。英斯利以前是海明威的老板，现在是著名汽车租赁公司 Dollar/Thrifty 的首席运营官。他专程从塔尔萨（Tulsa）飞来详细了解 Zipcar 在技术和客户服务方面的创新。海明威曾在办公室里向他快速展示过会员如何登录网站，以及如何在自己心仪之车的日历里看到预约情况。只需大约 20 秒，该会员就能预约这辆车或是其他任何一辆车了。预约通过无线的方式传到被预约的车辆，因此这辆车将会在正确的时间由正确的人解锁。

通过 Zipcar 的虚拟后台，海明威看到就在一个街区以外的停车场里有一辆车在 11 点时被预约了。现在，这两人耐心地等待着。没有人注意到他们，他们就像是两个躲起来的捕猎者，等待着猎物靠近。

此时，有个衣着正式的年轻人快速走向停在车库里已经预定好的车。他正在打电话，左手拿了一个公文袋。靠近驾驶员一侧的车门时，他从上衣口袋里拿出了 Zipcar 的会员卡，并将其放在挡风玻璃角落处一个灰色的小盒子上。英斯利和海明威都因为离得太远而未听到车门解锁的声音,但这个会员听到了。他将自己的会员卡放回口袋里，然后打开车门。他仍然在打电话，将自己的公文包扔在旁边的座椅上，关上车门并系上了安全带。随后，他用已插在车上的钥匙将车启动，转动方向盘，把车开走了。

英斯利的回应只是一个词："哇。"当海明威将这一切告诉我时，我高兴极了。

我的这三个理论被证明是正确的。Zipcar 运营的基本理论颠覆了汽车行业的传统观点。与拥有一辆车相比，人们更乐于分享（理论 1）。令人惊艳的无线技术能使租车成为一种 DIY 式的体验，将租车交易成本从 10 美元降到 0 美元（理论 2）。消费者实际上就是我们的合作伙伴。我们可以信任消费者，相信他们会在没有监管的情况下借车和还车（理论 3）。

人人共享，一个里程碑式的变革

我思考得越是深入，就越能理解分享实际上可以解决目前出现的产能过剩问题。Zipcar 得以蒸蒸日上是利用了当今过剩的汽车消费——事实上，私家车有 95% 的时间是闲置的。不过，利用过剩产能的也不只有 Zipcar。美国政府就分享了类似的研发工作，以便每一个美国人都可以享受到 GPS 服务。哥伦比亚首都波哥大将在周日早晨少开车的活动变成了该市每周一次的庆典活动，这一天人们会在街道上散步、跑步、骑自行车和滑旱冰等。诸如此类利用过剩产能的案例不胜枚举。认识到产能过剩是我创办 Zipcar 的第一步。总结 Zipcar 的运营经验、探寻 Zipcar 和其他初创公司的共性，以及领会 Zipcar 所带来的这种规模效应，花费了我数年的时间。

当 Zipcar 于 2000 年正式成立时，在波士顿只有不到 40% 的家庭可以连接到互联网，没有人拥有智能手机。维基百科直到 2001 年才成立，Facebook 成立于 2004 年，而 YouTube 则成立于 2005 年。所以我们在 Zipcar 后加上“.com”是很重要的，因为任何人看到它就会知道可以在互联网上搜到我们。

PEERS INC
How People and Platforms Are Inventing the Collaborative Economy and Reinventing Capitalism
共享的力量

2014 年，公司的发展和 2000 年成立时的初衷保持一致，但投资金额却在不断增加。房屋租赁网站 Airbnb 2013 年的融资金额为 4.5 亿美元，欧洲长途旅行拼车网站 BlaBlaCar 的融资金额为 1 亿美元，改变城市交通现状的打车软件公司 Uber 和 Lyft 的融资金额分别为 30 亿美元和 2.5 亿美元。总之，建立这种挖掘过剩产能平台的公司融资金额总和在 55 亿美元之上，是 2013 年这些公司融资金额的两倍，而 2013 年的融资金额又是 2012 年的两倍。

到底发生了什么？互联网已让企业失去了关键的竞争优势。1937 年，英国经济学家罗纳德·科斯（Ronald Coase）撰写了一篇影响深远的文章，名为《企业的本质》（*The Nature of the Firm*）。科斯在文中写到，创建大型企业就是要去做个人和小型企业无法做到的事情。尤其是当雇用比外包的成本低时，小公司会选择扩大规模，变成大型企业。什么能使得雇用的成本比外包低？那就是“交易成本”，这是科斯发明的一个词。找寻合适的人才、监督产品质量和管理大量离散员工的成本非常高，而雇用则会将成本降低。但现在科斯的这一理论被互联网行业所改变。

如今，我们发现最明智的公司和政府都在利用互联网的力量，运用他们所掌控的专业知识、资产和资源来促成相互合作。结果往往卓有成效，做事的方式也往往更人性化。

◎ 一方面合作使我们拥有产业优势：企业、政府和机构通过利用重要的资源、人才和资金将复杂的问题简化，利用标准和一致性实现规模经济并创建国际品牌。

◎ 另一方面是我们还拥有个体优势：在当地，个人和小型公司小范围地联合在一起，通过进行定制和专业化的工作来创建独一无二的产品和服务，正如我们时常在自己的社交网络里面所做的一样。

目前，我所罗列的包括 2014 年新成立的公司在内的 30 多家公司还只是冰山一角，经济中的重要部分正向这一新的方式转变——创建能利用过剩产能并欢迎外部合作的平台。

我提出的有关 Zipcar 的三个理论正是人人共享模型的核心要点：

◎ 第一点，利用过剩产能（分享资产）实现实际的经济效益。

◎ 第二点，科学技术可以让我们建立共享平台，使分享变得简单易行。

◎ 第三点，个人是具有影响力的合作者。

本书讲述的就是平台和个人，以及我在 Zipcar 运营过程中了解到的合作和协同效应。在新科学技术的带动下，资本主义正在发生着变革，我们也随之重新定义了用户、生产者甚至是所有权。我将这一新的里程碑式变化称为“人人共享”—— 一个改变公司和个人之间关系的重要变革。

人人共享能让人们发现原本稀缺的事物也可以变得富足起来，这需要调用个人和小群体的力量来不断地试验、试错、迭代和进化。如果做得好，人人共享可以创造出其他组织在速度、规模和质量上几乎无法比拟的改变。人人共享正在促使工业资本主义经济向共享经济转变，如表 1-1 所示。

表 1-1 工业资本主义经济转向共享经济

工业资本主义经济	共享经济
《大英百科全书》（4 万条解释）	维基百科（3 200 万条解释，被翻译成 287 种语言）
单一化	多元化
集中式的	分散式的
维持现状	尝试、学习、适应、发展
少数人掌控资产和财富	大型网络胜出
美国电话电报公司（AT&T），威瑞森通信公司（Verizon）	Skype、WhatsApp、网状网络
追求垄断地位	追求最大的参与度
通过规模经济实现繁荣	通过自由经济（过剩产能）实现繁荣
标准化	定制化和个性化
通过商业机密和专利创造价值	通过意见交换和开放的标准创造价值
IStockPhoto（数百万张照片）	Flickr（数亿张照片）
网络电视（60 年来只有 3 个网络）	YouTube（每分钟上传 100 小时的视频；每月的视频总量相当于网络电视的总和）
美国银行、第一资本银行（Capital One，大而不倒）	P2P 互联网借贷公司 Lending Club、Prosper（顺应社会发展，数量多）
拥有资产	租借资产
私家车	Zipcar，Car2Go
公交车和火车	BlaBlaCar
一美元等同于另一美元	无形资产变得有形、有价值
主流媒体	Blogosphere、Twitter、Tumblr

本书将仔细研究表 1-1 右边这一列，并回答关于共享经济的诸多问题：

◎ 在工业资本主义经济转变为共享经济的过程中，支撑经济发展的是什么？

◎ 什么是支撑共享经济的结构框架？

◎ 这对于就业而言意味着什么？人们以后应如何找工作？

◎ 这种新经济模型将为我们带来怎样的奇迹？

◎ 如何从零开始构建一个平台？

◎ 政府将在其中扮演什么角色？大型机构应如何转型？

◎ 人人共享会赋予人们力量还是剥夺其力量？

◎ 我们应如何用人人共享来解决大问题，如气候变化？

◎ 我们的未来会是什么样的？

人人共享模式将升华整个商业世界，我相信它也将给世界带来巨大的改变。通过本书，我将提供人人共享模式改变这个世界，并将其变为我们想要生存其中的世界的例证——将这个世界变为一个可持续、平等、繁荣、充满潜力的世界。

现在，让我们步入这样一个世界吧。

Zipcar 的出现源于罗宾·蔡斯的一个小想法。
扫码关注“未来创客”，回复“Zipcar”，
听 Zipcar 诞生的故事。

PEERS INC 02

How People and Platforms Are Inventing the Collaborative Economy and Reinventing Capitalism

稀缺世界里的富足

|过剩产能的巨大价值|

【共享先锋】

◎ BlaBlaCar，快速、简单、安全地分摊乘车成本

◎ reCAPTCHA，利用验证码解读和转写字符

◎ Waze，为驾驶员提供更好的行车路线

在2003年圣诞节前的一个周末，弗雷德里克·马泽拉（Frédéric Mazzella）要从巴黎出发返回乡下的老家。他可以选择乘火车和汽车，但成本都较高，而且也不能直接到家。他知道有人和他的返乡路程一样，并且也愿意与他分担乘车成本，只要他能快速、便捷地在安全的前提下找到他们。马泽拉花了多年时间不断努力，以这一想法为原型创建了一个拼车平台并运营良好。2014年年底，他的公司BlaBlaCar已经有超过1 000万活跃用户了。现在，有超过200万人每月乘坐陌生人的车周游欧洲，这一人数超过了乘坐穿梭在巴黎和伦敦之间的“欧洲之星”（Eurostar）的人数，而“欧洲之星”海底隧道的修建成本高达210亿美元。

马泽拉的公司以远低于210亿美元的成本完成了这一任务，因为他利用了我们每人每天可见但却忽略了的东西：每位单独驾驶的司机车内，还可以坐3个或是更多的乘客。这就是利用过剩产能的最佳例证。**当你以与众不同的方式思考时，才会发现这些无形的过剩产能，而后你就会不由自主地发现它们其实无处不在。**

利用过剩产能是Zipcar取得成功的一个重要因素。在Zipcar诞生之前，波士顿人想要用车就只有两个选择：要么租车，要么购车，并且每年还需花费8 000美元来支付折旧、保险、停车、保养以及汽油等相关费用。Zipcar可以让人们用不到20秒的时间预订到距离他们不太远的一部车，并且最短可以只使用半小时。Zipcar早期的一名会员告诉我，他决定开始使用Zipcar是因为意识到自己已好几个月没有开自己的车了，他甚至不记得将车停在了波士顿的哪个车库里，而停车费用是每月250美元。

PEERS INC
How People and Platforms Are Inventing the Collaborative Economy and Reinventing Capitalism
共享的力量

无论是传统租车还是购车，你都得花费比自己预想得更多的资金，其结果就是严重的资源过剩。我知道 Zipcar 会成功，因为它只让人们支付他们需要支付的用车费用。多余的车可以用来共享，或是由其他有需要的司机购买。与其拥有一部车 100% 的使用权而只使用其 1%，不如让成本和使用率更为匹配。与其让 1 000 个城市居民拥有 400 辆车，不如使用 Zipcar 让 1 000 名经常开车的司机只使用 30 辆车也能感到满意。

被忽略的过剩产能，无处不在的机会

自此，我就一直在关注产能过剩的问题。我对此十分着迷，甚至在一个慵懒的周末我也能观察到过剩产能的诸多实际价值。现在，我就教你如何在一个平凡的早晨发现我们每天都忽略的过剩产能。

这是坎布里奇市秋日里的一个周末早晨。我靠坐在窗边，边晒太阳，边打开笔记本电脑在线阅读《纽约时报》。一个来自 Skype 的提示音打断了我，但当我打开应用时，对方已经挂断了。

我决定做一些自己一直拖着未做的事。我想要在 Craigslist 网站上传一张我一直不太喜欢、坐着也不舒服的木质爱心座椅的照片。于是，我用自己的智能手机拍了几张照片上传上去。上传照片之前，该网站让我敲入屏幕上那些以歪歪扭扭的字符组成的验证码。谢天谢地，我第一次输入就成功了。搞定！我开始浏览网站上的一些物品，发现有一件物品标示的价格是"免费"。会有什么东西是人们不想要的呢？我浏览了一下——电视、沙发、猫砂、沙发垫，等等。然后，我看到了这个：两箱羊毛布碎片，其中大多是别人不要的旧衣服，是一个老奶奶存放在阁楼上用来制作碎呢地毯的。嘿！我奶奶也曾做过碎呢地毯，而且我还有她分割羊毛布的工具，我可以尝试自己动手制作碎呢地毯了。赠送这些东西的人住在康科德（Concord），离坎布里奇市只有 24 千米。现在这个时节开车去那里应该能享受一段美好的旅程。我平时忙忙碌碌，已很久没有好好观赏过秋日落叶的美景了。我的丈夫罗伊也喜欢出去游玩。于是，我们预定了从中午到下午 3 点的 Zipcar，这样便可以围绕瓦尔登湖好好地走上一段了。罗伊拿出智能手机，在众包地图应用 Waze 上浏览到康科德的街道，这款应用是他平日里最常用的。

我们开始了旅行，先是经过在一个小学的停车场内举办的周末农贸集市。接着，我们转入纪念大道（Memorial Drive），但却出乎意料地碰到了路障。我们忘记了周日时纪念大道只对自行车和行人开放。于是，我们只好沿河向相反的方向驶去。

在这段描述里，你发现了多少个产能过剩的例子？

我靠坐在窗边，晒着太阳（第 1 个例子）。太阳光就在那里，我们无须“付费”就可以享用。我可以选择浪费这个机会，或者是选择将它利用起来。

我在线阅读《纽约时报》（第 2 个例子）。起初，在线新闻是报纸行业的衍生品。《纽约时报》进入网络平台的初期就以较低的成本运营，这为网络在未来成为人们阅读新闻的主渠道打下了基础。由于过去 10 年来我们阅读习惯的改变，现在可以说纸媒变成了网媒的衍生品。同样的内容以新的形式展现出来就有了更多的读者。

一个来自 Skype 的提示音打断了我的阅读。之所以能使用 Skype 就是基于我的电脑（第 3 个例子）、我的内置摄像头（第 4 个例子）以及为使用互联网（第 5 个例子）购买的上网套餐（第 6 个例子）里的过剩产能。家里购买的电话（现在使用的是视频电话）之前是通过铜质电缆连到我家的。首先，这些悬挂在街道上的电线组装到一起形成一个个人电缆盒。然后，我要去商店买一个电话并安装好。最后，电话公司就可以每月向我收费了。今天，所有的通信方式都可以通过使用电缆、连接以及已付费的设备来完成。在这里，我要感谢电话和电缆公司一直以来的大力投资，让我能用个人设备，通过每月付费的方式连接到互联网。

将 Skype 与传统的电话公司相比并不公平，但却可以告诉我们有多少事情已发生了改变。从 1877 年贝尔发明的电话获得专利权到美国电话电报公司成立，一切都从零做起。在今后的 100 年里，美国电话电报公司成为行业巨头的路径大抵如下：霸占专利、无休止的法律诉讼案、大规模收购、成为首个不受监管的垄断公司、再成为一个受监管的垄断公司。到 20 世纪五六十年代，美国电话电报公司的发展到达巅峰，雇用了超过 100 万名员工。最终，在经历了一个与美国法庭抗衡长达 10 年的法律诉讼后，该公司于 1984 年被美国司法部门勒令解散成为 7 个区域性公司。

在这 7 个子公司里面，有两个公司的业务状况仍然保持良好——美国电话电报公司和威瑞森通信公司。这两家公司在 2014 年美国 500 强里分别处在第 11 位和第 16 位，它们都在试图用自己的方式回到原先的垄断地位。今天，无线通信是它们的核心业务，2013 年美国电话电报公司有 1.104 亿名无线通信用户，而威瑞森通信公司则有 1.028 亿名用户。

Skype 成立于 2003 年，截至 2010 年已拥有 6.33 亿用户。到 2013 年，在全球电话市场上，Skype 占到 36% 的市场份额。Skype 的建立就是通过寻找另一个使用个人电脑、摄像头、数据连接的用户来实现的。加入到 Skype 的网络里只需花费你两分钟的时间，而其他成本为零。

在 Craigslist 网站上传照片。上传照片的根本原因就是产能过剩。20 世纪 90 年代中期，克雷格·纽马克（Craig Newmark）就开始在网络上做很多便民的好事，并且“发现很多人都在互相帮忙”。之后，纽马克写道：“在 1995 年初，我决定要通过邮件抄送的形式回馈社会，关注发生在旧金山的艺术和科技方面的事件。”当时，纽马克住在旧金山，对这两方面的事件有着浓厚的兴趣，而且他意识到，在闲暇时间里他可以成为一个中心枢纽。他收集这些事件并对其进行分类，把它们写在电子邮件里，通过简单的复制就可以和很多人一起分享（第 7 个例子）。他在 1999 年创建了 Craigslist 网站，自此信息就可以自由传播了。

Craigslist 以及纽马克本人“相信开源软件（第 8 个例子），并依赖于 Linux、MySQL、Perl、Apache、Sphinx、Redis、Haraka 以及其他技术”。开源软件本身就是程序员们在工作之余（夜晚和周末）创建的。这类软件工具需要让成千上万的代码编写者贡献自己的一小部分代码，作为开源软件平台总代码的一部分。**每人贡献一小部分力量，如几行代码或是几分钟，最终就会创造出几近无限的过剩产能供大家利用。**

用我的智能手机拍照（第 9 个例子）。这是当今世界最具创新性、经济效益最高，并且正在改变世界的一类过剩产能。我指的并不是手机的拍照功能，尽管它也非常厉害，我指的是用手机来实现外部创新。早在 20 世纪 80 年代的美国，家庭电话就是垄断通信行业的美国电话电报公司的一种资产。即便没有使用，你也要按月支付租金。电话不是属于你的，你无法作出任何干涉，它只是连接到电话公司网络的一种方式。可想而知，这种垄断的经营模式在面向消费者的产品和服务中没有任何创新。

20 世纪 90 年代，手机开始缓慢地进入美国市场。那时，手机是昂贵的奢侈品，几乎只有大老板们才能拥有。多年以后，我公公仍是我认识的人中唯一拥有手机的，他是一名医生。我在 2002 年购买了自己的第一部手机，那时 50% 的美国成年人都已经有手机了。这还是 Zipcar 的同事们催促我购买的，因为我不在时他们很难联系到我。

手机确实改变了我们的生活。但在 iPhone 推出 8 个月之后，苹果公司宣布他们会邀请第三方应用入驻苹果应用商店，这才真正标志着手机产能过剩时代的开启。需要提及的一点是，史蒂芬·乔布斯并未因自己的坚持和远见得到赞赏。实际上，他完全站在了舆论的对立面上。

在 iPhone 推出前的数月，人们对其充满了期待。人们在苹果商店门口等待数日，期望能拿到第一代 iPhone。第一代 iPhone 于 2007 年 6 月 29 日推出。当然，iPhone 很酷，它的触摸屏可以将图片缩小和放大、播放音乐、打开通讯录、翻看日历、接听电话。最重要的是，它可以让你通过触摸屏的键盘浏览互联网。乔布斯对此的设想是，如果你想要在手机上做别的事情，就必须联网。这使得乔布斯完全掌控了 iPhone 的用户体验。

不过，软件黑客们对此有不同的想法。

iPhone 只能在一家通信网络中运行——美国电话电报公司。在 iPhone 推出数月之后，随着黑客们试图破解苹果的 SIM 锁，让非美国电话电报公司的用户们使用 iPhone，新的对立开始酝酿。将 iPhone 和美国电话电报公司分开迫在眉睫，在线科技新闻服务提供商 Engadget 就曾刊登了一篇报道，标题为《解锁 iPhone：美国电话电报公司失去 iPhone 专属权》。

破解 SIM 卡只是一个开始，黑客们真正想要做的是进入 iPhone，利用它的功能来掌控这部智能手机。科技媒体、博客以及评论专栏报道了各种传闻和小道消息。9 月 28 日，乔布斯接受媒体采访时对此评论道："这是一个猫和老鼠的游戏，我们要保持优势。人们尝试介入，而我们的职责就是要防止他们介入。"作为 3 个孩子的母亲，我能预见到他的这种态度会带来何种反应。在接下来的 48 小时里，他的这一评论被科技媒体大量引用和报道，全美各地的软件工程师们都在尝试进入 iPhone 内部。

此后不到一个月，乔布斯承认自己失败，并宣布会在 2 月对外公开 iPhone

软件开发工具 SDK，让程序员们开发 iPhone 和 iPod Touch 的应用。在一场发布会上，乔布斯表示对此仍然没有什么信心，预期最终可能只会出现上百个应用，但结果却产生了上万个。截止 2008 年 7 月 10 日，iPhone 的应用商店里共有 552 个应用，而到今天这一数字是 120 万。（谷歌的安卓商店里的应用数量与此类似。）

大量的应用使得智能手机（第 9 个例子）在你无须打电话时仍然拥有很多其他功能。从全球范围来看，每个智能手机用户平均会下载 25 个应用。在 200 万个可供下载的应用中，有些应用能让你做事效率更高，有些应用则会让你效率更低；有些价值很高，有些价值则很低。全成本经济对于利用这些过剩产能不再适用了，而有些应用的价值甚至与一部设备相当。例如，在导航应用成为你的手机应用之前，导航软件厂商可以出售无线、便捷、专用导航设备，其软件的价格和智能手机一样。实际上，有很多人愿意支付 600 美元购买一个汽车导航仪。大部分的应用其实与运行它们的设备价值并不相符，有了智能手机，你就可以在不购买设备的前提下使用无数应用了。

屏幕上出现由那些歪歪扭扭的字符组成的验证码（第 10 个例子）。这些字符正式的名称为 reCAPTCHA，是利用过剩产能的最神奇例证之一。20 世纪 90 年代末，卡内基梅隆大学副教授路易斯·冯·安（Luis von Ahn）及其同事一直在考虑如何才能阻止潜伏在计算机内存中进行自我复制的恶意程序——它们假装成人类在大型计算机系统里引起各种各样的混乱。现在我们都很清楚他们想出的解决方法，就是这些出现在电脑屏幕上的让人讨厌的混乱字符。我们在做某事，如发送电子邮件、发表评论、登录某网站时，都要识别并输入这些字符以表明这是人类所为。2000 年，路易斯·冯·安的团队为这些字符正式起名为“CAPTCHA”，即“全自动区分计算机和人类的图灵测试（Completely Automated Public Turing Test to Tell Computers and Humans Apart），俗称“验证码”，这种工具随即得到广泛采用。

路易斯·冯·安指出：“到 2005 年，全球每天约有两亿个验证码被人们输入。”

他本可以靠着自己这项了不起的发明度过余生，但是作为一名工程师，他又做了进一步计算。“每输入一个验证码大约需要 10 秒钟，”路易斯·冯·安表示，“每天人类都要浪费 50 万个小时来输入这些讨人厌的验证码。”所以，他想：“是否有某种方法可以将这 50 万个小时利用起来呢？”于是，reCAPTCHA 在 2007 年诞生了。

reCAPTCHA 利用人们键入验证码来解决一个完全不同的问题。为了能让人们在线阅读旧版的报纸或是书籍，需要对其进行扫描，而扫描出的图像就能转变为机器可以识别的文本来进行有效搜索。但有时，扫描或拍摄的照片会转化为不能通过光学字符识别技术（Optical Character Recognition，OCR）解码的文字。当使用这些计算机无法辨识的字符时，就形成了一个验证码，聪明的人类可以识别并输入这些字符，但是电脑却不能。测试显示，reCAPTCHA 文本图像能够以 99.1% 的准确率解读和转写字符，这一准确率可与最好的人类专业转录服务相媲美。

如今，每天约有 1 亿个 reCAPTCHA 被计算机用户们使用（见图 2-1）。《纽约时报》的所有档案可以追溯至 1851 年，而人们利用 OCR 技术已将其全部数字化。在完成了这项任务之后，今日的 reCAPTCHA 被大量用于解读谷歌街景拍摄的那些街道号码。

地图应用是另一个利用过剩产能的例子。谷歌创建谷歌地图起初只是为自己所用，让用户在使用谷歌时能找到方向或是地址。谷歌后来开放了这些地图的使用权限。起初，想要使用谷歌地图的开发者们还需支付一定的费用。在 Zipcar，我们利用谷歌地图来为会员准确标识出汽车的所在方位。最终，迫于电脑黑客社区的压力，谷歌给予了他们更多的地图数据。2005 年 6 月，谷歌向所有用户免费公开了谷歌地图的应用程序编程接口（Application Programming Interface，API，第 11 个例子）。这意味着谷歌这些年来绞尽脑汁创建的互联网可搜索地图将会被更多用户利用。任何懂技术的用户现在都可以在几分钟内创建一个“混搭程序”，即一个组合来自不同来源的内容的应用。

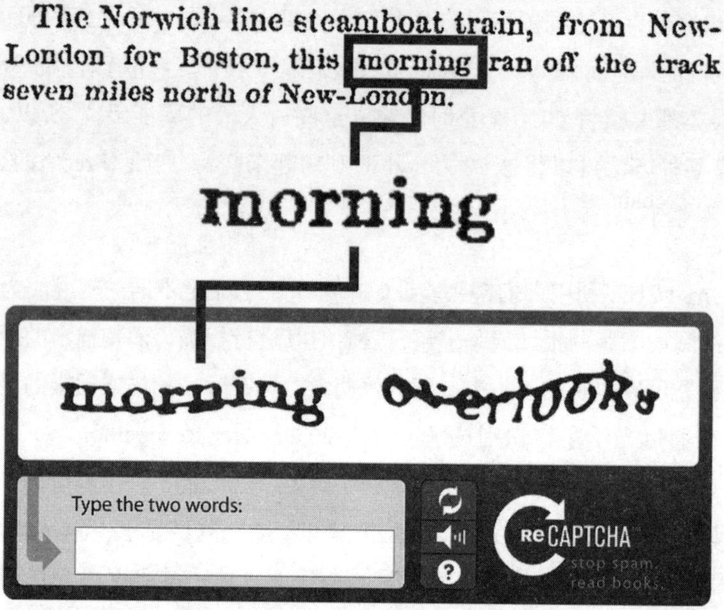

The Norwich line steamboat train, from New-London for Boston, this morning ran off the track seven miles north of New-London.

morning

morning overlooks

Type the two words:

reCAPTCHA stop spam, read books.

图 2-1　难以辨识的 reCAPTCHA

有多少与地图相关的“混搭程序”被创建了呢？GoogleMapsMania 博客上有一个专门罗列出这些应用的专栏，它于 2005 年 12 月第一次发表内容，并在 10 多年后的今天依然保持活跃。该博客里成千上万篇文章囊括了多种多样的内容，其中有 2000 年以来欧洲移民的死亡数据，也有整个英国大气污染的相关数据，还有在线游戏《宠物小精灵》。**能以低成本利用地图的过剩产能的事实以一种我们未曾料想到的方式为创业、研究以及创造力发挥提供了诸多动力。**

用来制作碎呢地毯的旧衣服（第 12 个例子）。所有的循环或升级再造的过程都可以被视为是在利用过剩产能。我奶奶制作的碎呢地毯使用的就是旧衣服上的羊毛，而这些旧衣服是由于开线、穿旧或是过时而被淘汰的。

预定一辆 Zipcar（第 13 个例子）。我们已经谈论过 Zipcar 是如何使用那些闲置汽车的。我无须再具体说明这一点，但要指出在某些成熟的市场，一些Zipcar全天有60%的时间都在被使用，而私家车全天只有5%的时间被使用。

我们绕着瓦尔登湖散步（第14个例子）。在交通术语中，这被称为“出行链”（trip chaining）：在一次出行中到达你所有要去的目的地。去那位赠送布料的妇女家来回是44.8千米；去瓦尔登湖来回则需要46.4千米，这是一条完全不同的路线。通过将两次旅行串联在一起，我们来回所需的路程是51.2千米，既节省了时间，又整合了距离，还可以减少二氧化碳的排放，同时也节省了Zipcar的租用时间。

罗伊拿出他的智能手机，在Waze上浏览康科德的街道。起初，Waze成立是为了开发利用智能手机、应用以及谷歌地图里的过剩产能，而现在它的目标更为远大了。在这些年里，有数百万外出旅行者靠着逐向导航的帮助到达目的地。与此同时，每当人们使用导航仪时，它都会产生两条极为宝贵的信息：首先是你的路径选择（第15个例子）；其次是你到达目的地的速度，即在特定的一天里在特定的时间内到达目的地（第16个例子）。这是数据的金矿，但是一直以来被人们所忽视。利用Waze和智能手机里的导航功能，人们就能意识到这些数据具有的巨大潜在价值。Waze解释道：“每天在道路上有数百万的司机们朝着同一个方向前进，如果能够预先判断交通情况，就能让每个人每天以最佳路径去上班。”

无论何时，当你听到公司和咨询师们假设大数据背后的各种可能性时，他们其实就是在谈论过剩产能，因为大数据不过是将各处散落的数据收集并进行记录而已，他们渴望的是一个如Waze一样如此优美、震撼人心，又极具价值的应用。

我们经过在一个小学的停车场内举办的周末农贸集市（第17个例子）。这一停车场是为教师和员工们停车而设的，显而易见，周末这里肯定是空荡荡的，而过剩产能总是会在这种时候被发现。我听过最了不起的利用是位于西雅图的华德福学校（Waldorf School）让那些无家可归者每晚在体育场里休息，并在早上 7 点时离开。

我们忘了在周末时纪念大道只对自行车和行人开放。我不知道你会在周日早晨做些什么，但我们所有人都能意识到在早上 7 点至下午 2 点之间，很少有人会开车出门。也许有人在教堂做礼拜，也许有人还赖在床上，也许有人在收拾车库。但是，大部分人不会坐在车里。周末坎布里奇市的清晨，沿着查尔斯河畔有一条绵延 2.24 千米的纪念大道，那里往往会聚集上百人。他们散步、跑步、骑自行车、聊天、欣赏河畔美景。是什么使得这样的幸福成为可能？那就是放置在十字路口的很多木制路障。

波哥大的契洛维亚（Ciclovía）是第一家这样的公园，也是面积最大、最受欢迎的公园之一（见图 2-2）。公园名称的含义是“自行车道”。契洛维亚建成于 1976 年，此后 5 年里，它由在周日和节假日上午 7 点至下午 2 点间封闭的长达 40 千米的高速公路组成。

图 2-2　契洛维亚公园

20世纪90年代中期，契洛维亚公园开始扩建，不再只是以自行车道为中心，而是新增了游戏和学习区域，并很快成了这个国家最为重要的娱乐休闲场所。1998年，当37 731位民众汇聚在一起做有氧运动时，波哥大成功地打破了吉尼斯世界纪录（见图2-2）。今天，该城市将有氧操、瑜伽、舞蹈班、音乐家以及街道的小商贩们都整合在了一起。现在，人们在波哥大能够散步、跑步、骑自行车和滑冰的道路总长度为120千米。有200万人每周都会出来运动，这是市中心区域人口的30%。这种健康、开心的社区建设成了城市居民引以为傲的来源，它要花费多少成本呢？只需每周每人16美分。

PEERS INC 共享时代
How People and Platforms Are Inventing the Collaborative Economy and Reinventing Capitalism

我总结了很多利用过剩产能的例子，因为我想让你感受到它为我们提供了无穷的机会。过剩产能无处不在。它可能属于你，也可能属于别人；它可能是有形的、暂时的、虚拟的（如开放数据），也可能是与流程、网络或经验相关的。它包围着我们，孕育着无限的潜能。过剩产能是形成大大小小理念的基础，而这些理念或是可扩展的、或是只能应用一次的，或是能改变世界的、或是仅能促进社区发展，或是具有颠覆性的、或是乏味的。所有这些例子都是建立在仍有如此多潜能尚待开发的基础上。那些我们一直以来所忽视的事物中蕴含着巨大潜能，而这能够使生产者和消费者创造出更好的投资回报。

从旧事物中挖掘新价值

“富足”这一事实与当今人们普遍认为的资源稀缺形成了鲜明对比。过去20年来，我家里堆满了玩具、报纸、家具和各类装饰物，周围还有成千上万人也与我一样住在物质如此丰富的家里，在数千米之外有着同样密集的人口被堵在高速公路上，周围的机场每分钟都有飞机起飞、降落。想到这一切，我感到很震撼。美国人口仅占全球人口的 5%，但却消费着全球 30% 的资源。在过去的三年里，中国生产的水泥超过了美国过去一百年生产的量。加利福尼亚大学戴维斯分校丹·斯珀林教授（Dan Sperling）在新作《20 亿辆车》（*Two Billion Cars*）中写道："今天有 10 亿辆车在路上行驶，而在今后的 20 年里这一数字将达到 20 亿。"

现在，这种过剩的实物还有很多，我们只需仔细思考并用不同的方法对其进行分类整理即可。我们能够分享自己已有的物品（如汽车、床和电话）我们也可以利用甚至自己都不太了解的东西（如社交网络），或是那些之前被隐藏起来的虚拟物品（如开放的数据、源代码以及应用程序编程接口等）我们还可以分享曾被我们忽视的才能、专业知识、创造力以及洞察力。

过剩产能本身就隐含着某种价值，其真正的价值在于如何加以利用。去学校接孩子时，我完全可以顺便去接在同一所学校上学的邻家小孩。这样我的每次旅程就会带来更多价值，做一个邻居该做的事情，并为我的孩子带来新的玩伴。在当地的小型社区里利用这些过剩产能大有益处，也让我很有成就感，但这不是本书需要讨论的问题。我对于充分利用周围事物的想法很感兴趣，同时也发现了新的价值，这就是通往富足之路。手工艺品电商平台 Etsy 并不是传统意义上的手工艺品交易展览会，eBay 与分类广告或旧货市场都不太一样，Airbnb 也不仅仅是罗列了 100 万个床位以及提供早餐。**区分并转变这些活动的是它们创建的平台能够连接、组织、整合参与进来的个人，并赋予他们更大的力量**。没有平台，Airbnb、Etsy、Lyft 以及程序设计比赛网站 TopCoder 和地图科技网站 OpenStreetMaps 等都将无法参与进来，对于过剩产能的利用也会受限，而用户也不会一次又一次地消费这些产品和服务。

过剩产能是人人共享平台向外界提供产品或服务的关键。新的价值将从原有的事物中被重新挖掘出来，并会被重新利用。这就是为何过剩产能如此震撼人心的原因，尤其是对企业家来说，因为他们所面临的最大问题就是资本缺乏。那些渴求更高的投资回报率的公司和政府机构应该不断寻找某种方式，通过某种程度的开放重新利用其原有投资。**在所有例子中，利用过剩产能的成本总是比购买新的原材料要低很多，并且执行起来只需花费少量时间，因为我们无需再寻找、发现、扩充或是投入大量的资源。**

假设你能发现过剩产能，那要如何将其变得足够吸引并且予以利用呢？在下一章中，我将会讲述如何将低成本的资源转变成吸引人的产品，而这需要辛勤工作和创造力。

PEERS INC

How People and Platforms Are Inventing the Collaborative Economy and Reinventing Capitalism

03 简单化与标准化，让分享更容易

|共享平台的重要意义|

【共享先锋】

◎阿里巴巴，整合成千上万的微型企业

◎ Data.gov，开放的数据是创新的源泉

◎ MySQL，用免费开源软件对抗数据龙头

过剩产能是一种诱人的低成本原料，它使得搭建平台变得更有意义。平台能够设定标准并简化参与流程。当一个平台让过剩产能重现价值，接下来要使这个平台充满活力就需要谨慎地投入时间、技能和资金（重要资产），还需要大型机构、公司、大学和政府的帮助，即"组织"的帮助。在这一章，我将探索共享平台的能量以及各组织在这类平台的构建中扮演的特殊角色。

我的朋友尼克·格罗斯曼（Nick Grossman）住在纽约市，他花费了将近10年的时间来研究如何利用科技让城市变得更宜居。格罗斯曼和妻子有一辆车，但是和大部分的城市居民一样，他们通常并不需要使用这辆车。尽管他知道如何利用技术来挖掘车的过剩产能，并将其分享给别人使用，他对此也很感兴趣，但是他和妻子都无法找到足够的人来使用他们的车。他的车仍旧天天闲置在位于布鲁克林的停车场，有时甚至会闲置数周，这无疑与他自己的城市环保观念相抵触，但他所有的想法都无法有效实施，其掌握的技术也无用武之地。他缺少一些必需的专业技术和资源来将车分享给他人使用。很明显，潜在的租车人也会觉得与格罗斯曼合作要冒很大的风险，这与格罗斯曼本人的品性无关。

格罗斯曼和其他人做不到的这些事情，平台型公司如Zipcar却可以做到。像Zipcar这样的公司可以建立一个强大的平台让个人参与其中，并进一步挖掘过剩产能。想象一下，究竟如何才能打造一个符合潮流的完整平台让人们互相分享汽车？最好能获得至少一年的群体保险，但恐怕没有任何个人或保险公司愿意只为一个人设定保险条例。个人也无法从保险公司得到大折扣。很少有个人能够掌握足够的技术和资金来创建苹果iOS操作系统和谷歌的安卓操作系统，或是能让他人快速找到并租赁一辆车，抑或是创建一个能快速解锁车门并将发动机启动的硬件。完成这些事都需要后台的支持。然而，组织可以做以上这些事情。他们将众多掌握技术的人组织在一起，以团队的力量将复杂的编程挑战转变为最终用户的解决方案。

平台型公司，如 Zipcar，能够让车主的朋友甚至是陌生人简单而安全地使用自己的汽车。这些公司会建立并推动实施一套标准，与车主签订合同，将启动车、加油、停车的步骤标准化，对一些不良行为和浪费资源的行为设置处罚标准。大约 100 万个 Zipcar 会员能够共享 1.5 万辆车，是因为平台让分享变得简单。居住在城市的人们一直可以分享自己的车，过去拼车之所以未能成规模，是因为成功的交易不易完成，而且有的车主也不愿与陌生人分享爱车。这些平台能将城市居民闲置的资产利用起来，并让分享变得简单。

群体选择在一个平台上进行分享，是因为有更大的组织花费了大量时间与金钱将一些复杂昂贵的事物变成人们可以简单低价获取的资源。这就是“组织”，它们有能力去做长时间、大规模的投资，组织专家团队，扩大规模经济并采用标准的模式和品质。“组织"这一角色的特殊之处就是做个人不能做到的事情，即创建共享平台，并将大型公司、机构、政府的资产（如资金和卫星地图）传递到参与其中的个人手里。

在线平台阿里巴巴整合了成千上万的小微企业，在 2014 年 9 月上市。这是有史以来规模最大的首次公开募股，融资金额高达 250 亿美元。在首次公开募股前夕，阿里巴巴主席、联合创始人马云在致投资者的信中写道：“我们的定位很简单：我们想要通过互联网技术帮助一些小商家成长。”这一有史以来规模最大的首次公开募股来自“组织”，即人人共享模式中的组织。阿里巴巴成功做到了一个大公司所能做到的“最好”，即帮助小商家做到最好。

利用过剩产能的三种方法

有三种方法能够利用过剩产能。首先是分割或是整合，这两种方式都可以让平台的联合创建者们更加有效地利用平台。第三种是开放，从而产生全新的想法、流程、产品和服务。

分割和整合，合理的供应

Zipcar 分割了过剩产能。它将重要的一次性选择（拥有汽车或是以天为单位来租车）变成了半小时的租车体验，这样人们就可以任选租车时间，并且只需支付对等的费用即可。

Zipcar 的成功让很多公司开始将自己描述为“类似 Zipcar 的……”。**每一种业务都发现了能将之前已有资产分割成更小部分的方法，以便与用户真正想要消费的方式相匹配。**自行车共享公司 Bixi、B-cycle、CitiBike、DecoBike、Hubway、Social Bikes 和 Velib 就是“类似 Zipcar 的自行车共享网站”，Hello Health 就是“类似 Zipcar 的在线特约诊疗网站”，Ziplens 是“类似 Zipcar 的摄影师网站”，SnapGoods 是“类似 Zipcar 的小电子设备网站”，而 Cohealo 是“类似 Zipcar 的医疗设备网站”。

还有一些平台则整合了那些个人力量无法驾驭的物资的过剩产能，将其变得可信、可靠，从而使这些资源的挖掘更有意义。让人们出租自己部分房屋的 Airbnb 就是一家资源整合公司。近几年来，很多初创公司也都将他们的业务描述为“类似 Airbnb 的……”。GetMyBoat 就是“类似 Airbnb 的租船网站”，HovelStay 就是“类似 Airbnb 的低价紧急救护中心网站”，而 Rover.com 则是“类似 Airbnb 的寄养宠物网站”。

Zipcar 和 Airbnb 都是“接入平台”的典型例子，通过分割或整合过剩产能让用户通过比以前更便捷、更廉价的方式来获得更多价值。这些分割和整合都是好事，尤其是对实体资产而言。在一个拥有 70 亿人口，并且这一数字仍在不断攀升的世界里，我们需要充分利用每一个有限的资源。

开放，创造新价值

现在，让我们来看看最让人惊艳的平台，即像谷歌地图那样能够挖掘过剩产能的平台。这类平台之所以令人惊艳，不仅是因为它能提高使用平台的效率，还因为它能够创造大量新价值。开放式平台具有强大的生产力，比把稻草纺成金线[①]要更好，因为你能将同样价格的稻草在这种“纺线机”中一次又一次地纺成金线，金线的多寡取决于创造力的强弱。开放数据运动就是一个极佳案例。

早在 2008 年 9 月，华盛顿年轻的首席信息官维韦克·孔德劳（Vivek Kundra）就希望能够联合城市的草根技术团体。他听说过彼得·科比特（Peter Corbett），一家只有 3 名员工的初创公司的 CEO，同时也是当地技术团体的组织者之一。孔德劳在与科比特初次会面时就向他展示了这个城市的数据分类。“如果你是这个城市的首席信息官，你会如何利用这些数据？”孔德劳问。

科比特在屏幕上看到的是当时全球最大的一个城市的开放数据。上百个数据库涵盖了关于这个城市的所有数据，如公立学校学生的测试成绩、停车计时器的信息和实时的犯罪报告，等等。所有这些数据只能在一个机构中被找到，而这个机构承担着整个城市的教育、运营、建造及维护等职责。过剩产能（因各种各样的目的，数据已被收集，使用费用已付清）已被整合到一个漂亮的共享平台上（这些数据会形成标准的格式，以便工程师能够更方便地获取和使用）。

① “稻草纺成金线”的故事出自《格林童话》的《伦佩斯提金》。——编者注

“这对那些电脑爱好者们来说再好不过了，”科比特表示，“一个实时的开放数据库就像毒品一样。”他告诉孔德劳，愿将这些数据与他的电脑爱好者团体分享。“为什么不举行一个比赛，以现金作为奖励呢？我们可以将比赛命名为‘破解街道’。”“我喜欢这个创意，”孔德劳表示，但他并不认可科比特起的赛事名称，“还是称之为‘民主应用程序大赛’吧。”

平台之内再嵌套平台是一件很平常的事，因为搭建平台的目的就是要用最简单的方式将人们联接到一起。所以，“民主应用程序大赛”就被作为一个竞赛平台创建了起来，通过普通的应用程序编程接口平台来吸引人们对于城市数据的关注。

在接下来的几周内，孔德劳和科比特的团队筹划了一个前所未有的比赛和相关网站，预算是 5 万美元。他们将 2.5 万美元用于奖励，另外 2.5 万美元作为营销费用和活动经费。在 30 天内，有 47 款应用提交参赛。它们是一些“谷歌混搭应用”，其中标记了游船码头、图书馆、邮局、加油站、银行、酒店、建筑工地、大使馆、教堂、待售房屋、近期已获得施工执照的建筑以及涉嫌违反居住规定的建筑等，这些都可以通过位置搜索到。

孔德劳的团队计算得出：如果政府找人开发这些应用的话，大概要花费 220 万美元，因此相对于最初的 5 万美元投资，投资回报率高达 4 000%。还有一个额外的奖励，这些应用的开发并没有麻烦政府负责采购的官员去对这些提议做调查、撰写申请或是审查报告。整个竞赛从提出创意到颁奖共用了 4 周时间。

开放式平台仍在继续扩大。在第一回合中就产生了 47 款应用，这让全球媒体对“民主应用程序大赛”这一创意大加赞誉，但这仅仅是创新带来的第一桶金。科比特收到了很多申请。他打算撰写一篇文章，主题为“如何在‘民主应用创新大赛’中运行你自己的应用”，并将之发表。这篇文章涵盖了科比特创建一个应用大赛的整体框架以及他在此次活动中收获的经验（获得的经验若不分享就将成为一种过剩产能）。到目前为止，他这篇文章在全世界范围内指导了另外 50 场 X 应用大赛。举办这些比赛的国家有芬兰、丹麦、挪威、保加利亚和澳大利亚等。而专门针对某一领域的应用大赛也有不少，如“应对气候变化应用大赛”和“发展应用大赛”（后者由拥有极其强大的数据编目的世界银行组织创办）。此外，还有“军事应用大赛”“选择应用大赛”和“健康儿童应用大赛”等。

在首届民主应用大赛成功举办两个月后，该项比赛因彰显了人们的创造力而获得了哥伦比亚特区大奖。奥巴马总统请年仅 34 岁的孔德劳加入白宫成为美国第一位首席信息官。孔德劳来到白宫后的两个月内，白宫就开发了新的美国政府数据库 Data.gov 网站。新网站更能为大众所用，想创业的学生、有公德心的工程师以及公司现在都可以从中获得所需要的任何数据。网站中有超过 10 万个数据库，他们可以根据公式、标签、数据库的类型、主题、贡献数据的机构、组织类型和出版社等进行搜索。在美国政府的带动下，有 40 多个国家也开始创建国家开放数据库，其中包括英国、肯尼亚、巴西和印度等，共有 100 万个数据库开放给公众使用。全世界诸多城市也纷纷起而效之，而很多国际组织，如联合国和世界银行，也开始行动起来。

Data.gov 网站将数据按照应用方式以字母排序，共有 35 页。不同机构从这些免费的国家数据中可以获得无限的新价值，这其中有一些机构的名称是我们所熟知的，有一些则不是。

在商业方面，你可以发现：

◎ 阿基米德（Archimedes）是一家制造供医生和病人使用的分析工具，以便他们能预测何种干预会影响患者病情的公司。该公司使用的数据来自《美国国家健康与营养调查》（*National Health and Nutrition Examination Survey*）、美国疾病控制与预防中心（U.S. Centers for Disease Control and Prevention）、弗雷明汉心脏研究所（Framingham Heart Study）以及美国国家医疗保险的数据库。

◎ Trulia 是一家居民房地产市场调查网站，它使用了美国国会公布的街道数据以及野生动植物避难数据。

◎ HelloWallet 是一款帮助人们理解、规划其长期财务需求的应用。他们利用了美国政府针对居民收入和退休金的调查数据库。

◎ SaferCar 网站帮助人们对比正在使用的汽车和新车的安全性能方面的差异，其依据是一个包含美国政府对新车安全性能评级的数据库。

◎ 美国气候和天气数据是有关天气方面的应用 The Weather Channel 的基础数据库。

◎ 初创公司 Climate Corporation（近期筹得 10 亿美元）增加了有关土壤和作物的历史数据来辅助分析、预测并提供保险来对抗可能出现的作物收成不佳所带来的损失。

这些数据给人们带来的益处并不仅仅停留在商业层面。另外的一些例子是：

◎ 2012 年全球饥饿指数（Global Hunger Index）是一款互动地图。

◎ Aqueduct 是一个全球水资源风险地图工具，它能帮公司、投资者、政府以及其他用户知道全球哪些地方的水资源面临风险及其污染程度。

◎ 美国生质能源地图系统 BioEnergy Atlas。

◎ 加利福尼亚州能源使用效率数据库（California App liance Efficiency Database）。

◎ 儿童安全座椅监测定位器。

◎ 信用卡协议数据库。

◎ 埃塞俄比亚托托农业门户（Ethiopia Toto Agriculture Portal），这是一个实验项目，展示了“一个全球共享的数据平台，将有关全球农业的公共数据和个人数据整合在一起，从而将整个

扫码关注“未来创客”，回复“Datagov”，直达这些有趣的网站。

农业信息整合为一个单独的知识库”。

我很喜欢 Data.gov 网站上“影响”这一标签下的引语：“开放的数据是创新的源泉。”这句话正好与我本章的开场词相呼应：**“过剩产能是一种诱人的低成本原料，它使得搭建平台变得更有意义”**。

曾在白宫担任副首席技术官的尼克·赛奈（Nick Sinai）告诉过我：“没人能预测到开放数据的全部用途。但是经验告诉我们，开放的数据正在各个不同的经济板块上发挥不同的作用。为了促进经济增长，美国政府需要做到三点：首先，要让企业以便捷的方法来发现和使用政府开放的数据库。为了让这一点成为可能，我们需要将这些政府数据以机器可读和‘流动’的形式共享在网络上，同时注重保护隐私。其次，仅仅提供数据还不够，因为数据本身并不能做任何事，只有能使用的数据才有用。我们需要同时运用线上和线下的方式找到数据的外部使用者和内部使用者，这样才能确保人们使用到的是最有用的数据。”

至于赛奈所提出的第三点，即问题的优先性，我将会在第 8 章讲到。正如赛奈所说，**“仅仅提供数据还不够”，我们需要一个平台来降低成本（有时甚至是免费的），消弭过剩产能和创新者之间的差距。在政府的办公室里，当所有数据都被整齐地堆放起来时，数据并无任何意义。因此，我们需要平台，而只有一个开放式平台才能让无数用户充分利用。**

开源世界，以前所未有的速度让软件平台化

FOSS 的全称是“自由开源软件”（free and open-source software），它以分割、整合和开放这三种方法来利用过剩产能。FOSS 将工程师与其工作整合在一起。程序员们在这场运动中贡献出自己的劳动成果，而他们可以参与全世界成千上万个项目。很多程序员都是在业余时间工作的，他们以自己的方式作出贡献，创造出数据库、编程工具和语言、浏览器以及你所能想到的任何一种软件。通过整合，FOSS 运动也能让你将自己感兴趣的程序代码进行分割。

一款使用 Git 并以云计算作为基础的工具 GitHub 受到很多编程人员的喜爱，这一工具最初是由著名的电脑程序员林纳斯·托瓦兹（Linus Torvalds）开发出来的。Git 能帮助编程人员管理代码，更重要的是，它能够与别人一起分享代码。简言之，这是一个可供全球上百万人用于追踪源代码并与别人分享的重要平台。在 GitHub 上，所有人都能看见某一个开源的代码，而在这一平台上有成千上万个项目，每一个项目都可以被再利用或是进行改善，并被其他项目再次加以利用。GitHub 本身就是一个通过开放产能创建新价值的平台：Git 起初只是一个基本开源工具，之后通过循环利用而转变为一种服务——GitHub。大部分开源项目都是在前期的努力下建立起来的。在这个开放源代码的世界里，剽窃就是最真诚的恭维。

在传统的软件行业中，尽管巨头公司有着难以对抗的规模经济效应，如微软公司和甲骨文公司，它们拥有的工程师数量是参与 FOSS 运动的上千倍，但 FOSS 运动中“免费”的定价模式使其成了一台难以抗衡的创新机器。最近的一个例子是免费开源的 MySQL 数据库平台，它为很多现代网站供应着能量。MySQL 的起源极其不可思议，它起源于斯堪的纳维亚的一个学术研究平台。由于机缘巧合，MySQL 的开放源模型使其成了主流的数据平台，并被很多处于创业早期的初创公司和刚开发不久的网页应用所使用，其中就包括 Facebook 和 Twitter。最终，MySQL 于 2008 年被太阳微系统公司（SUN Microsystems）收购。2009 年，甲骨文公司又收购了太阳微系统公司。MySQL 成功利用其免费开源代码模型与数据库龙头企业甲骨文公司及其 CEO 拉里·埃里森（Larry Ellison）形成势均力敌之势的故事，还是令人非常震撼的，毕竟后者是硅谷最强势的软件企业。还有很多这样成功采用人人共享模式的 FOSS 案例，例如现在流行的火狐浏览器以及 Apache 网页服务器。

由于免费、简单易用，FOSS 平台正以前所未有的速度使软件平台化，并快速实现低成本创新，活跃的初创公司能够借此迅速转变为市值上亿美元的公司。而且，这一平台不仅改变了软件行业，也改变了一些传统行业，如酒店业、教育、时尚以及零售业等。

平台结构为创新带来无限潜力

我们现在理解了平台利用过剩产能的三种方法：分割、整合和开放。**前两种方法能够创建规模合适的资产及相关路径，而这些都是可以预测的。**平台的构建者会对个人如何利用过剩产能提出很棒的想法，如出租一小时私家车、出租一晚上公寓等。这些平台不仅会对参与者在平台上的行为进行控制（如成为房东，租车或开车），还会在个人使用这些资源前有所要求，如填写表格、写下过往驾驶经历或是犯罪记录等。

第三种方法即开放过剩产能，和前两种方法正好相反。**开放的平台数量并不多，而且会尽可能地简化。由于平台构建者并不知道这些资产应如何使用，他们需要使其尽可能地开放。**只需搭建足够好的结构来组织这些资产就够了。TCP/IP 网络协议、开放的 API、SDK，以及多种多样的协议、标准和元规则等都是非常有效的平台，也都尽可能多地给参与者留出发挥的空间。

总体而言，平台的复杂程度与其对于创新的开放程度（影响潜在的价值）是负相关关系。平台的结构越不严密，越会有更多的创新涌现出来，反之亦然。

如 Airbnb 这类复杂且受控的平台，并未给多样性留下太多空间。Airbnb 需要房东填写大量的信息，如房间类型、能够接纳的人数、所在城市、何时有空房间、价格、房屋装修程度、相关描述和联系方式等，并上传照片。当然，这是将你的房间提供给别人参考的必要信息，而 Airbnb 对其他活动并不感兴趣。大规模的开放式平台，如 GitHub 或是 Google Docs（还有最开放的平台——互联网）都是非常简单的平台，众多联合开发的个人能在上面发现更多使用途径及更多价值。例如，注册 Twitter 仅需一个用户名和一个电子邮件地址。然后，你就能用任何一种方式来写一条不超过 140 个字符的推文了。

平台的结构非常重要，其基础架构则更为重要。一个平台的结构决定了其未来的可能性以及能否成功。但是即便如此，开放式平台还是能够不断进化，并成为无数不可预测的使用方式的基础（见图 3-1）。

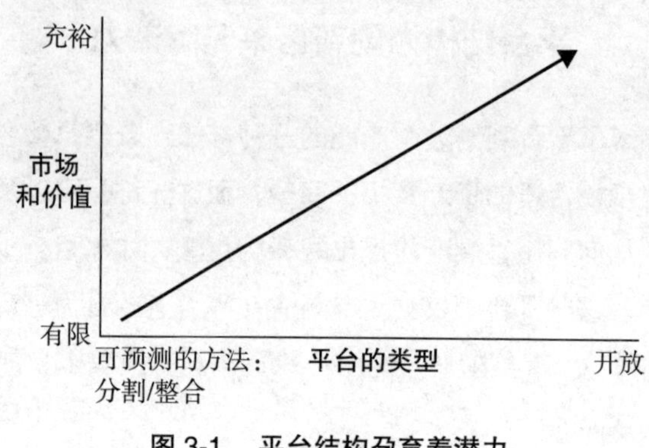

图 3-1　平台结构孕育着潜力

平台是一只已经伸出的手

简单化、标准化和易参与是平台的属性。这就意味着一旦你能准确把握一个平台的要素，而人们也对你利用过剩产能的方式感兴趣，这一平台就能发展得相当迅速。好的平台能够降低参与成本和参与难度，并能将进入门槛降到极低。

平台的不断成长会带来规模经济所具有的一切优势。平台的创建也许需要创建者付出很大代价，但是在平台内部提供标准一致的服务就意味着个人参与的成本会降低。在某一点上，这些优势将再次得以凸现。有了一个好的想法、一个良好的用户体验以及一个巨大的市场，平台就会提供一美元投资所能预见的最大回报。2014 年，WhatsApp 是一个成立已满 3 年的即时信息服务应用，员工人数不到 50 人，但是每天会发送接收 100 亿条信息，拥有 4.5 亿名用户。没错，如此少的员工却支持着 1/7 的互联网用户使用 WhatsApp，而通信公司则需要雇用成千上万人来为同样多的人提供服务。WhatsApp 并不需要建立任何基础架构（我们已购买了智能手机），也不需要每月收取使用费（我们也已支付了每月的流量费用）。

得益于快速扩张的能力以及参与者不断下降的参与成本，开放式平台有望形成垄断格局。如果你是一个平台的构建者，这似乎是一件非常棒的事，也是我们看到有那么多风险投资人投资共享型公司的原因之一。投资人希望最先提出创新想法的人能够获得整个市场。但是从政府、个人和市场竞争的角度来说，这种趋势会导致一个问题。我会在第 7~9 章中对此进行详细阐释。

最后，**平台存在的意义就是通过联合他人释放出隐藏在过剩产能中的价值：资产、时间、专业知识以及创造力等。**利用过剩产能是一种基础的合作性行为，而这就是分享。平台是一只已伸出的手，要完成握手我们还需要另一只手。

现在，就让我们把话题转移到另一只手——个人上来。构建平台就是为了让个人参与进来，让个人赋予其生命。

PEERS INC

How People and Platforms Are Inventing the Collaborative Economy and Reinventing Capitalism

04

本地化、定制化、特殊化，崛起的个人

| 人人参与的强大力量 |

【共享先锋】

◎ Etsy，手工艺品的在线交易

◎ Instacart，一小时送达购物平台

◎ SoundCloud，音频界的 YouTube

◎ Quirby，寻找普通人的最棒创意

如果说关于人类我们只知道一件事，那就是我们彼此是不同的。我们生活在不同的地方，有着不同的喜好、兴趣、才能、生活经验、社交网络、政治信仰和工作圈子，等等。但是，公司、政府以及大的机构却讨厌这种差异。工业化和全球化都是关于标准化和同一性的，互联网的出现才使得彰显个性变得简单，并使得对个人事物进行的发现、组织、评级、连接和支付变得简便可行。**平台能够利用个人的特性，通过组织和资源分配，最终将其转变成社会最大的财富。借助平台，多样化赢得了胜利。**

在我的三个孩子都不满 10 岁时，他们在车后座上的打闹简直令人抓狂。我的秘诀之一就是举起胳膊上的腕表，用严厉的口气跟他们说："看我们谁保持安静的时间最长！"这个游戏每次都很奏效。虽然成年人都知道这是骗小孩的，但他们三个每次都会上当。在家里，这个游戏会变成："看谁能最快爬到楼上去，找到鞋，然后把鞋带下来？"

有一天，我在网上搜索"最愚蠢的智能手机应用"，其结果居然是"按住按钮"。你能够按住屏幕上的按钮多久呢？你能打破自己的记录吗？我对于此应用的发明者一无所知，但如果这是一位被孩子逼疯的家长的话，我一点也不会感到惊讶，因为他需要这样一种方式来分散孩子们的注意力，同时让其安静下来。

当然，没人会购买一部价格为 600 美元的智能设备来玩"按住按钮"这样的游戏。但是，我们中的大多数人都是为了一两个功能而购买智能手机的。对我来说，如果只用一个可随身携带的小设备就可以一直收发电子邮件，那 600 美元是值得的。但是，收发邮件可能顶多用一个小时。当我坐地铁时，我用手机读书、看文章，还用它拍照并分享图片、登录博客、导航、订机票、看天气状况、下载和播放音乐、调节室内温度、看日历、接打电话、计时、计算。我偶尔还会下载一些应用如“按住按钮”来一探究竟。原本用不着手机的那些时间现在都被智能手机改变了。这种神奇的设备不断地带给我越来越多的工具、信息和便利，当然，还有娱乐。

苹果公司的 iOS 平台和谷歌的安卓平台通过开放软件开发工具、普通的 API 以及标准协议打开了在手机上利用过剩产能的渠道。这种结合对那些创业者来说具有无可比拟的吸引力。即便不是嵌入式系统或网络系统领域的专家，也可以创造出一些很美妙的东西。因为人们已购买了智能手机，而他们几乎无需再支付额外费用就能创建出一些有用的、愚蠢的、试验性的或是能分散孩子注意力的应用。个人的多样性在短短几年间就通过创造出的超过 200 万个应用得以体现。

本章探讨的是人人参与带来的种种益处，首先是对于个人；其次是对于机构；最后是对于那些能品尝到这种新型物资组织方式果实的人，也就是消费者。

共享时代个人的崛起

究竟谁是“群体”？这取决于平台的架构以及开发平台的机构的规模。“群体”可以是小公司也可以是大公司，比如说那些在 GPS 基础上创新的公司、利用小型分布式太阳能和风能来为某区域供电的经销商、能够上网使 Skype 平台发挥作用的设备公司，或者是将照片放在 Facebook 上或将视频放在 YouTube 上的人。而我所讲的“群体”指的是活着的人，因为相较于设备，能量的转移对人更有意义。这对他们有什么影响？个人对此会有怎样的感觉？

卡斯滕住在哥本哈根，他当了 20 年会计。有一天，卡斯滕了解到 Airbnb，他决定尝试通过将公寓里的空余房间出租给游客来赚钱。他当然可以这样做，最后也成功了，而且是非常成功——7 个月后，卡斯滕放弃了会计工作并购买了一间有 5 张床的公寓专门出租给别人。两年之后，当我再次见到他时，卡斯滕在同一栋大楼里已拥有了两套公寓，12 间可出租的房间，并且还有一位全职员工。这是因为他发现了一种新的赚钱方式，比做会计更好。这种看似偶然而彻底的转变实际上都在其掌控之中。而隔壁的住户也很高兴，因为卡斯滕将此前破旧不堪的学生公寓转变成了如今安静、整洁、秩序良好、邻里和睦的公寓。

穆罕默德居住在纽约市。我见到他时，他是 Uber 的一名司机。在这之前，穆罕默德经营着一家服装公司，以此来养活自己的家庭和 3 名员工。他从中国进口大量服装，转售给美国的折扣连锁店。但是，在过去几年里，大型超市快迅崛起，它们动辄购置成千上万件 T 恤，穆罕默德购进 1 000 件 T 恤拿不到最低价格了。他的业务量持续缩减，最后只能雇用一名员工，那就是他自己。他原本计划在几个月后去中国进口衣服。之前业务量的锐减迫使他用 4 个月时间充当全职司机从而减轻财政上的压力，但他并不喜欢这个工作。而现在有了 Uber，他便购置了一款新的宽敞型轿车作为专车使用，并购买了出租车保险。作为 Uber 的一名独立司机，他可以控制自己每周进账的金额。若他需要 400 美元来支付房租，那他多工作几小时就可以了。穆罕默德也可以靠 Uber 就近推荐乘客的功能来增加自己的收入，而无需受从业时间长短或是和调度员的关系的影响。穆罕默德告诉我，如果你聪明并且愿意努力，为自己打工才是唯一可行的办法。

格蕾琴居住在法国的里尔市。她一直都想成为一名艺术家，但她父母不让她去艺术学校学习。最后，她拿到了政治学和法语专业的毕业证，并在一家公司上班。随着女儿的降生，她需要一份更具灵活性和可控性的工作。尽管格蕾琴曾在工艺品展览上售卖过自己的作品，但 Etsy 让售卖变得更简单，并且易于和其他网站建立联系，扩大营业范围。就在最近，她参加了培训，并成为了一名治疗师。当白天孩子不在身边时，她可以接待一些客户。格蕾琴在发给我的邮件中这样写道："我无法想象为别人打工，为自己打工能够给予我更多的独立性和灵活性，让我更具创造力，无论是典型的艺术创作还是与智力活动有关的创新。我不会和别人的需求、期待捆绑在一起，我希望能选择自己生命中每一段想走的或是需要走的道路。”

在美国罗得岛州的普罗维登斯（Providence），戴维讲述了他儿子伊桑的故事。两年前，伊桑开始玩《Minecraft》这个游戏。他父亲将伊桑形容为一个相当普通的 12 岁男孩，喜欢和来自世界各地的同龄孩子组成小团体。伊桑渐渐对在天上和地下建立虚拟幼儿园极其痴迷。他很快就开始认真学习起有关建筑的知识来，并组装了自己用来玩游戏的电脑。当伊桑意识到在网上还有很多精通建筑者被其他孩子聘请来打造专属游戏时，伊桑开始自己着手做一些虚拟建筑模型。这非常有趣，就像乐高玩具一样，而且他还可以收取 50 美元的费用——通过 PayPal。

作为一个少年建筑家，伊桑现在非常忙碌，他创造出了一些怪兽游戏，每部游戏的售价在 500 到 1 000 美元不等，伊桑每月都能挣上千美元。在这一过程中，他也犯了很多年轻创业者会犯的错误：错误地估计了完成一个项目所需的时间；忽视了完成某些任务所需的技能是自己力所不能及的；在一段时间内，他承担了自己无法完成的巨大工作量，且对自己的合作伙伴过于信任。他也从中学到了很多东西，比如如何用道德和荣誉来建立牢不可破的合作关系，如何投资等。为了激发出自己的创造力，伊桑最近和另一位青少年搭伙，利用现有的客户基础、兼容的代码和网页，承包了《Minecraft》网络化的业务，他也因此能赚到更多的钱。他的父亲在发给我的邮件里写道：**“没人在意他只有 14 岁，因为他能够带来产品。”**

我在波士顿遇到了米丽娅姆，一个 20 岁就成为律师的女孩。她现在每天的工作时间都很长，每周待在办公室的时间超过 60 个小时。她单身，平常用约会网站来相亲。那么她选择的是什么应用呢？交友应用 Tinder 和 OKCupid，她喜欢用这种方式交友。和其他平台一样，这些网站已经将内容整理好，米丽娅姆可以很快找到她感兴趣的人。因为这些都是在网上完成的，所以没人会评判她的选择。如果她选择结识某人，也无需很快就开始沟通，而且只有在她愿意进行沟通时，对方才能够联系到她。因为这些交友网站的评级和评价总是无法令人满意，所以有其他网站开始从事这项业务，其中最著名的一款应用是 LuLu，一款女人给男人评级的应用，如今每 4 名美国大学生中就有一个人会用到这款应用。

《连线》杂志前主编、《长尾理论》（*The Long Tail*）和《创客》（*Makers*）两本书的作者克里斯·安德森（Chris Anderson）讲述了与他一起创立无人机公司 3D Robotics 的联合创始人乔迪·穆尼奥斯（Jordi Muñoz）的故事。安德森写道："在我见到他时，他还是墨西哥蒂华纳市一个 19 岁的高中毕业生。"

在无人机这个行业里，穆尼奥斯是一个佼佼者。很小的时候，穆尼奥斯就对远程遥控飞机兴趣浓厚。后来，他来到了圣迭戈市，娶了一个美国女孩。在妻子怀孕时，他没有工作，整天无所事事。"那就是一场噩梦。我和在蒂华纳市的父母断了联系，我没有绿卡，所以不能工作，也不能去上大学，"穆尼奥斯表示，"我开始痴迷于玩电脑。我感到很绝望，也觉得自己很愚蠢。但有一天，我意识到电脑能开发出手机、汽车和飞机所具有的巨大潜力。"他母亲给他寄了一款任天堂的 Wii 游戏机和一部由雷达控制的玩具直升飞机供其消遣。穆尼奥斯破解了 Wii 的感应器，编写了一些软件并将其与玩具飞机连接在了一起。结果第一架自动飞行的无人机就此诞生。安德森看到了穆尼奥斯发布在 DIYdrones.com 网站上的视频。在之后的两年里，这两个人就一直在网站上进行交流。穆尼奥斯不断提高自己的技能，并进一步深入到这一行业当中，而安德森也来越来越佩服他。2009 年，在未曾谋面的情况下，安德森问穆尼奥斯是否愿和他一起创建 3D Robotics 公司。到 2014 年，3D Robotics 成为美国最大的个人无人机制造商，年营收额为 2 160 万美元，共有 200 名员工。而 28 岁的穆尼奥斯也成为这家公司的首席技术官。

我们都会见到像你我这样的人在网络上不断创新，结识朋友或者招揽员工。要是没有我们，YouTube、Facebook、Twitter、eBay 和 Airbnb 这样的网站根本就不会存在。这些平台需要“人人参与”，在这种新的组织模式里，个体拥有诸多优势，有许多故事都揭示了这一点。重要的是，人们彼此之间存在着差异。人们有选择的权利，而不是等着雇主来选择他们，也没有人会用证书或学历对他们进行评判。他们参与的权利与其过往的经历无关。14 岁的伊桑能够月赚上千美元，会计可以改行从事房屋租赁。安德森不能通过网上的对话来判断穆尼奥斯的年龄，评价他的口音、社会地位或是他所缺少的学历。安德森凭借自己的经验与穆尼奥斯一起进入到了一个更广阔的领域中。他告诉我：“在 21 世纪，你居住在哪里、你的年龄、你上的哪所学校变得越来越不重要，最重要的是你能做什么。在线创新社区是终极的‘行动主义’。”

格蕾琴的父母在其早期的职业生涯选择中起到了重要作用。很多人并没有更多的选择，有些人会作出选择，但随着生活状态的变化想法也会逐渐改变，还有些人可能和我一样。

当我想要开始工作时，我花了数年时间思考自己喜欢做什么，什么才是我真正擅长的。我讨厌自己的第一份工作，也极不喜欢第二份工作。但是，母亲不让我辞职。她说：“你至少要撑上一年的时间，否则你的简历就会显得很不稳定。”然而，世界也非常不稳定，在不停地发生改变。我的简历在人人共享的世界里变得无足轻重，我不仅能同时从事多项事业，还能更快速地想出我喜欢做的事。

这就是《纽约客》上刊登的著名漫画所描绘的世界——一条蹲在电脑前的狗对另一条趴在地板上的狗说："在网上，没人知道你是一条狗。"随着社会化网络的兴起以及曾经沸沸扬扬的美国国家安全管理局间谍事件，新的对话可能是："在网上，人人都知道你是一条狗。"而在人人共享的经济学里，每个人都知道你是一条狗但却没人在意，你的产品、名誉，才是重要的。

这种暗示可以在《纽约时报》上关于以人人共享模式建立的初创公司Instacart的文章中找到：

> Instacart的成功表明，技术不仅能使工作自动化，还能为那些没有正式资历或技能的人创造新的工作机会，这些人在原本的经济环境中往往觉得前景非常渺茫。就像提供共乘服务的Uber一样，Instacart通过使那些有钱却没时间的人和那些没钱有时间的人建立联系，来促进他们解决各自的问题。

起初，这种工作方式看起来极为大众化，任何人都可以参加！但是，在很多平台上，参与很快变成了一个只有精英才可以加入的游戏，那些表现差劲的人很快就被负面的评价和评级排除在外了，包括Uber上不可靠的司机，Airbnb上租赁脏乱不堪公寓的房东，"跑腿外包"服务平台TaskRabbit上那些永远不能按时完成任务的人，还有那些在Guru、eLance、oDesk上收到差评的自由职业者，ZocDoc上的医疗从业者，以及Kiva上的创业者和Feastly上的食品提供者。**高水平的个体是极具价值的联合创造者。这部分人中的一部分之所以会成为佼佼者是因为他们比其他人更有能力**，穆尼奥斯就是其中之一。

索菲娅·阿莫鲁索也是如此。“我非常感谢 eBay 为我提供了一个推出自己的服务平台的机会。”阿莫鲁索表示。22 岁时，她只在社区大学上了一年，未来的工作前景极不明朗。她后来得到了一个自己讨厌的保安工作——负责检查学生们的身份证。今天，在辞去那份工作 8 年后，阿莫鲁索一直在 eBay 上销售服装。她是电商 NastyGal 的创始人兼 CEO，该公司目前市值约 1 亿美元，拥有 350 名员工，销售新旧衣服给全球上百万名女性消费者。阿莫鲁索知道如何利用社会化媒体平台，从 2006 年开始进驻了 MySpace，现在她在 Instagram 上有 130 万粉丝，在 Twitter 上有 30 万粉丝。在听了她销售旧衣服的经历后，我觉得阿莫鲁索显然并不是有些人所认为的那种无计划的年轻企业家。她阅读了《eBay 经营傻瓜指南》(*Starting an eBay Business for Dummies*)，学习描述衣服并配以艺校学生拍摄的高品质图片。同时她也非常关注顾客的问题，并能辨识出她的顾客群体。“这自然而然就变成了一段思考我是谁的经历。”阿莫鲁索就是这样一个富有毅力、思维缜密、勤劳、上进的年轻女士，但她却被很多雇主忽视了。

如果人人共享会奖励那些极其优秀的人，那普通人该怎么办？他们还有发展空间吗？价值有时完全建立在所有的客观属性之上。例如，3D 打印机的精确位置的价值就是满足当地生产的需要；家庭 WiFi 路由器的价值就是让你可以连上网络；你管理服务器的能力的价值在于可以为某些组织提供帮助，例如搜索地外文明的 SETI 计划；你能够在特殊时间段工作的价值体现在开出租车、送快递，提供紧急服务中。实际上，**在整个人人共享的合作关系里，地点和时间是“价值”的主要属性，在那些没有金钱交易的和主要依靠人的机构里也是如此。**

在人人共享环境中，自主性能带来很多好处。拥有选择时间和地点的灵活性，这一点对于建立一个成功的人人共享组织来说非常重要。一项由自由职业者联盟（Freelancers Union）和自由市场公司 eLance-oDesk 联合出具的调查报告显示，人们开始走向自由职业的两个最普遍原因是“能多挣钱”（68%）和“工作日程灵活”（42%）。Etsy2013 年对其 5 500 个卖家的调查显示，其中大部分人认为“成长并不仅仅关于赚钱多少，而是和业务独立性、灵活性以及个人的幸福健康有关”。

外科大夫珍妮弗决定辞掉工作，成为一名全职的宠物保姆，成为成千上万个在 Rover.com 上从事照顾狗狗工作的人之一。她在接受 GeekWire 的采访时表示：“新的事业让我更有动力，因为我能掌控一切，我喜欢这种灵活性。”塞莉纳在长岛的一个小镇上出租了一间与她的房间相邻的公寓，她也有同样的想法：“Airbnb 能让我在家全职照看三个孩子。他们中有一个只有 6 个月大，另外两个一个 3 岁，一个 5 岁，能和他们在一起对我来说是非常重要的，但我们必须要有足够的钱。Airbnb 给了我这样的机会，让我不会错过孩子们生命中每一个精彩的瞬间。”我还听过一名居住在旧金山的 Lyft 司机的故事。他在圣迭戈市参加一场婚礼的 4 天时间里同时做了几份工作。另一个居住在旧金山的 Uber 司机的故事是，他想要换个地方开车，于是来到了纽约并在这里继续生活。在人人共享这个平台上工作能使你获得更多的灵活性。

自主能够带来很多的优势。盖洛普最近进行的一项调查显示，全球公司员工中有 87% 的人“不喜欢他们的工作场所，也很难提高工作效率”。而在人人共享的世界里，员工对时间、地点、数量、工作的类型有更多的把控，每个人都能在工作中找到更多的满足感和与职位的相关性。自主带来的另一个好处是，更有利于人们的健康。在过去的 20 年里，有几项调查表示，在南美洲和欧洲，人们对工作的控制程度与其身体健康程度有着密切的联系。

2005 年刊登在《英国医学期刊》(*British Medical Journal*) 上的调查结果表明："社会人士和健康之间的关系很大程度上要归结到工作控制层面。"有一些人的经历也证实了这一点。一位在圣迭戈市一家星巴克工作的单身母亲表示，经理将她每周的工作时间都调到了不同时段，这使她很难为儿子找到保姆，同时也很难继续坚持这个工作。经常调换员工工作日程的公司应给予那些小时工们选择工作时间的权利，就像 Zipcar 一样，将租车日程展示给用户看，让他们来选择出行时间，而不是由公司来决定他们的日程。依赖于这些项目提供的选择权，这些公司可以为自己的员工提供更多的自主权和幸福感。

一个很有趣的现象是，我们鼓励公司、非政府机构、各个州和政府确保他们有各种不同的营收渠道。但是，当我们关注最小也是最脆弱的经济单元，也就是个人时，我们喜欢让人们在一段时间内只做一份工作，也就是只有一个经济来源。当他们丢掉自己唯一的一份工作后，就会突然陷入失业的困境，并且不会有收入。但是，如果人们能在同一时间内从事几份零散的工作，那么丢失其中一份将不会使他们变得脆弱无助。这种普通人的优势恰恰也是经济机构的潜在优势。你能决定自己在什么时间、什么地点赚钱以及赚多少，而无需被动地等待公司来聘用。现在，你有了很多营生之道。或许这是当今科技时代兴起的一种新狩猎方式。我曾被一条形容新经济的推文所震撼："想想在 #Airbnb 上出租自己的一间房，然后在使用 #Zipcar 时带上我的 #Uber 帽子当汽车司机。"格蕾琴总结道："Etsy 能让几乎没什么相关经验的人尝试新事物。人们对于传统工作环境的看法已有所转变，他们需要更多的自由和灵活度。所有这些赚钱的新方式都给了我们充分的自由。"

我曾要 Airbnb 的联合创始人乔·格比亚（Joe Gebbia）描述一下他使 Airbnb 从一个规模很小的初创公司发展成为市值上百亿美元的全球化企业这一路走来的惊喜或是未曾预料到的经历。他的回答很棒，也完全出人意料："人们感受到了自身的经济能量，他们都不知道借此自己能如此自由和快乐。"

Airbnb 通过让人们以自己的方式做想做之事，而不是他们被指派去做的事情，这让人们感受到了喜悦。借助 Airbnb 平台，上千个企业和个人都为自己创造了机会，而不再由老板来判定如何才是好员工。里德·霍夫曼（Reid Hoffman）是 LinkedIn 的联合创始人和前 CEO，他曾经说过："实际上，我认为如今每个人都是企业家，无论他们自己有没有意识到。"

那么人人共享组织有哪些缺点呢？我知道，肯定会有读者质疑我以上罗列的都只是正面信息，正面说辞，以便令大家信服我的说法。这不只是一种推销方式吗？工资难道不会降到最低水平吗？这难道不会让公司对其员工不再承担任何责任吗？我们将在第 7 章和第 11 章中探讨这些复杂的问题。但是，我要指出的是，已经有很多人的工作具有极高的自主性了，他们忙忙碌碌地穿梭于几份工作之间。在一些富裕的国家里，如美国，有将近 40% 的就业人口都是这样做的；而在那些贫穷的国家里，这样的人更是占到很大比例。

人人共享的独特之处就在于通过平台来增强他们的力量。个人被赋予企业所拥有的力量，在很多情况下，他们的贡献能得到尊重。在工业化的进程中，我们一直被教导着要珍视一份稳定的工作及其所有的相关利益，而忽视自由、事业以及收入来源的单一；但共享经济要求我们珍视经济机构、激情、学习能力、自主性以及作出特别贡献的能力。但与此同时，共享经济淡化了人们工作中需要的适当压力以及稳定工作所带来的福利和保护。这些问题我都将在第 7 章中进一步探讨。

如今，我们置身其中的工作场所中所形成的保护员工的规则和系统是过去 100 多年间工业经济持续发展的直接结果和回应。如果个体合作者和自由职业者需要不断地为自己的医保和退休基金支付费用，这些压力将会使全职员工在这些福利上的优势逐渐丧失。现在的情况无论从哪个方面来看都不理想，因为有许多大公司已经开始通过降低员工的工作时间使其无法达到提供福利的标准，即使那些全职员工正在为糊口而努力工作。

支付员工费用的方式有很多种：通过小时、月和年，或是通过产出来衡量，又或是以非现金形式支付。人人共享经济体也不会有太大差别。它最终会促使我们对税收、社会支持、管理等方面进行反思。我们已花费数年时间思考在第二次世界大战后期的经济发展过程中如何解决保护员工、税收和福利等问题。现在，我们得开始更新那些旧有的方法。我们需要考虑对员工来说什么才是正确的做法，而使他们无须全天候地受工厂、服务或是办公室工作的掌控。

工作时间和休闲时间之间的界限已完全消失，而这要归功于智能手机。这具体体现在个人和商业用途之间，公共财产和私人财产之间，商用轻工业和居民建筑与街道之间，工作和爱好、热情之间的界限都消失了。我们在下班后在家办公、回复邮件时，上 eBay 贩卖东西时，出租自己的车或房间时，当家教、做饭、提供咨询、当司机来赚钱时，规划我们的自由时间时，都能感受到这一点。现在的资本主义经济正显示出其脆弱的一面，它没有办法创造出满足人们需求的工作：全世界的年轻人都在找工作时遇上了麻烦，而经济的恢复速度也越来越慢。极低的利率也限制了其作为政府一项最可靠的财政工具所发挥的作用。扩张带来的经济红利确实存在，但只占到经济总量的 1%。人人共享经济的结构不断地给现存经济体带来压力，因为公司更多的是让外界的个体而不是让内部员工来做某些工作。因此，我们需要新的规则来保护员工。这此问题将在第 7~9 章进行进一步讨论。

迎来史无前例的创新时代

在你所在的组织之外必定会存在着比组织内部更多的聪明人。实际上，若想加快创新速度，人人共享就必须是选择的结构。智能手机正是通过加入由学生、工程师、设计师、游戏创建者、业余爱好者和大小公司创建的一系列应用，才从一部电话变成了一台设备，而且我们并不是只用一个小时或一天，而是在清醒的时候都会使用。

共享的力量

截至 2013 年年底，大约是 iPhone 推出的 6 年后，人们已创建了大约 200 万个应用。我很确信，这 6 年代表的是人类历史上蓬勃创新的时期。成百上千人拥有能在一个平台上展现创新能力的机遇，结果我们迎来了史无前例的创新时代。风险投资者将会告诉你，创新就是一个数字游戏，会有上百个想法最终促成重大突破。当正确的平台带来创新的机会和无数参与者，当大众能觉察到一个诱人的机会时，我们就能依靠加工人们提出的众多想法获取成功。

在一场鼓励其他城市的官员复制民主应用竞赛的对话中，彼得·科比特也强调了同样的观点："最重要的是你得拥有成百上千个技术研发人员，依靠他们的技术改善当今世界最难解决的问题……不要被小小的 iPhone 应用所迷惑，这不是关键所在。你要在自己所管辖的区域内有一支团队，一个痴迷于你掌握的数据、你需要解决的问题以及解决方案的团队。"

YouTube 很可能是在一个共享平台中呈现多样化能量的最典型案例。当有着不同兴趣的百万人共同登录同一媒体时，他们所产生的创造力不可估计。每个人都知道小猫咪玩耍是非常可爱的情景。但是，想象一只聪明但沮丧的家猫亨利用西班牙口音说法语，再配上英文字幕，背景音乐是法国作曲家埃里克·萨蒂（Erik Satie）忧郁慢速的经典钢琴曲，这个视频简直就是天才之作。无论我对此有多么深刻的思考，都永远不会想象出“风和 Ug 先生”（Wind and Mr. Ug）的精彩故事。我也不会想到学步幼儿打开塑料复活节彩蛋，被里面的礼物吓一跳的视频能有 1.4 亿次浏览量。

多样化带来的这种创新也正在 SoundCloud 上上演。SoundCloud 就是音频界的 YouTube。从 SoundCloud 的员工晋升到社区经理的戴维·诺埃尔（David Noel）解释道：“在我们创业时，这就是一个朋友间分享音乐，或是通过我们来分享音频的公司。例如，位于佛罗里达州的一家潜水公司就会通过分享白鲸的声音来推广其业务。原先我们只是人们工作流程中的一个工具，但现在我们转变成了出乎自己预期的公司——这里变成了艺术家聚集之地，他们共同协作并创造出新的音乐。”SoundCloud 创建于 2007 年，现在已有超过 2.5 亿用户。SoundCloud 创始人、首席技术官埃里克·瓦尔弗斯（Eric Wahlforss）表达了他对业务转变的惊喜之情：“我们看到人们在用新的方式使用 SoundCloud。”今天，你能在 SoundCloud 上听到那些音乐家振奋人心的作品，看到有声读物、播客和视频片段，还有其他会员观众的评论。

Quirky，让无限创意走向市场

于 2009 年成立的 Quirky 致力于发现普通大众中间所产生的最棒创意。这一平台让任何人都可以参与到创建新消费品的过程中去。一些 Quirky 会员有着创新的理念，而其他会员就是所谓的“影响者”，他们会讨论这些产品的理念是否可行，生产出的产品是否在市场上具有优势。在产品设计和制作方面具有丰富专业知识的 Quirky 员工能帮忙实现这些想法，而影响者则会继续对市场决策投票，如产品的名称、标签、颜色和价格等。

Quirky 明白要想进行创新并更具创造力，就要依靠个人的力量，而公司则擅长引导消费品的最终出产，即在想法和大众市场产品之间搭建一座桥梁。Quirky 尽其所能支持着这样紧密的合作。记者乔希·迪安（Josh Dean）为《公司》杂志（*Inc.*）撰写有关该公司的报道，描述了什么才是一个良好的共享平台：

> 若Quirky所做的一切都是挖掘那些“蜂巢思维”（hive mind）形成的创意来填补小而重要的市场缺口，那么这将是一家聪明的公司；但是，它所做的却是一项更加宏大、更为复杂的事业——将这些想法变成实物，这就是Quirky真正强大的地方。
>
> 在一件产品被选中之后，就会被设计出来并赋予概念，Quirky的工业设计师和工程师会用价值上百万美元的原型设计设备来改进这些送到他们桌子上的设计草图，并将其转化为产品。律师和知识产权专家则会为这些专利申请注册并解决监管问题，而生产部门会去挑选原材料并决定21个核心供应商和工厂中哪家负责制造此产品。公司内部的一支质量监管团队将负责测试该产品。产品的包装将由纽约的设计师进行设计并送到工厂生产。包装后的产品将会被运到5个全球仓储和分销中心，之后这些产品又会被送到3.5万个零售店。

随着公司的逐渐壮大，Quirky现已能同时与实体店和网店合作来销售产品。2013年11月，该公司融资6 900万美元，其中包括来自通用电气公司的3 000万美元，这使得Quirky可以不再完全依靠其全资子公司Wink。Wink所提供的技术生态平台能使智能家居的设备和智能手机更容易地连接在一起，同时为通用电气公司提供了进入物联网和实现众包式创新的路径。第一代通用电气公司和Quirky联合开发的产品是智能空调Aros，这款空调能够让你在距离房间很远的地方调低室内的温度设定，当你的智能手机在距离你家一定距离时，Aros也可以自动降低室温。与美国计算机科学家比尔·乔伊（Bill Joy）和彼得·科比特类似，通用电气公司全球品牌市场执行总监琳达·博夫（Linda Boff）对人人共享组织的合作能力保持着敬畏之心，她表示：“Quirky打造了这一完美的商业社区，来帮助我们思考如何解决自己每天面临的问题。”

Quirky有50多万名会员。当产品的生命周期遭到压缩且竞争优势以前所未有的速度受到侵蚀时，汇聚上千人的无限创意将使这家人人共享组织位于改变曲线的最上端。Quirky 会员每周提交 2 000 个想法，其中大约仅有 100 多个会最终走向市场。筛选的过程极其残酷。如果一个想法能通过全程评估，那它一定会促成一个可以买卖的产品。所有参与的会员，即发明者和影响者，将会根据他们在一个成功产品的创作经历中所扮演的角色在这个圈子里赢得尊重。

Quirky 会员中有一个名叫杰克·齐恩（Jake Zien）的 18 岁男孩，他胜出的理念是一个可以同时插很多大插头的插座。齐恩的想法其实就是设计一个可旋转的插座（见图 4-1）。但他如何能将这种理念投入市场呢？他只是一个有很棒创意的孩子，没有钱，不认识产品设计和制造方面的专业人士，也没有专利。齐恩在 2010 年 4 月将他的理念提交到了 Quirky 上。在随后的 4 年时间里，他获得了 66 万美元的专利税，这有可能使他成为 Quirky 上获利最高的会员。加森·莱斯利（Garthen Leslie）设想的 Aros 空调于 2014 年投产，他从中赚取了 6.2 万美元。在他的这些收入中，有 65% 来源于自己的创意，剩下的则是其作为影响者获得的收入。大部分参与者只贡献出很少的时间，赚的也很少。这就是个人制造模式，我将在第 6 章对此进行详细讲述。

图 4-1　杰克·齐恩的多功能旋转插座

Quirky 的基础来源于人人共享的三要素：

◎ 过剩产能：整合常规消费者的想法，将之转化为产品的机遇、缺陷、价格、包装和名称。

◎ 共享平台：一家公司最具优势之处——资深技术专家、分销渠道、品牌推广。

◎ 人人参与：每个人做自己最擅长的事——创新、定制化以及专业化。

人人共享赋予了个人一个公司的能量，并让其专注于自己能力最强的那个方面。总体来讲，每个人都有自己擅长的领域。Quirky 认为个人能通过 8 种渠道作出贡献：想法、研究、设计、风格、命名、品牌口号、价格和销量等。大部分参与者只参与了其中几项。但是，通过促使很多参与者们一起工作，Quirky 就能使他们发挥出自己所长，并将他们设想出的产品带入市场。

人人共享，变不可能为可能

创新不仅来源于一个平台上出现的众多想法，同时也来源于这些想法的多样性。美国国家航空航天局认识到了这一点，于是在程序设计比赛网站 InnoCentive 和 TopCoder 上发起了挑战。这两个网站都是有奖竞赛平台，能吸引高水平专家和工程师前来参赛。在阅读比赛内容之后，你就能想到和他们合作会是一件多么令人振奋的事。一幅景象跃然眼前：很多不同行业的人汇聚在一起，贡献出时间和智慧，同时享受参与太空探索所带来的乐趣。能为探索太空出一份力是无数人的儿时愿望，但毕竟，整个世界需要的宇航员人数有限，这些人就只能另辟蹊径。

挑战的内容包括：如何根据美国国家航空航天局给出的某些具体数据来追踪小行星？如何在地球和距其 7.04 万千米的国际空间站之间稳定、安全地收发邮件、更新日历？如何记录太空旅行者的食物摄取量？我们拥有来自绕行土星 17 年的“卡西尼号”（Cassini）太空船的大量可靠数据，你能写出什么样的程序来发现轨道现象和轨道结构中的有趣运行模式，或是发现新的天然卫星？

TopCoder 网站社区有 63 万名数据科学家、程序员和设计者。2013 和 2014 年，该网站为他们提供了各种各样的挑战。目前，美国国家航空航天局已收到了来自 20 个国家上千种针对上述问题的不同回答。2014 年中旬，这一比赛的获胜者赢得了 150 万美元。美国国家航空航天局先进探测系统部（Advanced Exploration Systems Division）主管贾森·克鲁森（Jason Crusan）表示：“挖掘全球顶尖技术天才们的不同想法不仅能使太空探索领域出现新的技术进展，同时还会让美国国家航空航天局以及其他政府部门发现新的思考方式，为我们提供一个解决复杂项目所需要的新工具。”

卡里姆·莱哈尼（Karim Lakhani）为研究哈佛医学院和美国国家航空航天局通过构建社区和组织比赛能够引发创新而进行了大量实验，他告诉我，他对 150 个科学竞赛的分析表明：“最好的解决方案并非来自这个领域的专家学者。实际上，要解决的问题和他们的专业知识越不相关，他们越有可能想出获胜的方案来。”我欣赏这种惊人的洞见，因为它突出了人们创新的多样化。

多样化能让人人共享公司以更低的成本参与到定制化、本地化和专业化的进程中去，而没有大众支持的公司要实现这一切将会很难。在大众这个群体中发现知识、获取精确的技术将为这些大公司接触当地合作伙伴提供捷径，因为大众已在这些合作中建立了合作关系。

例如，Lyft 的网站及其移动应用可以让车主将他们的私家车变为出租车。Lyft 的平台整合了车主的空闲时间及其闲置汽车的过剩产能，从而创建了一种服务，为需要车的人提供每周 7 天、每天 24 小时的乘车服务。Lyft 竭力做到最好：它会对汽车司机进行有关犯罪和驾驶背景的调查，为司机提供保险，与管理者谈判，推广这种服务，同时还会确保这些服务的质量和一致性。Lyft 也打造了易于使用的应用，并收取费用。整体而言，Lyft 所做的超越了任何一个个体的才能、时间或是预算所能做到的。

同样，在这一情况下，作为汽车所有人的司机成为自由机构，大众所能做到的也是对一个公司而言成本十分昂贵和难以做到的。2012 年，在 Lyft 平台推出一年之后，其司机每周载客量超过 3 万人，且都是按照自己的日程来工作的。很多人涌入不同的市场，为 Lyft 提供汽车并充当司机。在公司成立两年之后，Lyft 在美国 65 个城市中运载了 1 000 万人。

每个人的每一次出行都是很短暂的，但正是这些短暂的出行发挥了重要作用，而这种力量是任何一个公司都不具备的。也正是由于开发了私家车和空余时间的过剩产能，车主们才愿意尝试。首批签约的司机并不需要购买一部车或是调整日程以尝试这种新的创收方式。如果他们能赚到钱，这是最好的；如果他们没有，也不会有什么损失。

你可以想象一下，如果以旧方式开启一种全新的、全美范围内的出租车业务或是专业业务所需的成本和时间。除了筹集资金、上保险、做宣传、提供客户服务，公司还需要租用及维护汽车并雇用司机。而 Lyft 基于对现有汽车和司机这两种闲置资产的分配，通过让众人合作而收获了系统的稳定可靠。即便成本不是问题，要用其他方式在两年之间就完成数量如此之多的搭载和在诸多城市的推广也是不可能的。我将在下一章着重探讨这背后所蕴含的逻辑和思维方式，即当过剩产能、共享平台和人人参与这三者相结合时产生的巨大能量。

让消费者可以选择满足特殊需求的组合

目前，我已探讨了个体和平台公司进行合作带来的几大优势。从消费者的角度来考虑，个体的多样性和本地化为 Zipcar 提供了另外一个制胜优势——灵活性。

在 P2P 汽车租赁领域，如 Drivy、Getaround 和 RelayRides，其提供服务的方式各有不同，这意味着它们提供各种不同价位档次的汽车，并且汽车内部的设施，如座椅、后备箱和刹车等也都丰富多样，可以满足不同的需求和期待，消费者能够选择满足自身特殊需求的组合。

我经常旅行，如果朋友允许的话，我会住在他家里；如果朋友不方便的话就租间房。如果是短期的商务旅行，酒店通常最为方便。大部分 200~400 美元一晚的酒店都认为我的床上需要 6 个甚至更多的枕头，还得配备一个能够连接到互联网的大屏幕电视，然后为此收取小费。这些酒店的价格和价值计算可能并不符合你的需求，但是工业化让我们相信产品的一致性是最为关键的。每一家酒店都是同样的，每一根薯条都是同样的。我认为，我们需要进一步观察。**在人人共享结构中，我们能得到自己所需的一致性和质量，同时也可以享受到特殊和特别的服务。**

所以，当我在某些地方只停留几天时，我会选择在 Airbnb 或是 VRBO 这样的平台下租赁房间。通过这种方式，我能够选择物有所值，如提供 WiFi、交通便利的住处。如果可能的话，我希望房间能有好的视野并能看得见太阳。每个人都能选择自己最为需要的服务，因为诸多平台所提供的服务极为多样。当我的丈夫参加西南偏南大会（SXSW）时，他提出的需求包括免费的 WiFi 和自行车，这样他就能每天骑车去参加会议，也能更方便地探索奥斯汀这个城市了。

人们的开心往往是源于不同以往的合作，正是那些美丽的不同之处让人感受到了欢愉。这并不是说保持一致是件坏事。但保持一致确实要花费大量时间，因为需要有为一切事物做好准备的时间和空间。我喜欢我的通过工业模式制作出来的智能手机，因为这样制作出来的产品都是一致的，并能保证上百万用户手中的手机品质一致，这一点对我很重要。但是，从应用角度来讲，个性化、定制化和带有本地特色等对我也很重要。当今世界不再需要消费者在两种版本的手机里选择，在一致、低成本、无个性的产品和本地小批量生产的独具特色的商品之间选择。在人人共享的世界里，鉴于个体的差异性，我们都渴望一种不同的体验，我们都想像《绿野仙踪》中的多萝茜一样从她位于堪萨斯州的家中走出去，进入一个充满色彩的世界里。

一名注册了共享型汽车租赁网站的会员告诉过我这样一段经历，她租用了一辆车去法国雷岛（Île de Ré）旅游。车主告诉她说，他也很喜欢雷岛。这座小岛的一侧是悬崖峭壁，另一侧是沙滩，那是他最喜欢的沙滩，那里还有一家他最喜欢的海鲜餐馆。但是，Zipcar、Hertz、Avis 或是 Enterprise 都不会为你提供有关当地的信息。Yelp、TripAdvisor 和其他一些旅游网站也是如此。和米其林指南（Michelin Guide）不同，这些服务并不需要雇用员工或是支付饭钱和酒店费用。TripAdvisor 免费雇用了很多志愿者撰写关于 440 万个地方的 1.9 万条评论。这样一来，消费者就能查到所有类型的成熟路线和相关评论，而不仅是少数已经认定的评价。

到目前为止，在我举出的这些例子中，“群体”指的都是个人或小公司，他们共享平台的部分动力是金钱，但并不尽然。我和丈夫在去康科德的路上用到的 Waze 就是一个人人共享公司，其中的群体信息包括上百万部记录旅行路线的智能手机以及用户的旅行速度和个人对路况的观察。

Waze 是一个基于 GPS 导航系统的人人共享应用，能使你综合考虑以往和实时的旅行速度及“Waze 人”的旅行选择，来决定从一点到达另一点的最佳路线。Waze 成立于 2008 年，目前已拥有 5 000 万名活跃用户，为 13 个国家提供服务。Waze 和 Waze 人之间并没有金钱交易。这款应用是免费的，使用的条款很明确，你所在的位置和行驶速度将会帮助别人计算出旅行的速度和最佳路线。Waze 也添加了游戏机制。通过添加自己旅行中的信息，标记出旅途中的路障、警察局、封闭的路线以及其他突发情况，用户就能够赢得积分并提高等级。现在，在 Waze 社区中，司机们贡献出了上百万条当地的实时信息。Waze 成功了，它击败了其他导航系统应用。

GPS 本身就是一个共享平台，它能使美国政府拥有和管理的卫星导航系统的过剩产能得以利用。有了 GPS，“群体”就有可能是指个人，或是当地的小型公司，又或是大型跨国公司。全球上百万不同的经济实体都已想出了有效利用 GPS 的方式，Waze 就是其中之一。我们能够确信的是，当隶属于政府的研究院和科学家都在考虑和创建 GPS 时，没人会想到它能让司机们交流行驶速度和所在位置，来使其他人受益。如今在 GPS 这个平台上，诸多群体在不断进行创新，其中包括通过一块内置芯片来找回丢失钥匙的个人、追踪奶牛的大农场主，还有那些想确认药品分销途径的医药公司。

现在，你已经了解了人人共享的三要素：开发过剩产能、创建共享平台以及实现人人参与。在下一章，我们将进一步探讨当我们将过剩产能经济学与有秩序的平台和多样性的群体组合在一起时，会出现什么情况？我们能获得什么？人人共享将合作指向一种可实行、可扩展、更为人性化的方式，它改变了未来的雇用关系，解决了资源短缺问题，加快了变革的步伐，同时还改变了资本主义世界的未来。这种新的经济方式使得政府、公司、机构、企业家以及个人扮演的角色更为分散而独特。如果这种经济运行得很好，将会带来出人意料的奇迹。现今，全球有 70 亿人口、200 多个政府和成百上千家社会机构，而这一切都会推动我们向前发展。

我将在下一章解读我的乐观态度背后的具体原因，即我们手握工具，能够通过引导变革来解决这些已经失控的、恐怖的、史无前例的改变，而这也正是我们现在最为需要的。

PEERS INC

How People and Platforms Are Inventing the Collaborative Economy and Reinventing Capitalism

05

不一样的商业，不一样的生活

| 共享创造三大奇迹 |

【共享先锋】

◎ Airbnb，让陌生人住到你的家里来

◎ DuoLingo，免费高效的语言指导

◎ HelpAround，帮助病人避开危机

目前，我们已讨论了人人共享转型的三要素：过剩产能、共享平台和人人参与。现在，我们需要揭示把这三要素整合在一起时可能出现的一系列奇迹——能让我们在 21 世纪实现重大突破的商业模型和生活模型。

这听起来像是一个巨大的工程，但在我们身边，转型已显现出一些迹象。而我们要做的就是对这些现象加以命名，并提供一个分析框架，从而让每个人都可以参与进来。我现在要向你讲述这一切，即人人共享的每一个组成部分。

如今，人们一想到地球所面临的挑战总是忧心忡忡，有些人甚至相当悲观。但是，能应对这些挑战的大范围转型正在发生。我们能一起实现转型，人人共享提供的组织框架能帮助我们在实现环境目标的同时获取利润，并能获得比以前更好的生活品质。这听起来似乎不太可能，但事实确实如此。

“你不能用线性的方法去解决复杂的问题。”斯坦福大学改变实验室（Change Labs）主管、机械工程系副教授班尼·巴纳杰（Banny Banerjee）表示。但是我们知道，我们能够在过剩产能中找到丰富的资源；平台能够组织、简化并利用群体的资源；在这一过程中，他们加快了学习进度并宣传新的发现；通过推动大众作为联合创始人，我们能够将激情、智慧、本地化、定制化的应用整合成为充满弹性的丰富系统。因为各个部分形成了一个整体，所以每一部分都可以比以往发挥更大作用。人人共享组织能够推动实现以前难以想象的经济增长，实现前所未有的快速学习和创新，以及实现人们的经验、适应能力、超级计算模式的有力联合。这三个奇迹将会为我们提供气候变化、资源稀缺和人口膨胀等问题的潜在解决方案，也会创造出一些绝佳的商业机会。

通过更有效地利用资源，我们能让大都市变得更为宜居，并满足现在地球上 70 亿人口的需求。我们能够让人们过上满意的生活，而他们的人格也会得到尊重。我们也能够建立最适应当地的城市框架，从而削减全球变暖带来的恶劣影响。我们还能够联合起来，创造前所未有的奇迹。

奇迹 1：过剩产能让我们得以创生新的能量

2000 年，全球最大的连锁酒店洲际酒店集团（Intercontinental Hotel Group）共有 64.5 万间房间和 4 400 家酒店，旗下有洲际酒店、皇冠假日酒店（Crowne Plaza）、假日酒店（Holiday Inn）和坎德尔伍德套房酒店（Candlewood Suites）等品牌。这 4 400 家酒店分布在 100 多个国家，而这个酒店帝国迄今已有 65 年历史了。仅用几年时间就将其打败听起来是一件非常疯狂的事，或者说根本不可能。在这 100 多个国家里，你必须要买下合适土地，找到建筑师对计划进行审核。接下来，实施计划，雇用承包商并对其监管，建造酒店，装饰每个房间，招聘并培训员工，进行市场推广。然后，你就要满心期盼所选地址是正确的，因为这样才能将前期投入收回来，并且还要祈求没有无法预计的灾难来临，比如火灾、洪水或是旱灾。单只是推进计划书上的工作就需要超人一般的能力，如果再发生经济下滑，又该怎么办？实际上，没有哪个公司能够从零开始打造这种业务。

希尔顿酒店从事酒店业务已有 95 年，在 88 个国家有 61 万个房间和 3 800 家酒店。法国连锁酒店雅高酒店集团（Accor）处于这个行业的第三位，它花费了 44 年时间在 92 个国家中拥有了 61 万个房间和 4 452 家酒店。通过现有的商业游戏规则，和这些酒店竞争市场份额几乎是完全不可能的。

然而，Airbnb 却只用了 4 年的时间就做到了。以商业标准或任何其他标准来评判，这都是一个奇迹。这是一个全新的商业游戏，毕竟，地球上没有什么能远离商业。另外，这也不是一种类似于 Snapchat 的虚拟资产增长模式，而是实际资产的增长，如床、浴缸和肥皂，等等。

图 5-1 展示了老式的、以实体资产为基础的业务模式同这种新型模式的对比。

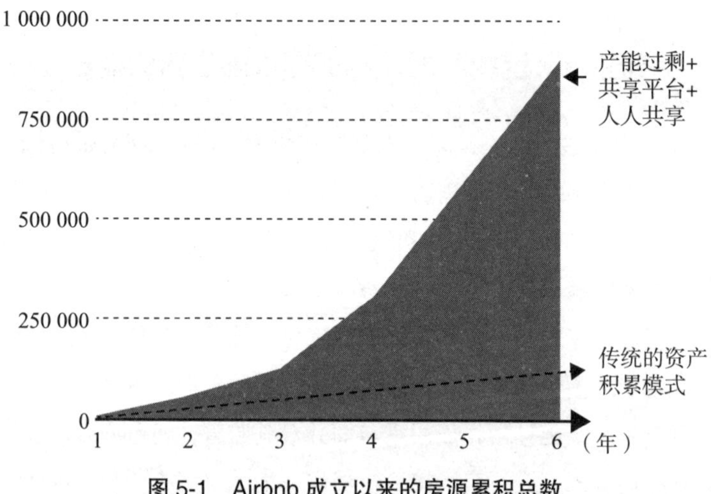

图 5-1　Airbnb 成立以来的房源累积总数

究竟发生了什么？这就是人人共享模型的神奇之处。Airbnb 的平台释放了这些过剩产能，打造了一个令人叹服的共享平台，而群体间的相互合作使得几乎在任何地方居住的人们都能提供服务。这种增长的速度无法以别的方式来实现。这些房间已经存在，已在全球诸多国家里被建造出来，并被成千上万的人拥有着。Airbnb 用一种简单的方式让个人成为了微型酒店店主。该公司将拍摄好的房屋内部状况照片送到主流市场，以吸引人的方式抓住人们的眼球，促进房主和租客之间的沟通，提供保险和保证，并逐渐获得了市场份额（见图 5-2）。这一平台利用的就是这些空闲房间和公寓的价值，期望通过组织和整合而对消费者有利。

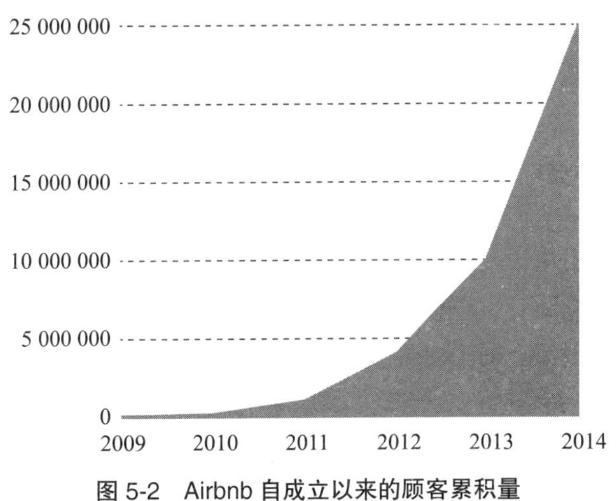

图 5-2 Airbnb 自成立以来的顾客累积量

Airbnb 并不是利用此类平台的唯一胜出者。BlaBlaCar 让那些开车穿梭于城市之间的人向和他们同一行程的人销售空座位。2014 年，仅仅 10 年时间，该公司每月就能运载 200 万人。而要运载同样多的人，需要 5 000 列高铁或是 5 000 架波音 747 飞机（见图 5-3）。BlaBlaCar 在没有购买火车或飞机的情况下就完成了这一任务，这就是利用过剩产能的力量。

因为平台能让为数众多的人把开放出的现有资源快速转变为这些令人惊讶的产品和服务，所以人人共享模型的确能带来卓越的增长，它并不需要你去建造很多实体资产，而是永远都在利用现有的资源——通过将其转型为新的公用设施，产生新的价值。这是人人共享的“天赋”，Airbnb 和 BlaBlaCar 不能独立完成这一切，群体在建造和投资这些基础设施时都投入了部分力量。

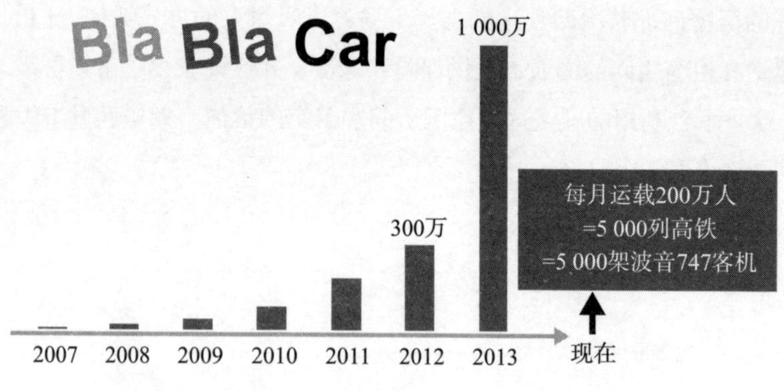

图 5-3　BlaBlaCar 自 2007 年以来的载客量

WhatsApp 也很令人兴奋。就像每一个智能手机应用一样，WhatsApp 利用的是你已购买的设备和已支付的网费。WhatsApp 发现了一种使用通讯录里手机号码的新方法：Skype 需要用户创建一个新的号码，而 WhatsApp 利用的则是手机号和通讯录中的现有号码来提供服务。WhatsApp 能让你免费给朋友发送短信、照片和视频——它将这些内容全部转变为数据并避免运营商收取费用。在 WhatsApp 推出 5 年之后，现在已有 4.5 亿活跃用户，并且每天还有 100 多万名新用户加入。和其他流行应用如谷歌地图、Facebook、YouTube、Twitter、Skype 不一样的是，WhatsApp 是唯一一个不能免费使用的应用，从使用的第二年起每年要收取 1 美元的费用。WhatsApp 每天发送 190 亿条短信，比全球所有通信运营商发送的短信还要多。Skype、Twitter、Gmail 和 Facebook 都是人人共享结构的，它们的用户量早期增长飞快，但 WhatsApp 用户量的增长速度仍超过了它们（见图 5-4）。

即便有紧密的内部合作，但若无群体的资产和劳动付出，这样的增长率永远也不会实现。房主要将自己的公寓挂在 Airbnb 这样的平台上，就需要清理房间、拍照、进行相关描述，并在自己的社交网络上进行宣传，这些都是他们在赚取租金前需要做的。想一想现在有多少人正在免费做着同样的事情，我们会突然发现，汇集起来的投入到这些平台公司的个体数量非常巨大。这就是共享经济，这就是人人共享。

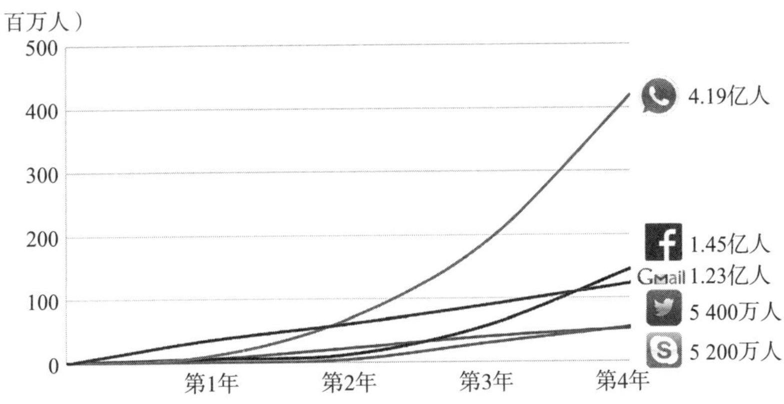

图 5-4　Whats App 成立以来月活跃用户量快速增长

当人人共享模型被运用得当时，这些增长就会发生。当然，并不是每一个机会都能带来这种增长，你需要让所有“零件”都发挥作用。（第 6 章会讲到如何从零开始构建一个平台。）**这取决于人们的需求量、平台能提供的服务数量、使用的简易程度以及群体需要的是哪种资产和专业技术。**

在成立的前 20 个月里，大型开放式网络课程 Coursera 为 600 万名学生提供了 600 多种特殊的免费在线课程。由来自世界各地的人共享的 TEDx 平台在 130 个国家组织了 8 000 多场活动，YouTube 上有两亿人观看了相关视频。YouTube 每月上传的视频数量更多，比三家主流电视网络在创建后的前 60 年里上传的视频量还要多。在以上每一个事例中，这种指数级增长都直接指向了大众和机构之间出现的一种新的能量分享。

奇迹 2：智能平台让我们得以以指数级速度学习

路易斯·冯·安发明了验证码，他也是 reCAPTCHA 的创始人（参见第 2 章）。2007 年，他只有 27 岁，就已开始研究这些新事物了。他与朋友联合创建了一个公司，教别人学习新语言，并且用短短两年时间就使得学习语言的人数比在美国公共教育系统内所有学校学习的人数还要多。在其创建的第三年的年中，已经有 5 000 万名活跃用户在 DuoLingo 这个平台上免费提高自己的语言技巧了。DuoLingo 是如何做到这一点的呢？通过将学习的目的多重化，并为一些网站提供付费的翻译服务。现在，DuoLingo 的学习者们在将美国有线电视新闻网和 Buzzfeed 上的英语新闻翻译成法语和西班牙语，而美国有线电视新闻网和 Buzzfeed 会支付相应费用，但价格却只是那些专业翻译服务的一个零头而已。另外，由于 DuoLingo 的程序能实时将上千位学员的译文转变为经验丰富的专业人士的译文，因此成本也会很低。

DuoLingo 真正神奇之处是其特殊的迭代学习功能，这种功能只能出现在人人共享公司中。为理解其中的奥秘，我们首先要了解语言学习的标准单位——大学学习的一个学期，或是 130 个课时。现在，假设你是一位教授，在第一学期的课程教学中，你可能有大约 30 个学生。到这个学期末，你需要知道自己有哪些地方做得不好，如何能够提高教学技巧，同时也要看一看这 30 个学生中有哪些学习还没有完成，有哪些地方需要在下个学期有所提高。所以，每一年，你需要有两次调整。如果教授 30 年，你就需要经历 60 次循环，有 1 800 个学生帮忙提高你的教学技巧。

现在，让我们将注意力转移到学习软件 Rosetta Stone 上来。这是一家经营了 20 年的公司，使用音频和教材来传授语言。Rosetta Stone 是一款非常好的产品，在全球各地的飞机场里销售，商业人士和政治家们都会购买。你为什么要购买这款产品？因为该公司承诺你将在 55~60 小时内学到相当于一个学期的内容，这是一种巨大的进步，能使你无须坐在教室里花费 130 个小时进行学习。

但是，在 DuoLingo 这个平台上，有很多追随路易斯·冯·安的学习者，因此他可以同时进行 100 个试验，每个试验有 15 万人参与，而他在 48 小时内就能够明确知道教授一门语言的方法中哪一种效果更好。推出仅仅 20 个月，DuoLingo 就将人们学习语言的时间缩短了，原本需要学习一个学期,现在缩短为平均34个小时。不是 130 个小时，不是 55 个小时，是 34 个小时。这些数据已经被皇后学院和南卡罗来纳大学的研究人员证实了。DuoLingo 为了判断基准，总是会对样本学生进行标准化的语言测试。

这种快节奏的学习由于群体和平台间的协作而成为可能。它需要双方共同投入知识。尽管组织几乎能看到平台上的全部活动，但引领重要变化及创新的是群体。一个平台可以通过改善自身程序而加速学习进程，正如 DuoLingo 在人们遇到困难、迷失自我或从系统中退出时所采取的措施那样。它还可以区分出群体所进行的最好和最坏的实践，并让所有人都知道它已有所改进，正如网络商店平台 eBay 和 Etsy 以及视频分享网站 YouTube 提供的线上小技巧、培训视频和会议服务等。

托马斯·爱迪生有句话非常适合用来形容这一点：“衡量成功的真正标准是 24 小时内的实验次数。”伊利诺伊理工学院（Illinois Institute of Technology）设计学院院长帕特里克·惠特尼（Patrick Whitney）曾告诉我，使用周期的重要性。他举的例子是旧时的农具，由于简单、精美、打磨得当，因此受到设计师的赞赏，而这是经过几代人和几百年改善的结果。

有了人人共享，我们不再局限于个人的迭代、数十人的迭代，或者数百人的迭代。在人人共享模式下，上百万人在同一个平台上迭代，无限压缩了从经验教训中学习的时间，创造了出人意料的变化，而这种变化能为受欢迎的响应式平台带来快速成功的迭代。

指数级的学习速度是快速成型和创新的另一种方式。创新性观点和方法的出现是个体差异化的自然结果。精心研究并分享这些创新性观点和方法是一个平台成功的标志。DuoLingo 的会员之所以能学得很快是因为他们专心，而且受到了数据的激励。正如路易斯·冯·安向我解释的那样，DuoLingo 收集了有关学生使用周期的大量数据，运用计算机的力量快速分析并发现最佳的实践方法。当学生遇到问题时，系统会追踪他们的错误，整合数据，并从实时观测到的模式中了解情况。这个平台也能对学生取得的进步作出实时回应，制订为其量身打造的课程，所以学生会以与自身状况最为相配的学习方式来接受挑战。

我们需要为这个只出现在人人共享世界里的速成学习法则命名。摩尔定律告诉我们：计算机的性能会不断提升，成本却会不断降低。里德定律则认为，以指数级增长的网络价值与网络规模相关。我们现在有足够的经验利用平台的力量去推广人人共享的规律：在共享平台上，组织学习节奏的提高与平台上参与者的数量相关。

奇迹 3：多样化的网络群体让我们得以即时获取正确想法

这个奇迹看起来略显普通：当我们需要一个不同的视角时，彼此联系的群体能让我们在特殊情况下快速获得帮助或建议。我们需要听取那些经验丰富、能够解决我们面临问题的人的建议，从而为自己的下一步行动提供指导。

一个周二的晚上，我们希望能用厨房里剩余的 4 种原料——圆白菜、洋葱、大米和扁豆做出一道大餐。我们的祖先可能会对这样的问题抓耳挠腮、绞尽脑汁。但我们现在可以用谷歌搜索诸如“如何让小松鼠从我的卧室窗户跑出去”这样的问题并获得答复。我们使用 Waze 就可以知道前方 3.2 千米处有辆车发生了事故，道路被封锁，应绕道而行。

在恰当的时间得知另一个人的经历能使我们尽量避免犯同样的错误。我们时常惊叹道：“谢谢你，互联网！”然后继续前进。“没有网络的时候，我们是如何生活的？”这种感叹就是我们见证的第三个奇迹：现在的我们正在互相帮助，从各自的经验中学习，不必再像从前只从自己的错误中学习那样费力。所有这些小事都会累积到一起，但是也有一些大事发生，如改变人生或挽救生命一类的事。

彼得·巴克斯顿（Peter Buxton）博士曾写道：“20 世纪 90 年代中期，我与团队组装了一台第一代商用数码相机，利用一种新式交流工具（电子邮件）给专科医生发回临床影像。有一次，在未带额外镜头的情况下，我们将相机向下对准显微镜，获得的影像可以使医生精确诊断一个位于世界另一侧的病人的疟疾病情。”

他在远程医疗方面做出的开创性贡献利用了当时先进的工具，并将它们重新组装成一种全新的工具，帮助其他医生节约时间，快速为病人看病。曾经，在显微镜下看到的铅笔手绘图像，从邮局发出要几天时间对方才能收到；若通过联邦快递或美国快递公司，一天时间就可以收到；而现在使用电子邮件，由调制解调器发送，几分钟内就可送达。当今远程医疗系统比以往任何医疗系统都要卓越：世界各地的医生可以实时合作，为治病救人而联系在一起，有时仅仅通过智能手机就能取得联系。在今后的20年内，这种救助的范围将更加广阔，而现在我们仅能猜测机器人或虚拟现实技术将如何帮助医生挽救病人生命。想象一下，如果能在一个全球远程医疗志愿者平台上获得所有医生和护士的过剩产能，那么会有多少人因此受益？

此外，这个平台并不仅仅是专家们在分享经验，人们也能用知识和想象力即时回复他人问题，即在正确的时间总会有正确的人为我们服务。

HelpAround是利用社区支持帮助糖尿病患者在危急时向他人呼救的一家初创公司。糖尿病患者通常需要复杂的医药处方，如果药房意外关门或没有现货，这款应用就能帮病人避开危机。糖尿病患者也是一个群体，他们中的许多人也有过剩产能，如一位提前准备了一个月药品的患者能够帮助另一位需要药品的朋友在药店开门前度过危机。在正确的平台上，他们能够互相帮助，避免因供应链出现差错或其他问题而给他们的生命造成危险。

> 安妮·海默斯描述了她使用HelpAround应对在医疗保险覆盖范围发生变化时的经历："那时的我迫切需要找到传感器。每次我只能拿到一两个，但这些并不足以保护我平安度过整个孕期……一个女人说，她不再需要传感器了，她的女儿也已经嫁人了。另一个年纪跟我相仿的女人说：'我从来没用到过它们，你拿去吧。'"

HelpAround平台上的内容非常具体，它能为有困难的糖尿病患者提供其真正需要的帮助。哪怕只有一名用户受益，在网络中能获得这样的过剩产能就是一个奇迹。

创新中心InnoCentive通过奖励来激励创新性实践，是英国议会在1714年为了找到测量海上船舶所在经度的简单可行方法而推出有奖征集活动的现代版本。最近，InnoCentive 发起了一项挑战，为一家大型跨国消费品公司寻找一种有明确特征的聚合物，因为该公司的研发实验室无人能解决这个问题。仅几周的时间，获胜方案就浮出了水面，它是由一位航空航天物理学家、一位小农场主、一位经皮给药系统专家和一位应用科学家共同想出来的。

和 InnoCentive 类似的 TopCoder 平台也出现了很多令人吃惊的事件。TopCoder 发布了一项来自哈佛医学院的挑战，挑战者需要开发一套程序，从而将染色体组的分析结果应用于免疫系统。在两周内，来自哈佛大学外的一名挑战者——没有计算生物学或生命科学领域的研究经验，创造出了比当前解决方案快 100 倍的染色体组计算程序。

这种奇迹，即在正确的时间找到正确的人，也正改变着政治活动。因自己的 Twitter 账号 FeministaJones 而为人所知的活动家兼作家琼斯发起了一项有组织的全国默哀活动，来祭奠 2014 年 8 月 9 日在密歇根州弗格森地区街道中央由于政治原因被谋杀的黑人青年迈克尔·布朗（Michael Brown）。在短短的三天之内，琼斯在 Twitter、Facebook、Google Docs 上发起的这项数字组织活动，使得来自全美几十个城市的成千上万人聚集到一起。尽管主流媒体仅有零星的几个记者对此进行了相关报道，但这正是正确的地点来了正确的人。抗议者、旁观者或目击者都可以在 Twitter 上用视频和照片进行大量现场实时报道，从而使那些没能来参加活动的人了解到整个事件及其最新动态。

琼斯讲述了在 2012 年佛罗里达州少年特雷沃恩·马丁（Trayvon Martin）的谋杀案中，社会化媒体平台在快速有效组织请愿活动以及传播扩散请愿信息方面表现出的强大力量：“Twitter 和 Facebook 在短短 48~72 小时之内就组织了抗议和守夜活动。一封由马丁父母制作的 Change.org 请愿书在 Twitter 上流传开来，最终签字的人数达到了 2 278 988 人，这也导致了法院对未被佛罗里达州警方逮捕和起诉的乔治·齐默尔曼（George Zimmerman）的指控。”

在这些例子中，平台保证了群体能够进行组织、报道、集资，实现资源的整合，形成强有力的请愿书和重要的公共叙事文书，这也是为何社会正义人士会大量涌现的原因，尤其在针对种族歧视和性别歧视方面，相关运动在网上日渐增多之时。琼斯曾发推文写道："Twitter 成为现代社会政治活动最重要的工具之一，成为影响齐默尔曼事件的一股巨大力量。"

随着我们联络的人越来越多，学到的知识也越来越多，这种"找到合适人选"的功能具有越来越大的价值。以前，找到这样的人是很困难的，如大海捞针一般。而现在，在大数据分析、指数级数据处理速度和无线热点传输平台的帮助下，我们可以直接把手放入"大海"中将"针"取出，此时我们的手就好比一块大磁铁。每天，专家们都实时输入一些重要信息，而我们要做的就是将其实时取出。

放眼未来，即时获取正确想法这一奇迹有两层重要的含义。

◎ 这意味着我们当中的每个人都可以去采集世界上的"蜂巢思维"，维基百科只是一个最初的尝试，想象一下当某一天这个平台覆盖所有知识和技术的景象吧。

◎ 考虑到全球范围内人们面临问题的规模、范围和所在位置，每个人都能在不同时间充当正确的人选，而我们只需为他们建立联系即可。

想象一下，若是居住在几内亚、利比亚、塞拉利昂的所有人都能建立起联系，埃博拉病毒引发的疫情现在可能会大不相同。疫情爆发前期的几个病例将很快被相关国家卫生体系收治。这些人的经历都是未来的预警感应器和警报器。若是我们在正确的时间听取了正确的人的建议，就能避免成千上万人的死亡、无数家庭的破碎、无尽的痛苦以及数十亿美元的疾病援助费。美国国际开发署的埃博拉应对小组就突破性地采用了人人共享方法，使用解决社会问题的 OpenIdeo 平台来收集有关现场情况的信息，并整合了在医院和大学里得到的应对病毒的经验与方法。

PEERS INC
How People and Platforms Are Inventing the Collaborative Economy and Reinventing Capitalism
共享的力量

如今，我们可以参与众包的最优实践，拥有超级计算能力，并知悉事件目击者的实时观点。一些与类似埃博拉病毒作斗争的富有社会责任感的机构正全力赶上平台的发展节奏，美国国防部甚至设置了一支灾难救援协作团队 STARTIEDS，致力于在正确的时间联系到正确的人选为团队提供专业知识。救援组织 Occupy Sandy 在美国联邦应急管理局（Federal Emergency Management Agency）与志愿者网络之间开展的顺利协作体现了在出现国内危机时互相救助的巨大潜力。在危急中分享我们的过剩产能进而相互帮助，从收集到的经验中不断学习，这类平台正在不断涌现。

是人类与机器，不是人类或机器

从最早期的电脑出现伊始，人们就在不停地诉说着一个糟糕的未来：电脑、机器人、克隆人会取代我们，人类将会灭绝。但在人人共享模式下，人类以及他们的个性都是重要的要素，因为这种人性不会被取代。这是一位被埋没的电子时代先驱的预言。美国计算机科学家、交互理论专家里克莱德（J.C.R Licklider）在 1960 年指出："人类的大脑和计算机设备将会被紧密地融合到一起，这种伙伴关系会以人脑前所未有的形式进行思考，用一种我们现在尚未得知的信息处理机器来处理数据。"这种人类天赋与计算机的结合体，在以伙伴合作关系出现在工作中时，将比任何计算机都更具有创造性。

在《思考，快与慢》一书中，丹尼尔·卡尼曼（Daniel Kahneman）描述了我们常用的两种思考模式。"快速思考"是我们的惯用模式。他说人们非常善于用快速模式来识别差别不大的本地线索和环境，迅速作出调整，以便考虑周全。相反，电脑在这方面就比较差劲了。此外，我们还时常逼迫自己去"缓慢思考”，花时间得出具有逻辑性和理性的结论，而这种分析方法对电脑来说再简单不过了。最佳的人人共享平台能让电脑去处理其所擅长的复杂但不过于复杂的运算。之后将处理结果交给人，由我们来处理自己所擅长的涉及创造性、模式识别和情景化研究的问题。

PEERS INC 共享时代
How People and Platforms Are Inventing the Collaborative Economy *and* Reinventing Capitalism

互联网领域的先锋人物温特·瑟夫（Vint Cerf）在美国脱口秀节目《科尔伯特报告》（*The Colbert Report*）的一次采访中提道：“现在，使用互联网的人数大约有30亿。每当出现运用网络的新方式时，我们也能获益颇丰。”在过去的20年间，在探寻互联网能带给我们多少力量的同时，众多公司发现了个人其实也能提供很多东西。如今，随身携带智能手机的我们都有着“超能力”：有好平台在背后支持，我们可以违背物理常识，快速学习新的知识，并能很快联络到可以帮助我们的正确人选。这种有效的互动形式改变着一切。我们是创业合伙人，而非被动的用户。我们充满了活力，可以将大脑中出现的每个创新点子与广阔的世界分享。

第一个具有划时代意义的创新点子就是个人电脑，它让每个人都拥有了超能力。之后是智能手机，它让我们更容易地拥有了超能力。如今，一部普通的智能手机只要40美元，计算能力民主化的时代真的到来了。与水泵、汽车和枪等其他只是简单地把人类变强的科技手段不同，共享平台是循环往复的。平台强化了个体，又从个体那里获得力量，不断循环，让产品、服务和网络都得到提升。

2015年，世界将有20亿部智能手机投入使用。该如何利用这一资源去改变资源匮乏的现状呢？随着智能手机的数量从20亿部上升到成年人人手一部，若能找到利用智能手机解决贫困、公共卫生服务和气候变化问题的方法，其产生的积极影响将和智能手机一样迅速扩散。智能手机通过各种应用使人们的行为产生了积极的转变。人人共享带来的三个奇迹证明了，只要搭建了良好的平台，改变必将随之到来，对此我深信不疑。

未来 20 年将会发生什么

不受传统限制的机构终将选择以人人共享的路径来发展。组织结构模式类似于人人共享的公司，增长速度会很快，学习速度更快，会比那些闭门造车的竞争对手更加智能。让我们展望未来，看看未来 20 年将会发生什么变化：

◎ 产品的生产制造更倾向于人人共享模式。将我们生活中的很多消费品实现 3D 打印不再是梦。小制造商将会基于知名平台所创立的算法来进行生产。

◎ 交通运输，无论是人们出行还是货物运输，都变成了人人共享模式。专业机构负责编写保障安全出行的各种复杂算法，全世界的群体都可成为某一交通工具的拥有者和维护者。

◎ 教育也会呈现出人人共享模式。高等教育逐渐走向慕课（MOOC，大规模开放在线课程简称）形式。世界上最优秀的老师通过录制课程而后上传平台的形式来进行授课，人们在家就能学习，并能建立个性化的各类学习小组。

◎ 大部分能源企业也会变成人人共享模式。有很多小型发电厂利用太阳能和风能发电，而这些分布在各地的小型发电厂会共同构成了一个智能电网系统。

◎ 人与人之间的交流将明显包含人人共享元素。信息传输方式不再仅仅局限于光纤、卫星和信号塔，个人设备（如手机、笔记本和汽车等）也会变得类似于小型的信号塔，会接收和发送无线信号。如此一来，这些基础设施将不必再由大型公司承包承建，主角换成了群体。

◎ 个人的身体健康状况也将会是人人共享模式。关注并监测体重，注重提升睡眠质量和运动养生，遵循医嘱，通过一些用户体验完善成熟的设备将个人相关数据上传，这一切已然发生。数据中的一部分信息会被匿名，作为人口数据库中的"一员"，协同其他数据反映公共卫生和保健方面的问题。

◎ 构成物联网主要部分的智能健康系统、智慧城市和大数据实际上都是以人人共享为基础的。重新整理分类群体收集上传的各类数据，再由各种专业组织机构进行整理分析，这样一来就赋予了个体和城市更多的权利。这有利于我们作出更好的选择，快速学习，加快完善的进程，能以一种与众不同的方式来对待我们的环境。

转变正在发生。谷歌就是一个完完全全的人人共享机构。正是我们每天的搜索、点击和链接让搜索引擎和数百万在谷歌平台上投放广告的大小广告主了解到了我们的选择偏好。谷歌上的许多广告就停留在大众打开的页面上，不过会看这些广告的都是谷歌无意吸引的群体。电子商务网购平台亚马逊在15年前就开通了零售业务，以重整其建立的商业流程。2013年年底，亚马逊销量的40%都是其他公司的产品，而这些产品是由200万个卖家提供的。DuoLingo成立后，任何人都可以在这一平台上制作各类语言课程，在运行10个月之后,其学习团体（100万人）中的22%都在尝试这种新的学习形式。（在第7章讨论政府该如何回应一些剧烈变化以及在第8章探讨一些遗留机构该采用何种形式转型时，我将会深入讨论这一问题。）

哪里需要奇迹

推动我创建人人共享模式的动力，是我看到了其在处理气候变化这一重大问题时，在创新、速度及规模方面的巨大潜力。该问题非常贴近我们的生活且十分严峻，我们必须使用人人共享模式，充分利用三个奇迹所创造的优势来处理，这是我所能看到的唯一出路。在本章的剩余部分，我将概述该问题的严峻程度，然后探讨一些采用人人共享模式的例子，看一看它们如何在不影响经济发展规模与速度的情况下带来变化。

我以前无法理解气候变化问题的严重性。开始对这一问题有所意识是在2005年，当时我是哈佛大学洛布校友会（Loeb Fellow）的一员，我认识到这个问题太严重了，甚至可以说是世界头等问题。我记得有这样一个十分尴尬的场景，我当时坐在哈佛大学的一间小教室里，讨论如何为洛布校友会组织一个关注气候问题的会议。那个冬天黄昏很早就到来了，外面的天灰蒙蒙的，显得十分阴郁，还下着雨，我看着桌边的几个同学，心中有一种毫无价值的感觉。人类的命运怎么会仰仗于这些可悲的努力？当然，当时和我有同样想法的有几千人，说不定有几十万人。只不过，我还没遇到他们而已。

经营 Zipcar 的经历让我明白了对于整个气候问题来说，城市中越来越多汽车的二氧化碳排放问题仅仅只是一小部分原因。我也清楚地意识到，在交通运输方面，自己也许可以有所作为。后来，我的所谈、所写、所进行的咨询、所创办的公司都是关于如何使我们的生活具有可持续性的。

真正使我意识到这一点的是世界银行的相关报告：《调低温度：为何我们必须避免一个再升温4摄氏度的世界》（*Turn Down the Heat: Why a 4℃ Warmer World Must Be Avoided*）。世界银行是一个相当保守的金融组织，资本主义气息浓郁，也深受市场的影响。该报告与政府间气候变化专门委员会（Intergovernmental Panel on Climate Change，IPCC）有着相同的材料源，都是由同一批世界顶级科学家审阅，并应用于2014年11月的政府间气候变化专门委员会的综合报告。在阅读报告的头条时，我发现：如果每个国家都尽全力履行其关于二氧化碳减排的承诺，那么2100年全球将平均升温4摄氏度。由于并不知道升温4摄氏度的真实含义，我去查看了历史上的温度变化情况，想了解一下上次比现在低4摄氏度是在什么时候，这种变化给我们的生活带来了何种影响。

事实表明，上次比现今低 4 摄氏度是在最近一次的冰河时期，大约在两万年前。阅读本书的时候，你是在哪里呢？若你碰巧在北美洲或欧洲（应该是美国东北部、中西部和北部的一些州，以及欧洲的东北部地区，这样说更为准确些），那你所在的地方之下曾是千丈冰层。而上次比现在高 4 摄氏度出现在 1 500 万到 2 500 万年前，那时人类尚未出现。如此一来，试着去想象一下，将我们现今所处环境的温度升高 4 摄氏度，真的非常可怕。

我也了解到，我们平常所说的全球变暖，就是我们所居住的陆地的温度要高过海洋温度。有专家预测，到2100年，美国整个中西部的夏天将升温6摄氏度。《世界银行》的报告也持续带给我们坏消息。科学家们预计，如果世界上的诸多国家仍坚守自己的商业模式而不做任何调整，那么到 21 世纪 60 年代，全球温度就会到达该水平。

2060 年，全球温度将上升 6 摄氏度。我能猜到，不必到 2060 年，到 2040 年人们恐怕就无法忍受这种温度了。我不知道你会怎么样，反正我那时是无法忍受这一温度的。当领袖们谈论我们为什么需要解决气候问题时，经常会说一些“为了孩子，为了孩子的孩子”之类的话。孩子的孩子？恐怕我那时也还活着！我自己的孩子到时候还要考虑是否要生小孩呢。他们所讲的问题关乎自己所深爱的人是否要生孩子，而这些孩子到时所处的时代将是人类急速灭亡的年代。人们将死于饥饿、飓风、泥石流、洪灾、疾病和因资源争夺而引发的战争。不要妄想依靠世上最富裕的国家提供保护了，届时，将会有成百上千万“气候难民”对现实满怀绝望和愤怒。

读完报告之后，我基本上是不信的，觉得也许是我曲解了这篇详尽的科学文献所呈现的事实。我的理解是否正确？我给两位朋友发了邮件，其中一位致力于国际气候政策方针的研究，另一位则为美国国内气候政策部门效力。我问他们：“这些都是真的吗？我了解到的时间轴是正确的吗？”他们很快清楚地回复道：“是，是真的。”

我试着去猜想2014年政府间气候变化专门委员会报告中为政策制定者所强调的那些严谨的科学概述所包含的深意："温室气体的持续排放将引发全球温度的进一步上升，全球气候系统中的所有要素会产生永久性改变，这也增加了对人类和生态系统产生遍及全球且不可逆转的可怕影响因素出现的可能性。限制全球气候的变化要求持续大量减排温室气体，这样才会降低气候变化的风险。"调查人员说，到2100年，全球生物的1/3~1/2将会灭绝。

无论我们做些什么也没有办法让温度维持在只上升2摄氏度的可能性越来越大，而这一温度水平被认为是全球变暖所能上升的最高"安全温度"，不过仍有许多人认为这样的温度已经够高了。若想实现这个或许看上去毫无价值的目标，全球二氧化碳的排放水平在2016年达到峰值后就必须迅速下降。周游全球的时候，我一方面认识到问题的严重性，另一方面也感受到全球70亿人口每天渴望生活得更好的强大动力。气候问题所覆盖的地域令人不寒而栗，若我们真想让全球数十亿人口免于痛苦和死亡的命运，在减少温室气体排放这方面，就需要迅速落实措施。

大学期间，我读了很多有关哲学的书籍。当时，我无法和现在一样直接点击自己不认识的单词就能得到释义，记得那时我读了很多"有关人类生存危机"的文献。我感觉这就像是闯进一间暗室，郁闷地想"我是谁"的问题一样。我也是最近才意识到生存危机的，这也是我们每个人都面临的生存危机。

设法全力应对生活中出现的事物所产生的巨大影响的时代已经到来。我们往往在历经否定、恐惧、愤怒和失落后，才会采取行动。我们现在就处于"行动"阶段。正如我的好朋友所说的："无论何时，我们都知道减少碳排放量比增加要好。我们要尽己所能去做些什么，越快越好。"

然而，看到在人人共享模式协助下处理气候危机的前进步伐出现了巨大变化，我对处理这一危机的方案所具备的潜力信心十足。工程师们对于新能源的前景抱有极大热情，而城市规划师和政策制定者也看到了在遍及全球的城市和乡村中重建和新建建筑的巨大潜力。这些都非常重要，也对长期的二氧化碳减排起到了一定的促进作用。但别忽视了时间范畴。我们等了太久，迟迟未动。现在，我们需要立刻不惜一切人力、物力进行减排。

我不得不承认，改变自身的行为习惯真的很难，但在短期之内也能做到。有形的基础设施建设，比如说建造更多的地铁线路确实需要耗费很长时间。但我们可以转换一种思路，如采取类似伦敦和斯德哥尔摩对进入中心市区的私家车进行硬性收费那样的措施，这让交通流量（还有二氧化碳排放量）一夜之间降低 25%。

类似地，美国人也可以不让那些装有空调的家庭、办公室、商场、会议中心和电影院把空调温度整夜都调得很低，冻得人难以忍受。要是每个美国人都把他们的空调在制冷时调高一度，制热时调低一度，那么美国每年都能节省 100 亿美元的能源成本。我们应该马上推行这种做法，但不要苛求会立刻收到效果。我们还要把注意力集中到那些能很快推广的人人共享的方案上来。正所谓众人拾柴火焰高。

美国大约有 22% 的二氧化碳是由私家车排放的。与此对应，出现了很多采用人人共享模式解决这一问题的新兴创业公司。这类公司真正满足了发达国家城市居民的交通需求，也比当下主流的一人一车的形式好很多。配合公共交通工具，它们使你实现相对拥有自己的汽车，这是一种速度更快、成本更低、更为便利的出行方式，人们可以共享交通工具。这些主要建立在智能手机基础上的平台十分方便可靠，有力地对抗了人们对于汽车所有权的争夺。它们提供的服务覆盖了方方面面：个人驾驶轿车服务；个人拥有和个人驾驶的出租车服务；单向城市汽车服务，这更像是自己给自己开出租车；计时的双向租车服务；P2P 的汽车租赁服务；便利的出租车拼车服务；远途出行拼车的应用；上班途中的班车共享服务；市区、酒店、大学的自行车共享服务；P2P 自行车租赁服务等。这其中的每项服务都让个人不必再拥有自己的汽车，同时也鼓励人们在出行中考虑成本，选择最合适的出行方式。2001—2009 年，千禧一代（19 岁到 34 岁之间）的汽车出行里程数每年下降 23%。这些新型交通运输服务让这一切变为可能。我期待着这种无车出行的趋势和人们的这种新偏好能够持续下去。一旦交通工具改为使用清洁能源，我们在城市交通排放这方面的工作就可以说是大功告成了。

由于人人共享平台所表现出来的超额运输效率与相当高的可操作性，货运运输也初见成效。物流快递公司 uShip（及其“英国小兄弟”Shipley）提出了“负载均衡”（load-balancing）的理念，即不能出航满载、返航空载，应为返航联系负载业务，使得出航与返航的负载更为均等。从世界范围来看，大型卡车有 30% 的时间是空载的。这种超额运输效率的可视化和可行化也表明人们可以接受更为灵活的运输方案来降低成本。10 年来，物流快递公司 uShip 已完成了横跨六大洲穿梭于 19 个国家之间价值 5 亿美元的海运业务。

美国 45% 的气体排放来自于电力行业。对美国来说，从主要以化学燃料集中发电形式转变为由新能源发电是一个挑战，因为我们用了 100 年的时间，才使得通电变得如此简易。就像所有的基础设施建设一样，美国的电力企业也是平台。它们集个人所不能之力努力为人类的生存做贡献（寻找矿源、建发电站和实现规模经济）。而跳出这种已实现的简易供给体系，转向新能源是非常困难的。当传统的公共事业单位对大型火力发电厂进行投资时，其利润会更高，而他们并不会（也不值得）从同样能发电的个人太阳能事业中得到回报。这样的话，每当一个家庭安装了太阳能面板，就不仅减少了对于现存发电厂的需求，还降低了公共事业单位的利润。因此，只有找到改变公共事业单位盈利导向的方法，我们才能促使这些单位发生转变。

对我注重细节的工程师丈夫来讲，从查找资料、寻找相关的税收优惠政策到给家里房顶上安装太阳能面板，要耗费数月的时间。而对于一个专攻于此的小型企业来讲，要找到效率最高、成本最低的太阳能面板安装方案，其艰辛程度也大致相同。在通信运营公司 Sprint 负责企业可持续发展和企业责任问题的艾米·哈格罗夫斯（Amy Hargroves）就指出了两者面临的同样的问题：没时间、缺乏相关的专业知识、一路充满了挫折和艰辛。她说："我们没有一支全职团队来研究有没有别的更好的方法，甚至连一名发电机构的管理人员都没有。怎样才能让这些小公司轻松运营这些项目呢？这的确是个问题。"

我们到太阳能公司 SolarCity 看看吧。成立于 2006 年的 SolarCity 致力于清洁能源的大规模推广。他们的商业模式总结起来与我们之前说的共享平台的模式十分相像："认真对待太阳能系统的每一方面。"该公司可提供从系统定制设计、融资、许可证查询申请、可用政府返利政策咨询、安装、实时系统监控及维护等全面的太阳能服务。SolarCity 公司尽可能简化了一系列流程，实现了规模经济的低成本运营。过剩产能如何得到利用？我看到了两种情况：一种是关于我们的屋顶的。公司并不为这块地方付款，所以需要消费者配合安装。第二种情况是消费者正为其电费埋单。安装居民太阳能光伏发电系统的经济回报期因地而异，时间范围从纽约州布鲁克林市的 5 年到俄勒冈州波特兰市的 15 年不等。影响经济回报期的因素有很多，包括当地的气候条件、电力的消耗情况、各种国家税收和州的税收奖励机制、当地公共事业单位优惠政策、规章制度以及相关政策等。在 5 年至 15 年的时间，从化石燃料向太阳能发电转变的成本基本上可以忽略不计，这也就意味着我们不必花费一美元就能实现二氧化碳减排的目标。

正是这一点推动我提出了自己所钟爱的温室气体减排计划：一项有关碳排放的税收建议。我们日常生活中所作出的价值上万亿美元的无数消费决策都将使目标变得多元化，其中就包括对低碳世界的投资。2012 年分析学家就指出，60% 的城市地区需在 2030 年完成太阳能设施的建造。若我们在建造这些基础设施时将气体排放的真实成本考虑进去，在处理建筑物与交通运输基础设施的气体排放问题上就要花费相当长一段时间。

过剩产能、共享平台和人人共享这三个要素使得我们在处理资源问题上，无论是实体资产、金融还是人力资源方面都极有效率，也能又快又好地进行创新，形成充满弹性且富有余力的分布式网络，同时又为经济机构注入了新的活力。我们的工作和生活也因此与众不同、前景无限。如果将这一切融入一个人人共享机构组织，其增长速度定会让你大吃一惊，你的学习速度和创新速度也会快得无法想象。伴随着超本地化的磨合适应，这类组织将拥有无与伦比的运算能力。看吧，上百万股力量与智慧个体被赋予了新的生命，得以完全释放其能量；这个经济体中的各方面都加快了试验、试错和进化的步伐；巨大的原始市场与新的交互方式相继出现，这一切变化都快得让人窒息、令人颤抖。人人共享将引发一场全球性的革命，释放无限潜力。

世界快速发展的过程中，出现了很多问题、而人人共享正是当今时代所需要的一个框架理念。不以该方式思考的企业都会在新的协作浪潮的飓风中湮灭。若想快速解决自己所面临的任何危机，请用人人共享的方式来思考。人人共享改变了我们竞争、创造的方式，也改变着我们融合人力资源的方法，它标志着人类进化史上的一大飞跃。

在本书的第二部分和第三部分中，我将说明如何搭建这样的平台。在第6章中，我会探讨如何从头开始创建一个人人共享公司。在第7章，我解释了政府如何优化企业（平台）和人们（群体）的经济潜力。在第8章，我评价了其他企业对此作出何等反应。而在第9章，我解释了平台融资和权利的民主化问题。

PEERS INC

How People and Platforms Are Inventing the Collaborative Economy and Reinventing Capitalism

第二部分

重塑未来商业新模式

PEERS INC

06

How People and Platforms Are Inventing the Collaborative Economy and Reinventing Capitalism

从零开始

| 创建共享平台的四个阶段 |

【共享先锋】

◎ GoLoco，利用汽车中的剩余座位

◎ Drupal，汇聚全球程序员的智慧

◎ Lending Club，促使传统银行发生变革任何一座古城的成功之处就在于其背后存在着一套复杂的秩序。其实质是遍布城市的错综复杂的人行道，一双又一双“眼睛”构成的城市人行道上的安全监视系统。这种秩序蕴含着动态和变化，尽管这是生活而不是艺术，但我们或许可以发挥想象力，称之为“城市的艺术形态”，将它比拟为舞蹈——不是那种简单、机械的舞蹈，每个人都在同一时刻抬脚、转身、弯腰，而是一种复杂的芭蕾舞，每个舞蹈演员都必须在舞台上展现出自己的独特风格，但又相互映衬，组成一个秩序井然的群体。每一个让人赏心悦目的城市人行道“芭蕾”都不相同，从不重复，在某个地方总会有新的即兴表演上演。

——简·雅各布斯（Jane Jacobs），《美国大城市的死与生》

我非常喜欢城市规划师简·雅各布斯的这段话。在她的描述中，城市的街道将生活的复杂芭蕾推向了极致，这种分析方法正是组建人人共享平台时所需的。为创办汽车共享网站 Zipcar，我每天工作 18 个小时，整整花费了几个月时间。要想抓住商机、增加市场份额，就要在公司运营过程中选择正确的时间点、启用正确的人、采用正确的战略，因为在为群体建设一种富有弹性且具有吸引力的基础设施时，这些条件一定要同时具备。

我们还应当特别关注平台创办人和群体之间的权力流动。能否在早些阶段就达到权力均衡决定了一个平台是否能成功，而能否在稍后阶段实现权利均衡则决定了该公司能否在激烈的竞争中笑到最后。**将保持均衡的理念贯穿于构建人人共享组织的始终，将新的共享经济体看成一个整体，这预示着我们正转变为一个为人们提供更多力量、更高满意度、更多平等，进而更具持续性的经济**

体。专业机构和群体之间不间断的权力转移与之前的经济体有很大不同，尤其是在垂直一体化的公司，一切都是“等级游戏”。

我的假设是，大多数成功的人人共享组织在发展过程中都需要经历 4 个阶段：控制内核、欢迎人人加入、权力失衡、权力均衡（见图 6-1）。公司运营不成功的原因或许就在于经过第一阶段后，在后面的发展过程中并未按这条路走下去。事实上，我个人就曾因此经营失败了一家公司，真不敢相信我竟然还想谈论这件事。

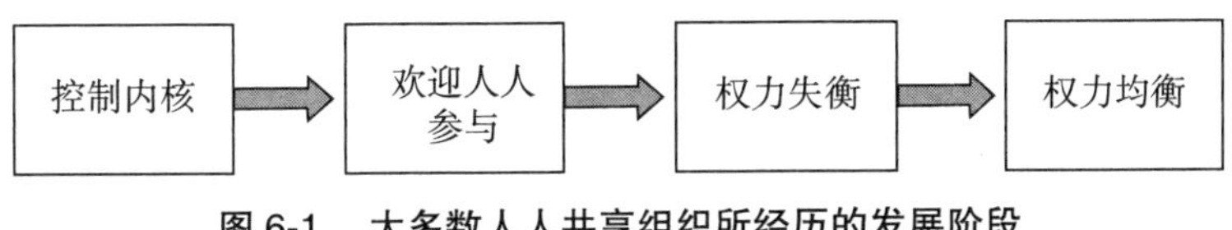

图 6-1　大多数人人共享组织所经历的发展阶段

阶段 1：控制内核，“无规则”是最重要的规则

美国是一个具有企业家精神的国度，人们并不惧怕失败。不同于其他文化，这里并没有耻辱一说，或者说正是因为人们欣赏美国的创新精神，所以能以同样的观点来看待这个世界。创业过程中出现的小失败更多地被看成是不断学习的过程，是为以后的成功打下基础。但大的失败就没有这么有趣了。我们应从别人的大失败中吸取教训。在这里，我要讲一下自己曾参与建立一个平台并最终失败的经历，这一平台甚至连第一阶段都没有度过。

2006 年，我开始为网络共享乘车社区 GoLoco 筹集资金，到 2007 年 4 月，多亏了天使投资人的信任，我们筹集了 100 多万美元资金，公司得以运营。GoLoco 致力于乘车共享业务，其中包括短距离拼车和远距离搭车，类似于 Zipcar 公司的汽车共享业务。我们希望将共享汽车旅途变得十分简易、充满乐趣且收益颇丰，因为科技的进步、广阔的市场和巨大的品牌效应会让这一切成为可能。

GoLoco 充分利用了汽车里除司机座位之外的剩余座位，而生活中有 80% 的汽车座位都是空着的。我认为品牌效应十分重要，因此花了很多时间来给公司命名。GoLoco 读上去很有意思，人们只要读一遍就能写出来，同时这个名字也有一定的深意：本地化（go local）、低成本（go low cost）、低碳（go low CO_2）。把用户界面与可行性恰到好处地结合起来十分必要，所以我在这个类似于 Google 的公司标志（见图 6-2）和页面布置上投了大量资金。由于当时我已经在业界小有名气，我可以在产品推出时吸引更多媒体和大众的目光。

图 6-2　GoLoco 标志

GoLoco 是一个很好的创意，这点在最近 BlaBlaCar 的成功运营上得到了验证，基本上我们和 BlaBlaCar 在法国成立的时间相差不多。人们可以随意公布自家汽车的出行信息，例如："从离我在坎布里奇市的家最近的十字路口到我女儿在纽约市的家最近的十字路口，6 月 15 日中午出发，6 月 17 日周日下午 4 点回来。"司机和乘客都可以利用照片来创建档案，还可以与自己的社交媒体和博客实现连接，并在公布的出行信息上注明自己所讲语言的类别和兴趣爱好。而在创建的文件里面，他们也可以放一段自己做的小视频（比如告诉人们你做了什么早餐，或是讲个笑话），因为我从研究人员那里了解到，人们更倾向于相信听到过声音的人。人们可以形成自己的社区,或是完全对外公开的，比如 Burning Man 社区、攀岩社区和宜家社区之类；或私人化的，就像阿灵顿青年足球社区那样，出行信息可以被实时通知到整个社区。你也可以创建一个出行提醒，这样一来，那些曾来过你所在街区或是去过宜家、纽约、瓦尔登湖的人们的出行信息你都会一目了然。你的个人主页上面的地图标明你今天周边车辆的情况，这些“意外发现”都可以指导你的出行。你可以在线付款，避免当面交钱的尴尬；如果当面交钱的话，就需要支付车费的10%作为小费。另外，乘客和司机双方都会再次确认是否还有别的乘客，形成一种相互信任的社会化网络。

曾出版过关于苹果和谷歌的畅销书的史蒂芬·列维（Steven Levy）也在《新闻周刊》上对我们的这一产品进行了报道，这让我感到骄傲。他写道：“GoLoco就相当于汽车界的丰田汽车出品的混合动力汽车普锐斯，它在为防止全球变暖作出贡献。”

一开始，我们说服了亲朋好友和员工创建完整的个人档案来率先尝试，但很快发现自己的期望太高了。没人自愿去创建档案，他们也不想公开自己的街道信息，即便界面的设计可以使他们轻易做到，他们只想公开自己的城市信息，却不愿意公开自己计划的准确时间，比如说，下午3点半，也不愿意告诉别人车上还有多少座位。但若想让人们乘车或是提供座位，这么少的信息怎么行？

我的工程师们在接下来几个月时间里撤消了之前所做的设置，精简、精简、再精简。正如现在我们所讲的做一个最小可行性产品。和Zipcar一样，这也是我们在缺乏预算、时间和相关知识的情况下来运作的。在运作GoLoco时，我的资金控制能力更强，也更明确地知道自己在做什么。但是，我还是做错了！**不要对刚开始起步的平台过度建造。你可能有很多想法要去实行，也已花了很多时间做调查、招募团队，甚至努力去打造自己真心相信会成功的产品。但即便你认为自己已经将平台极为精简了，你很有可能还是过度建造了。**

准备好接受另一个打击了吗？大部分由个体产出的产品都太糟了。这是我从创建GoLoco的过程中得到的教训。个人和公司是不一样的，他们在专业领域还是新手。与公司相比，个人更容易许下更多承诺，然后又无法兑现，往往并不守时，有时也不能落实到底，而且很多时候最终效果也无法令人满意。这也是为什么作为人人共享的先锋之一，国际贸易全球门户eBay要建立评级和评价制度。我的理解是一旦个体卖家了解了 eBay 的合约规则，他们提供产品描述、产品照片以及按时送货的概率就会大幅上升。而 eBay 为了提高最终效果，也会尽可能地增加自己的工作量，优化工作流程，完善信息的呈现水平。但这种个体产品的多元化正是其魅力所在。图 6-3 中这条简单的正态分布曲线通过显示人们对于平台的参与度来说明个体表现对于产品质量的影响：低水平（有些人会这样做）；平均水平（大多数人会这样做）；高水平（少数人会这样做）。

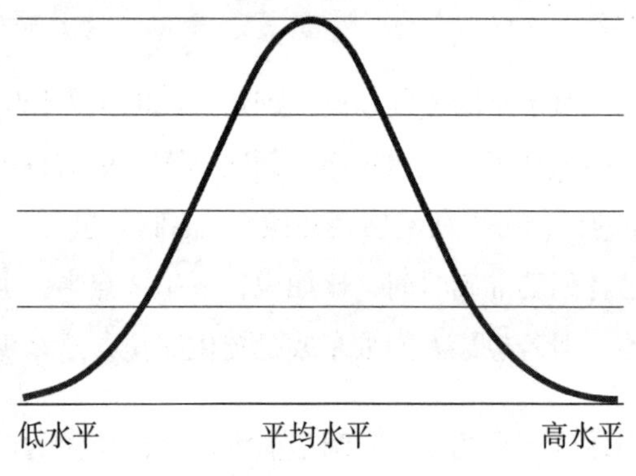

图 6-3　受限平台的用户参与度状况

对我来说，打造一个成功的共享平台真的很难。我们的经营目的是在保证服务质量的同时可以吸引更多人参与进来。它要求平台的每位建造者之间形成一种极其微妙的均衡关系，我们姑且称之为“金凤花原理”（Goldilocks principle）：公司第一次甚至是第二次都猜不对，但一旦猜对了，之后的一切就特别顺利。为使平台结构达到双方的要求，往往要耗费数月甚至是数年的时间。**平台和专业机构如何提供相关的评估报告，如何制订流程，如何进行革新，又如何处理那些会降低个体参与水平的问题呢？对作为供给者同时又是消费者的群体又有着怎样的最低要求，来使他们的产品具有吸引力呢？平台的成功与否取决于其权利均衡是否恰到好处。**

群体所使用的用户界面结构及其复杂程度不但决定着他们是否参与、如何参与，还决定着平台未来的创新潜力、市场前景，以及随之而来的产品多元化（见图 6-4）。

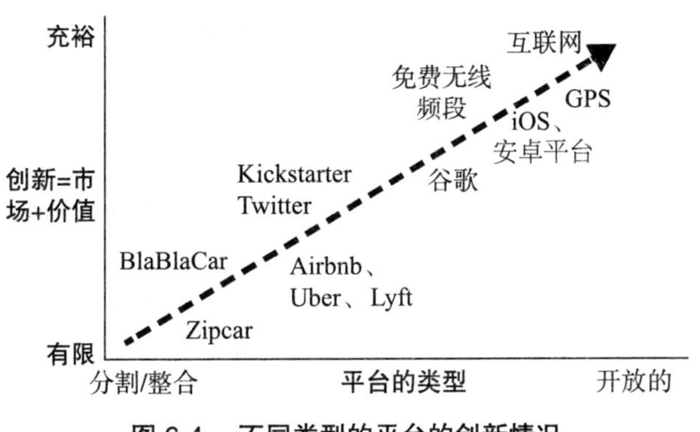

图 6-4　不同类型的平台的创新情况

Airbnb、BlaBlaCar 以及 Zipcar 是十分类似的平台。群体仅能在有限的选择下进行操作，实现相对统一的协作。GoLoco 只能进行汽车旅行分享，而 Airbnb 则只能分享床铺。人们可以用 Zipcar 选择自己想要的具体车型和出行时间，也可以对平台提出问题和改进意见，与前两者相比，在这一平台上，人们能做的多一点。可以肯定的是，一些多元化因素可以被融入这些平台，对其进行一定的创新，但仅限于此。这些平台的另一面则是高度开放的平台，对个人信息的侵犯性极低，限制要求也相当少。iOS 和安卓操作平台、互联网、公开数据 API 以及 GPS 都是很好的例子。它们的平台对诸如协议和源规则等的要求都较低，使多元化和创造性能在这里得到最大程度的体现。若平台的目标就是要最大化促进创新，那么平台越开放，多元化就越明显，创新也就越多。类似于社交网站 Twitter（用不超过 140 个字符向全世界公布你想做的事）和众筹网站 Kickstarter（为任何有创意的项目从各阶层融资）的平台则处于这两者中间。**为了增强创新能力，你要使平台的灵活性实现最大化，扩大平台的开放程度。**

若想找到实现目标所需的最佳结构，我们就要回到之前所说的“金凤花原理”：尝试、迭代、学习、试错。通过创建一个小型平台，你就能轻易步入正轨，达到平衡。为什么三个年轻人创建视频网站的梦想能使 YouTube 打败谷歌视频？快速不断地学习，让更多人参与其中，让这个平台的参与形式清楚、简易，这就是其中缘由。YouTube 的第一个主页是在 2005 年 2 月建成的，提供的是在线约会服务：我是个“男生”，想找一个年龄在“18”到“45”岁之间的人约会，“性别不限”。人们在网站上上传视频用于推销自己。4 个月之后，该网站变成了“你的视频仓库”，人们既可以“搜索想看的视频”，也可以“上传自己做的视频”。仅仅两个多月的时间（在其首轮企业融资之前），他们就使得主页上面的三个关键因素（观赏、上传和分享）清晰地展现出来，且权重协调。后两个因素是一个人人共享机构的核心，因其要求个体的直接参与。相比之下，上线已 6 个月的谷歌视频测试版上清楚地列着谷歌有名的空搜索栏，旁边是大大的“下载视频播放器”链接，显得十分多余，我一般都不去点它。谷歌视频并未以人人共享的方式来思考问题：没有注重邀请用户参与。事实证明，视频网站 YouTube 取得成功的原因之一就在于其可以上传“任何格式”的视频。但谷歌视频不行。整整一年之后，2006 年 6 月，谷歌视频终于宣布“新消息！上传分享属于你自己的视频吧”，并将其链接公诸于主页之上，可惜为时已晚。2006 年 8 月，YouTube 已有 1 910 万名独立访客，当年 10 月，谷歌将其收购。

GoLoco 和 YouTube 的第一阶段都走错了，两个公司都急于尽快取得进步，显得仓促不堪，不过这二之间还是存在着一些重要的差别。YouTube 平台开放性更广，用户可以上传任何视频，因此获得更高的价值。重新回到之前的钟形曲线，我们可以预测 YouTube 的平台更加开放，约束更少，因此出现以下情况：平台上有很多不好的东西，但我们选择忽略它；平台也有很多我们非常喜欢且富于创意的东西（见图 6-5）。

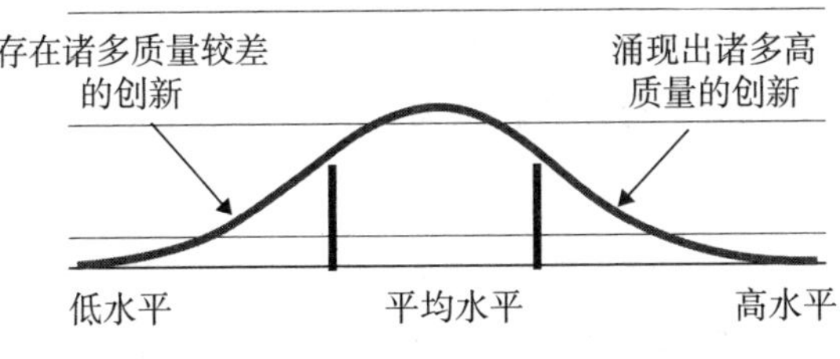

图 6-5 开放式平台上的创新状况

从另一方面来讲，GoLoco 更为关注一致性。我们对平台有所限制，这是因为我们只想为人们的乘车共享提供方便。若是我们一开始就看到太多无精打采、无参与积极性的群体，那提升标准就很容易了，不过这会让注册变得更难、更复杂。Airbnb 高管奇普·康利(Chip Conley)告诉我说，随着公司的规模扩大，房主名单的列表也越来越长，他们会对无回应的房主进行警告然后将其名除名，也会删除那些过分强调清洁问题的住客。有限制和无限制平台的区别就像图 6-6 一样。**有限制的平台会缺乏多样性，每个个体分享的内容都差不多，创新的空间很少。**

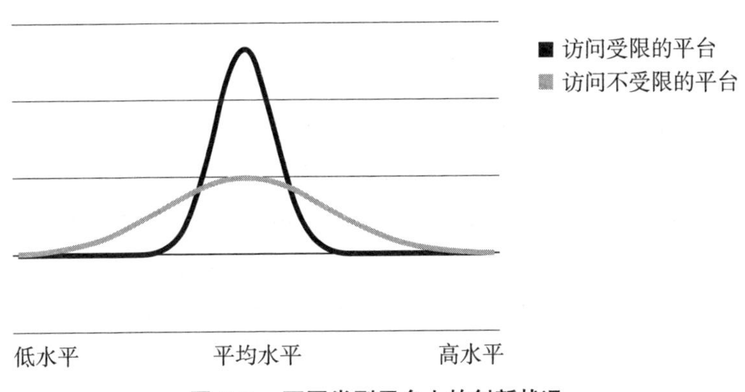

图 6-6 不同类型平台上的创新状况

GoLoco的失败之处就在于美国人并不热衷于乘车分享。经过一段时间以后，我们才发现这一点，也许我们之前应该更精明一些。我们缩小了供货范围，把注意力都集中在了营销方面。基于此，我们会在某一特定领域取得成功，然后再向外扩展。这是我推荐创业公司在初期采取的一个发展战略。**所限的领域范围越小，把公司做大的可能性就越大**。对于GoLoco来说，我们先将注意力放在了一个特定区域，覆盖的区域包括波士顿和从波士顿到纽约的走廊地带，然后再集中于特定人群。我们还和会议、演唱会和体育赛事举办单位展开紧密的合作，为其提供乘车共享服务。在GoLoco刚开始运转的那一年，我们看到了一些希望。

2008年3月，我受邀到美国专业设计协会（AIGA）的校友见面会上进行专题演讲。会议的主题是："有良知地进行设计：作为地球管家，怎样才能让我们的顾客、社区，甚至是自己变得更好？"会议还邀请我给预报道的简讯写一篇有关GoLoco的文章。我说服大会组织者将GoLoco放到会议网站的交通运输及战略规划板块,这就万事俱备了。与会的所有人员都关心持续性的问题。会场要开车才能到，停车费每天20美元。我们组建了一个美国专业设计师协会小组，这样的话，从机场出来的人就可以共享出租车，从加利福尼亚州（地形狭长，只有一条主高速干道）开车过来的朋友也能很快知道其他人的行程。我给每位与会者都发了这篇有关乘车共享网络好处的文章，但并不是说这就是我参会的主要原因。结果，400人中只有两个人同意注册乘车共享，而他们还是夫妻。无论我们怎么优化平台，还是没多少人对乘车共享旅程感兴趣。在经营GoLoco的两年里，经历过一连串现实的惨重打击后，我把没花完的资金还给了投资者。之后的几个月，我将这个不幸的消息通知每位投资人，又给大家写了一封告别邮件，内心真的特别沉重、十分煎熬。在接下来的5年里，我慢慢了解到，在美国运营乘车共享的创业公司很多，但没有一家公司成功。这给我的教训是什么？如果人们并不需要你所创造的东西，那我在本章中所阐释的道理就派不上用场了。

精益创业运动发起人、连续创业家史蒂夫·布兰克（Steve Blank）将我们的经历整理成一篇名为《没有任何计划能在与客户的初次接触中获得成功》（*No Plan Survives First Contact with Customers*）的博客文章。GoLoco 跌跌撞撞一路走来，组建者的理想版本与现实世界之间不断相互影响，这也说明了在试验初期阶段“内核”的重要性。操作系统 Linux 软件信息主页的定义是：“内核就是组成电脑操作系统的一套核心程序，掌控着系统之内发生的一切。”不过你可能会有这样的印象，人人共享机构十分民主，群体都是以一种有意义的方式进行参与，但其实并非一直如此，至少不会永远这样。在内核的掌控阶段，创办者在集合资源搭建平台之时，就有必要施加严密控制，一方面要求参与者都能按计划行事，另一方面还要紧密监视参与者如何开展工作。让一大群人在这个相当公平的团队之中面临着众多选择，若要他们自己做主，那将永远无法把所有人的努力集中到一起。

支持多种智能手机、平板电脑和笔记本电脑运行的开源操作系统 Linux 就是人人共享机构掌控内核的一个典型例子。1991 年，林纳斯·托瓦兹构思并创建了 Linux 内核。当年 8 月，他发起了对 Linux 代码进行反馈的活动，并在 Usenet 上组建了新闻组（Newsgroups）。（新闻组是开发于 1980 年的早期信息公告板系统。）5 个月后，他又开创了新闻组 alt. os. linux，拓宽了人们在网上发表评论和提出建议的范围。尽管 Linux 内核受益于成千上万个程序员的不懈努力，又披着民主参与的外衣，但这么多年来，就只有托瓦兹一人才能签字决定代码的正式“提交修改”。Linux 是开源的，但在其成型阶段却是被紧紧掌控的。

在维基百科发展初期，公司内部因创建者的掌控程度发生了争论，分成了联合创始人吉米·威尔士（Jimmy Wales）和拉里·桑格（Larry Sanger）两大阵营。虽然桑格因无资金支持无法展开工作，不过他和威尔士在任何人都可以编辑内容所带来的现实世界的一些挑战该如何处理上也存在分歧。桑格想提高限制，只刊登那些被人们奉为权威的文章。在维基百科运行第二年的早些时候，桑格离开了，威尔士则留了下来，他坚持将参与度最大化，让每个人都能进行创作。

看看如今最为光彩夺目、运行最为成功的平台，我们都已忘记在创建者眼里，它们最初只是一块画板、一束微光。但“无规则”这一规则并不一定由创建者所决定。计算机程序竞赛公司 TopCoder 的创办人杰克·休斯（Jack Hughes）曾沮丧地说：“你最终还是需要一个独裁者去坚守人人都可以参与这一规则。”无论参与平台多么开放，还是需要有统一的原则去让人们了解它，当然这些原则也标志着平台可能的走向。我之所以详细描述第一阶段是为了让你正确理解内核，理解自由结构中的平衡，从而为下一阶段做准备。

阶段 2：欢迎人人参与，激发个体的能量与力量

在内核控制阶段的最后，平台创建者将利用自己敏锐的洞察力和手中的权力将平台打造得让人感觉就像一个握手的姿态：手向外伸出，每个人都知道该如何回应。这种平台十分牢靠且颇具吸引力，参与规则和文化都相对稳定且又灵活公平，为平台的进一步发展打下了基础。内核的建立需要耗费数月（如 Instagram）甚至数年（BlaBlaCar 平台花了 4 年多时间才逐渐成熟）。第二阶段是令人眼花缭乱的欢迎人人参与阶段，群体被激励着展现自己的能力和力量。在这一阶段，我们开始处于曲线的急剧上升阶段了。

在这里，我不再讲述有关 GoLoco 的失败故事，而是讲讲我朋友弗雷德里克·马泽拉的故事，他是 BlaBlaCar 的创始人，将该公司运营得风生水起并使其顺利通过了第二阶段。马泽拉前期的计划和努力在经过长达 4 年的时间后终于换来了平台的发展。他个人勾画了初期的最小可行性产品，但他知道自己很

快就需要雇用专业工程师了。他也攻克了个体产品的各种问题，学会了如何提升 P2P 服务的质量，还尝试了很多商业模式。他的运气也很好，2007 年法国铁路罢工，2010 年冰岛埃亚菲亚德拉冰盖火山喷发，使欧洲空运停摆长达 8 天，搁置了数百万名乘客，此时他刚好需要推广其服务，不过他对此也进行了充分的准备。

2008 年，马泽拉推出了一套在线评级系统。事实证明，这在处理潜在乘客的信任问题上成为一个关键要素。BlaBlaCar 年复一年不断成长，开始慢慢加速：从 2008 年的 6 万名会员，增长到 2009 年的 12 万名会员，在 2010 年达到了 30 万名。2011 年，公司又提出了一套新的商业模型，采用了正确的激励机制，效果非常好。长途车司机发现让乘客通过在网上预定座位，提前付款，这一做法很方便也十分划算，还减少了寻找潜在客户这一不必要的麻烦，保证了乘客们肯定能按时坐车，因为他们已经付过钱了。BlaBlaCar 收取 10% 的手续费，外加 20% 的税费。该公司会员数的增长十分显著：2011 年有 100 万名会员，2012 年 200 万名会员，2013 年 400 万名会员，2014 年时就增长到了 1 000 万名会员！

PEERS INC

How People and Platforms Are Inventing the Collaborative Economy and Reinventing Capitalism

共享的力量

2014 年是采用这种协作方法为公司融资的标志性的一年：融资金额共达 3 万亿美元。同年，私家车搭乘服务应用 Lyft 集资 2.5 亿美元，打车服务公司 Uber 达到了惊人的 30 亿美元。还有一些公司已度过内核平台建立阶段，正经历着欢迎人人参与阶段并生机勃勃地快速成长着，因此得到业界很高的估值，能筹到一大笔钱。但其中相当大一部分价值很有可能是泡沫，不过也有可能会出现人人共享带来的三个奇迹——快速增长、快速学习和快速低成本本土化，而这些都十分值得投资。

2014年夏天，我参加了美国当代著名学术研究机构阿斯彭研究所（Aspen Institute）的圆桌会议。其中一名与会者提议道，这些估值很高的人人共享公司使得他们可以随意大量使用“低成本”资本，因此其发展是花钱买来的而不是挣得的。Lyft和Uber是出租车市场上出现的诸多新应用的竞争对手。双方都在成立后的几年内经历了快速发展与扩张（Uber成立于2009年，Lyft成立于2010年）。现在，双方都陷入了价格战之中，靠降低费用来吸引乘客，靠减少自己的佣金来吸引个体司机。双方都没有太具竞争力的知识产权。Uber的竞争优势在于交易时与当地的豪华轿车公司、个体司机进行了谈判，但它无法阻止司机同时为两个公司服务，也无法阻挡乘客在手机上同时安装两个应用。这正是我在使用Zipcar和其竞争者的服务时的感受，消费者会综合考虑应用的便利程度（技术问题）、价格、距离的远近来进行选择。Uber和Lyft的商业模式和相关应用在市场上的反响都不错，不过市场会允许二者并存吗？过早地把用户用钱圈过来只会花掉很大一部分资金，并不会产生持久影响。公司在后期这么做确实有可能成功，不过若依赖于此，那么其保持领先地位的能力就会充满不确定性。

在所有例子中，都是最富有的平台获胜。即时跨平台通信应用WhatsApp要比网络即时语音沟通工具Skype（以及Twitter、Instagram和Facebook）的发展速度快很多倍。虽然二者提供的服务并不完全一样，但是它们采用的都是人人共享框架：利用过剩产能（用户已有的个人电脑和智能手机）；搭建一个共享平台（产品的应用软件）；邀请大量个人参与（下载应用软件、为用户提供权限和让用户使用相关设备）。WhatsApp发展速度更快的部分原因在于其参与要求的极度简单（见图6-7）。WhatsApp的联合创始人兼CEO简·库姆（Jan Koum）作出了最明智（他称其为“最懒的”）的决定，重新整理用户手机中的通讯录做成唯一的识别符。这就让WhatsApp能够迅速识别出所有已下载该应用的联系人，彼此之间无须进一步验证就能相互收发信息。而 Skype 呢？若你用过就会知道，它需要人们给自己的账号创建一个全新的名字，这就近似于匿名的方式，这种做法增加了用户注册的难度，也增加了你想联系某个新认识的人的难度。再次重申，平台的易用性和简洁性非常关键。在图 6-7 中，你会发现，平台在前期调整阶段耗时长久。

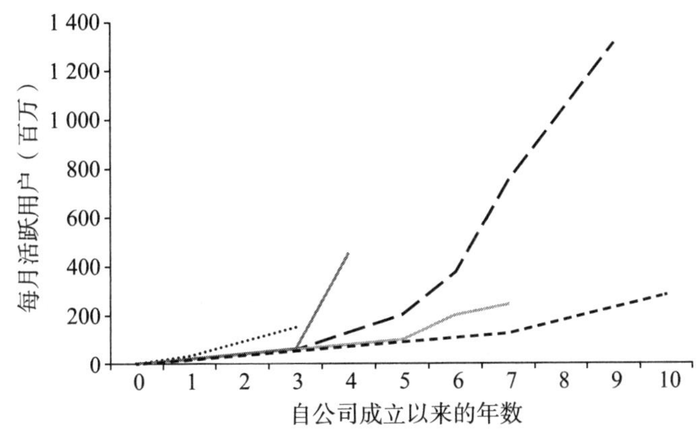

资料来源：Facebook、WhatsApp、Skype、Twitter、Instagram、comScore

图 6-7　自公司成立以来每月活跃用户的数量变化

随着人们广泛参与到平台的发展中来，新问题会不时出现。就 GPS 和互联网来说，这个世界可以容纳近乎无穷无尽的个体创新。但可以肯定的是，还是需要有过滤系统对其进行筛选的。想象一下，在尚无网络搜索引擎的时代网络的有效性吧。以应用程序为例，你想找某个应用程序，但不知道其具体名称，面对苹果应用商店和安卓操作系统中令人眼花缭乱的应用，你将无从下手。正如克莱·舍基[①]所说："这并非信息过载，而是过滤系统的失败。"

① 想要更多地了解舍基的观点，请参阅《认识盈余》和《人人时代》。中文简体字版由湛庐文化策划，中国人民大学出版社出版。——编者注

欢迎人人参与的阶段不会终结，你总是希望维持协作人员的持续增长，但随之而来的还有其他更为紧迫的问题。回顾一下，这个阶段就像是简单的全盛时期，每个人都为能参与到这一新平台上来而感到兴奋。但这种兴奋很快就会被其他情绪所替代，因为接下来你可能会面临一些非常紧迫的问题。

阶段 3：权力失衡，快者与强者之间的竞争

第三阶段是为在平台上出现的权力失衡指引方向的。专业机构和群体之间的协约关系规则存在已久，收益情况十分明确，我们也看到了那些知道如何在游戏中获胜的玩家权力的崛起，有时这也使得新参与人员的处境变得尴尬，对那些相对弱小但数量众多的群体的发展形成潜在威胁。有时，这些专业机构所拥有的平台会特别成功，甚至会让人们忽视其实质上只是一个协作平台。此时，我们必须回顾一下本章开始有关城市的比喻，记住，正是这一微妙而复杂的协作芭蕾令其如此繁荣。**专业机构和群体之间在市场份额上的分歧是推进协作的最薄弱环节。**

布鲁斯·施奈尔（Bruce Schneier）是一位电脑安全技术专家，他非常睿智。在 Twitter 上，我偶然发现一件他正在出售的 T 恤，上面写着：“施奈尔很聪明，他可以分解质数。”不过，他最厉害之处在于擅长讲有关互联网（也是在人人共享框架下运行的）进化史的精彩故事。他记得的奇闻逸事均来源于早期的互联网。施奈尔提到早期的网民意识到互联网赋予了个人更多的权利，人们所知的一切均来源于网络，他们感到异常兴奋。人们可以随意写评论，提供服务，制作产品，发挥自己无穷的想象力和创造力，也滋生了很多值得称赞的好点子。施奈尔解释了个体（而非公司）是如何征服新平台的，那是因为他们的头脑十分敏捷、灵活。随后，尤其是在过去的 10 年间，有线电视、宽带网络及 IP 电话服务供应商 Comcast、本地电话通信公司 Verizon 和美国电话电报公司等机构看到了前景，了解了规则，开始慢慢垄断市场。

本章的前半部分说明了取得成功的平台是如何进一步完善并满足参与者需

求的。当参与者不再是小群体而是大群体时，平台的规则在迎合他们的需求时会发生什么呢？我们将慢慢看到权力的分布从较为分散转变为相对集中。正如施奈尔所说："这是快者与强者之间的竞争。"

由强势群体占据的平台所具有的潜力日益明显，就像人人共享组织渐趋成熟一样。Lending Club（成立于 2006 年）和 Prosper（成立于 2005 年）是 P2P 借贷领域的引领者。Lending Club 明显比 Prosper 规模更大。截至 2014 年 10 月底，Lending Club 为超过 40 亿名借款人从企业和个人那里筹集了 60 多亿美元贷款，其中 80% 的借款人以极低的利息对未清偿的债务进行了再融资，对比之下，比还信用卡的利息要平均低 29%。像你我一样的投资者欢欢喜喜地把钱投入到 P2P 借贷平台当中，因为我们能比从将钱放进定期存折或是储蓄账户获得更多。类似于其他成功运营平台的人人共享组织，它们的业务成交额也飞速增长，仅 2014 年第二季度就完成了超过 10 亿美元的业务量。Prosper 在这个行业占有 35% 的市场份额，其发展速度也很惊人：Prosper 花了 8 年的时间积累了 10 亿贷款额，而今仅需 6 个月，它就达到了 20 亿的贷款额。

但以 P2P 借贷起家的 Lending Club 和 Prosper 现在主要是促进机构借贷人贷款，而非个人。在 Prosper 上，2014 年 3 月超过 80% 的贷款资金是由对冲基金、养老基金、资产管理人、主权财富基金以及外国银行所提供的。而在 Lending Club 平台上，机构借贷人提供的贷款百分比约为 70%。克林顿执政时期的美国财政部部长、Lending Club 董事会成员拉里·萨默斯（Larry Summers）说过："Lending Club 平台在接下来的几十年内极有可能会促使传统银行发生变革。"问题是，传统银行会变革成什么样？只是换汤不换药，还是变成完全不同的借贷人团体？

在一些城市市场中，Airbnb 碰到了相同的状况：专业机构利用平台在市场上出租他们的房子。在 2014 年上半年，经过几个月的斗争后，纽约州总检察长要求获取 Airbnb 从 2010 年 1 月 1 日到 2014 年 6 月 2 日的数据。总检察长在 2014 年 10 月公布，其分析报告采用了将近遍布 3.5 万个地方、50 万个住所的匿名数据，租户的租期都小于 30 天，也不共享房间。Airbnb94% 的房主有一两套公寓出租，并占据了 63% 的收入（仅在选定的这一分析时间段），共有 2.8 亿美元（想想看，这些钱对出租房间的个人来说意味着什么）。但是，剩余 6% 的房主出租 3~272 套(很明显,这并不是个人出租自己的公寓和房间)，却占据了总收入的 37%——1.68 亿美元。总收入最高的房主拥有 272 套公寓，平均一晚收入 358.19 美元，总收入 680 万美元。纽约州前 12 名房主总收入都超过了 100 万美元。名单中有超过 100 个“强势房主”，登记拥有 10 套或是 10 套以上的公寓或房间。将数据传给州检察长后的很短时间之内，Airbnb 检查了纽约州名单，确认了其中 2 000 位房主其实是机构而非个人，然后将他们从名单中移除了。

Airbnb 声称这是因为他们无法体现 Airbnb 的品牌和服务的诉求，而前 10 名收入最高的房主也无法继续留在该平台上。从 Airbnb 的角度来看，当其进入欢迎人人参与阶段一段时间之后，目标就变成了尽可能地增加列表的长度。时至今日，他们早已过了这个阶段。奇普·康利说：“我们并不是简简单单地去审查新加入名单的人，我们希望名单中不要出现特别人物。”

例如，走过 20 年的操作系统 Linux，其背后是成千上万名工程师夜以继日的不懈努力，我们可以看到系统改进成果的 70% 是来自效力于 IBM 和三星集团的工程师。YouTube 去年排名前 10 的视频则均来自于专业的媒体制作机构。

问题随之产生：那又怎样？规模较大的企业集团不可以参与平台活动吗？正如往常一样，又是那个令人十分愤怒的回答：“看情况吧。”就像康利所说，Airbnb 并不是让“专业人士”来使用的，除非是有特殊要求，“我们的平台并不支持强势用户”。他们的目标是“培养我们想要的特定用户群体”,这也契合了“家在四方”（Belong Anywhere）的品牌理念，强调了“归属”一词。“归属就意味着建立紧密的个人关系。若是将其制度化，我们就会失去其中一些精神，公司也就失去了价值。”因此，这并不是一个关于大用户是否可以参与平台活动的简单问题，重要的是平台对这些大用户的存在该如何回应。

《信息方略》(*CIO Insight*)的专栏作家爱德·科恩(Ed Cone)在《解密Linux操作系统的专业化》(*Decoding the Professionalization of Linux*)一文中明确表达了相似的观点：

> 操作系统Linux现在不会、未来也不可能被IBM拥有或掌控。Linux信奉残酷的技术精英主义，没有一位IBM的高级经理会说："我丝毫不关心内核工程师想的是什么，我就想这么干。"如果他们不能迎合那些不为他们工作的人的需求，产品就不会存在。若是他们宣称要作出核心战略变革，肯定会被人们背地里笑话。他们放弃了管理自己付款的项目的权利，而且其竞争对手立刻就能了解到他们所做的一切。这并不是IBM的项目。

《Linux周刊》的高级编辑多克·瑟尔斯(Doc Searls)博士说道："在IBM负责系统研发，并雇用了很多Linux操作系统内核黑客的丹·弗赖伊(Dan Frye)告诉我说，公司花了6年时间才知道不能告诉那些黑客去做什么。而事实上，情形完全相反：黑客们才是真正负责掌控的人。这与管理无关，而是关于权威、影响以及协同合作，在其中，人人贡献自己的专长。作为个体，内核黑客在做自己最擅长的工作，而IBM作为一个专业机构，也在做自己最擅长的。这里的逻辑关系是'和'，而不是'或'。"

Linux的整个权威结构就是围绕着"什么对内核有益"来建立的。只要对内核有益，开发人员就会毫无偏见地去改进代码。对于专业机构来说，拥有内核研发方面的群体(其实就是工程师)对双方都有好处，因为学习可以是双向的，尊重也是相互的，在IBM正是如此。的确，个人创办的企业很少能对类似于Linux的基本代码库造成影响。不过从另一方面来讲，他们会使用成千上万个开源代码来构建目标代码库。当那些哈佛大学学生开始编写Facebook的代码时，他们立即求助于已有的一系列开源工具。

Airbnb作为一个专业机构，最终要对其董事会的董事负责，因为有很多董事都是投资人。若是董事会的人找到了能收获更多盈利的模式，他们就会要求公司转变经营模式。Lending Club 和 Prosper 已将它们的平台调整得能适应大型机构的需求。但在两个案例中，若是专业机构吸取 IBM 的教训，它们会更具优势。这一教训就是：有些产品只能由群体引入平台，在我们新建立的网络世界里最好承认这一事实。

人人共享结构的优势很大程度上是由于参与的多样性。若是把多样性抽走，也就抽走了弹性和冗余，抽走了创新能力和创造能力，抽走了本土化和人文情怀，抽走了快速的闲置资产合伙投资，也抽走了极速的递推学习能力。

许多对冲基金和组织机构碰到不稳定的投资项目时，通常是一次性地巨额投资或是撤资。若是转换成参与的形式，机构性的酒店经营者就没有时间去想、去调查，进而提供与传统标准大型酒店有所区别的租赁业务，也失去了与同行的竞争优势。借贷者和租赁者则会回到他们不关心也不想认同的那些不知名供应商的世界里。违约率和损毁率都将随之上升，协作率会下降，创新的点子也会减少。

IBM 和三星雇用的工程师到时候真的有必要将工作重心放到 IBM 和三星所关注的话题和问题上，而不是 Linux 可能的使用方案上。Linux 软件也会自然进化，大多是朝着便于拥有最多使用 Linux 操作系统工程的大公司使用的方向进化。多克·瑟尔斯写道：“内核研发是被动的，而不是主动的。”作为平台建造者，我知道打理一个大公司比打理 1 000 个小公司要容易得多。好的平台使打理大公司变得很轻松。Zipcar 的小时租赁策略之所以能成功是因为我们设计的平台（定价策略）使得我们公司位于 8 小时租赁和一天租赁形式之间。小时租赁者像那些长时间租赁者一样受欢迎。

当个体取得了巨大成功时，个体之间明显不平衡的问题也会出现。权力失衡会使平台很多时候难以为继，这时就要面临一些艰难的抉择。

在 Facebook 10 周年纪念日之际，每月有 12.3 亿名活跃用户。这么高的参与率使你根本无暇左顾右盼。Fackbook 的生态系统内包含超过 900 万个应用。900 万啊！真是不可思议。从给研发人员准备的手册上，我还了解到 Facebook “支持超过 50 个国家的 80 多种支付方式，包括 Visa、MasterCard、Paypal 和移动支付等”。设想你是 Facebook 一个最受欢迎应用的 CEO，比如说类似于开心农场的应用 Farmville。Facebook 每天更新系统两次，任何一次更新都有可能会对你的应用进行调整。想到这些，你可以想象 Facebook 在以一种极为彻底的方式改变它的协约规则。作为 Farmville 的 CEO（或者更准确地说是创造了 Farmville 的社会化游戏公司 Zynga 的 CEO），你会担心公司对 Facebook 的依赖性，也会考虑摆脱对 Facebook 的依赖的办法。现在，再从 Facebook 的角度来看，看到 Farmville 占用了用户几个小时的活跃时间，你能不痛恨它吗？Facebook 要工作得极其努力才能保证 Farmville 的任何所需，或可能所需的。**不断支持取得成功的个体其实特别困难，因为满足他们也就相当于封锁了平台形式变动的可能性。**Facebook 为 Farmville 或是类似于 Farmville 的应用改进得越多，留给那些非 Farmville 应用的空间也就越少。

Facebook 的一些动作也会影响大多数用户对该应用的使用，如更新状态、上传照片、发送链接、查看朋友状态等一系列行为都会受到影响。**一个人人共享结构的最佳属性之一是鼓励试验，进而鼓励试错和进化。一旦一个平台摩拳擦掌准备为几个大客户提供服务时，自己的出路就会被立即堵死。**

这也就是小型个人贷款人在 Lending Club 和 Prosper 平台上所具有的优势。如果公司开始让大型机构非常便捷地在最好的利率点上优先获得贷款，那不也就意味着这些弱小的个人只能去捡一些“残羹冷炙”吗？是的，平台经常让一种类型的参与者相较于另一种类型的参与者更有优势。Facebook 移动设计副总经理、之前出品全球最大虚拟世界游戏《第二人生》（*Second Life*）的 Linden Lab 首席技术官科里·昂德莱奇卡（Cory Ondrejka）告诉我，他之前参加了一场讨论 Facebook 对其他公司平台依赖性的会议，这也引起其生态系统中成功的成员反思自己对于 Facebook 的依赖。

平台的创建者在与成功的群体打交道时有很多相处之道。它可以提供某些功能，也可以取消这些功能。Twitter 就是一个很好的人人共享范式的例子：一方面它实现了高速发展和创新，另一方面它又提供了一些使自己可以融入其他平台的功能。Twitter 对其简单平台的开放是在 2006 年，申请一个 Twitter 账号，你就可以用不超过 140 个字符表达你想表达的任何内容。《纽约时报》记者尼克·比尔顿（Nick Bilton）的一篇博文《为何人们对 Twitter 感到如此烦恼？》（*Why Are People So Upset with Twitter?*）中使用了一个非常棒的比喻来说明平台和群体之间的交互作用[①]：

> 2006 年，一家叫作 Twitter 的小餐馆开张了。这家餐馆并不是你在日常生活中所见的正常餐馆，它不是让自己聘请的厨子给你做菜，而是邀请一些人来自家厨房，免费使用炉子和锅碗瓢盆等厨具……消息一经传开，人们蜂拥而至……Twitter 发展过快，在与顾客打交道时出现了问题……所以 Twitter 就制订了一个方案：它告诉人们可以自带食材在 Twitter 的厨房中做菜，也建了一些新地方来供人们用餐。Twitter 称其为应用程序接口，简称 A.P.I.。
>
> 很快就出现了送餐卡车、配送服务和传菜员等诸多服务项目，这些服务都是围绕着 Twitter 及其应用程序接口展开的，后来食物被运送到世界各地……再后来，随着事态的发展，有些人就决定进行巨额

① 想更多地了解尼克·比尔顿对于科技与未来的观点，请阅读《翻转世界》和《孵化 Twitter》，这两本书已由湛庐文化策划，浙江人民出版社出版。——编者注

融资以便围绕着 Twitter 建立一些周边产业……

但 Twitter 需要找到自己的盈利方式，于是他们很快换掉了管理团队。

新老板迪克·科斯托罗（Dick Costolo）认为，如果公司想赚钱，那就不能再让餐车和这些送货服务将 Twitter 的所有产品都送出去。这一举措必然会激怒众人。停在外面等候的餐车承载的愤怒我们可以理解。想想看，数年来的积累、运营，眼看就要毁于一旦……

Twitter 的早期用户也会有一种被骗的感觉。但这到底是谁的错呢？其实人人都有责任。几乎所有人都对它的这一策略转变感到迷惑，同时也让很多当初帮忙大力推广 Twitter 的人伤透了心。

Twitter 关闭了一些应用程序接口，可以说是对参与群体的背叛。伤害联合创始人的方式有很多种，他们可以发合作终止函，也可以不断改变游戏规则以打击一些运营成功的应用，如限免推荐应用 AppGratis 的例子。对此，风险投资公司 VentureBeat 的约翰·凯斯特勒（John Koestler）曾写过一篇简明扼要的报道，其水平之高令我望尘莫及。

AppGratis 的 CEO 西蒙·达夫拉特（Simon Dawlat）今日就其公司旗舰应用被 iOS 应用商店移除发表声明。他的言论让每个程序开发人员都很担心。

一周之前，AppGratis 通过了苹果公司的审核。而两天之前，苹果却将其从应用商店中移除。

对之前的声明很难再去过度强调。对此次乌龙事件，我也难以表达困惑。对于一个已投入上百万美元运营，并会使苹果公司平台获益的应用，苹果公司的此种做法令人费解。

AppGratis 是一个帮助用户发现限免应用软件的程序，提供有关应用的简单描述，并允许用户在一天之内免费下载。达夫拉特白手起家，带领45名员工夜以继日地努力工作，打拼了3年多时间，成立了公司。而如今苹果公司却“极其有效率地”在一夜之间让其公司毁于一旦。AppGratis并未违反苹果公司先前的任何规定，只是改变了人们发现查找应用的途径。那苹果公司此种做法的目的是什么呢？这可能是因为AppGratis实在是太成功了，在短时间内就拥有了1 200万名用户。需要注意的是，安卓平台和苹果平台是不一样的，并不用进行审核，所以在安卓平台上，还能看到AppGratis的身影。

并不是所有平台都能对个人用户的行为活动进行监控。平台可以通过收购那些运营良好的企业来监管其所处市场60%~80%的用户行为。平台结构越复杂，包含的内容越多，就越难做到公平公正、不偏不倚。这样做也冒着阻碍合作伙伴长远发展的风险，有可能使合作伙伴最终变成主要竞争对手，这种情况在互联网上比比皆是。为我们提供有线和无线网络的基础设施服务供应商是保证互联网得以运行的实体平台，当它们收购一些提供网络内容的公司时，就会产生一定的利益冲突。微软、苹果和谷歌收购并购或是简单复制那些在其平台上运营较好的公司，将它们的服务项目嵌入到自己的平台就属于这种情况。苹果作为谷歌的竞争对手，并不想依赖于谷歌地图，所以就自己做了地图应用。谷歌给笔记本用户提供了像Gmail、谷歌文档、谷歌日历、谷歌导航等一系列方便、优质而且免费的服务，让其在该领域的地位无人可以撼动，不过每个服务项目都曾是不同公司的单营项目。

群体作为一个整体，在与平台的协作中具有很大潜力，非常重要。不过，作为个体而言，他们并非不可或缺。平台成立之初，专业机构争抢市场上所有微弱的力量，将其积蓄起来，个体此时就会成为争抢对象。但平台一旦做大做强，任何一个随机个体都会变得可有可无。

2014 年 5 月，一群司机不满于 Uber 不再重视他们的需求，其中几百人甚至加入到了基于应用的出租车司机协会（App-Based Drivers Association）当中。因为司机都是独立的合同人，所以这个组织并不是真正意义上的协会，但却和协会发挥着一样的作用。来自西雅图的司机丹尼尔·阿杰玛表达了自己的意见："他们说，我们是他们的合作伙伴，而我们想要的就是真正的合作伙伴关系。"备感无助的其他人也表达了同样的情绪，诉说着自己的惨痛经历："我们并非蝼蚁,而是与他们签了合同的人。""Uber 简直就是在剥削。抽成 20% 不说，还不把我们当人看，想什么时候降价就什么时候降价，想什么时候让你下岗就什么时候让你下岗。你若是抱怨，就立刻叫你滚。"

在人人共享组织中，群体确实是自由自主的，可以根据自己的情况选择加盟的时间、地点和方式。"你并不是我的老板。"但是，现如今，基本上没有法律条款规定人们在平台上必须言行一致、公平公正。对专业机构而言，人人共享组织与群体是合伙投资人（群体以个人资产、好的创意、自身多样性来"入股"）。但是群体并不是平台公司雇用的员工，它们不能强迫群体什么都干。在人人共享组织中，群体手中的权力到底有多大，是因时因地而异的。Lyft 的公共关系经理、司机与执行团队之间的主要中间人艾米丽·考斯特（Emily Caster）就提到，**让平台上的群体高兴满意是公司成功的第一要义。**

> 相较于产品和商业模式，司机群体显然是更重要的。作为一个乘车平台，我们全靠司机为乘客提供优质服务，靠他们来提供用车，所以我们对司机的反馈信息极度重视,尽全力让他们在工作中保持开心。
>
> 对于 P2P 平台来讲，"供给"就是一转眼的事。供给者有选择服务对象的权利。我们不能像对待传统员工那样强制其提供服务。面对激烈的竞争环境，我们反而要把自己的平台打造得更具吸引力，提供最好的奖励机制。这也使我们对每一个参与者都产生了良好的影响，特别是自从我们为他们之间的沟通交流提供了特别公开透明的渠道之后。

> 对参与者的需求和愿望不闻不问的平台终将会被淘汰，因为他们还可以跑去做别的事，时间灵活的工薪族其实有很多选择。

是否所有成功的平台都会变成垄断企业？这取决于它们怎样分配权力，也取决于它们怎样融资，在第 9 章中将会讲到。Lyft 和 Uber 为争夺市场打得不可开交，并未分出胜负，而这两个应用司机和乘客都可以使用。这个市场的供求端的转换成本非常低，也就是说，在任意特定市场允许两个公司并存的情况下（司机能为两个公司开车），消费者也能使用两个应用。达夫拉特的应用被苹果公司从应用商店中移除，而安卓平台的用户却还能继续使用，虽然他失去了近一半的智能手机市场。不过，苹果手机用户不会为了使用 AppGratis 这个应用而选择使用安卓手机。在 eBay 上不受重视的手工艺者群体推动了 Esty 交易平台的出现，该平台于 2005 年成立，专注于手工艺产品方面的网络销售。2013 年一年的时间，就有价值 13.5 亿美元的手工艺品通过 Esty 销售出去。eBay 由此失去了一个价值几十亿美元的市场，这都是由于它对个人创作者的不屑造成的。

并非所有平台都想去垄断市场。有些平台十分精简、分权明确、公开透明，开放应用程序界面、协议和规章制度，对用户没有一丝强迫的成分，根本不具备垄断应有的约束条件。一个平台如何融资，该平台的拥有者是谁，会增加形成垄断平台的可能性。我和一些企业家围绕这一问题进行了讨论，但最终无法达成共识。一些平台（如云计算、信用卡交易处理和邮件服务器等）会有竞争对手是因为其缺乏进入该领域的限制条件或者是相应知识产权的保护。对于群体来说，使用该平台要比自己建立这样的平台更为划算。我的创业故事就是很好的例子，在成立 Zipcar 时，我为其建立了很多周边平台；而创办最近的公司时，我就直接买别人的平台。后来，一位 CEO 告诉我说：“当我们不喜欢一个平台时，可以去寻找别的平台，我们并没有对其进行投资。这比自己建平台的成本要低很多，沉没成本也低了不少。”在过去的独立经济模式中，一切都目的单一、封闭管理，对基础设施和设备的投资就能困住用户很长时间。想想看，美国所有的州政府都与收费系统的供应商签了 15 年的合同，要求每个司机都花 30 美元买一个电子缴费应答器。这种设备恐怕一个月都用不了一分钟，每个人口袋里的手机其实就可以进行电子缴费。

有些参与平台为用户提供了基础设施，形成了明显的网络效应。换句话说，提供服务的价值越高，参与的人数也就越多。以 Zipcar 为例，如果你的住所附近停有一辆车，那么该应用就很有用。不过若是利用这一应用，你在别的城市也能租赁汽车，那么它就产生了一些附加值，虽然这一价值只是边际价值。另一方面，对 BlaBlaCar 来说，所有的价值都来源于上述网络效应：乘车共享服务只有在有多人参与的情况下才能发挥作用。此种效应十分强大，它让用户可以在不同平台间进行切换，比其能提供的服务更为有益。

在资本主义经济体中，达到巅峰就意味着设置很多进入市场的障碍，无人能与其争锋。在无政府干预和无须进行改革的条件下，这就形成了一种有效垄断。逃避改革的一种办法就是好好表现。**在平台运营的过程中，平等地对待合作伙伴，为其提供良好的服务，认真听取其意见。若他们不再抱怨，你也就无需改革了。其实在做到这些的时候，你就在进行着自我革新。**

当看到越来越多成熟的人人共享企业时，我们也认识到企业在无意识中将垄断作为自己的业务目标其背后所存在的巨大问题。

垄断企业从来不用去适应。它们树立高墙将自己围起来，外人无法进入，从而赚取垄断的超额利润。与此同时，高墙外的企业也在不断努力，想办法形成黑市。直到有一天，垄断企业的供求之间出现了巨大偏差，如在汽车、电子通信和化石燃料这几个行业。一旦差距太大而难以弥合，毁灭性的变化就将“跳出来”。为什么要耗费这么多的时间来建立一个失去垄断利润的人人共享公司？在权力失衡阶段，如果不将权力退还给群体，公司就将失去他们的支持，随之流失的还有他们所带来的巨大利益。

阶段 4：权力均衡，不断调整维持权力胶着

建立一个持续存在的机构的唯一办法就是努力维持权力均衡，这是最后阶段，也是一种不断转变而又几乎稳定的状态。布鲁斯·施奈尔对此评价道："在快者与强者之间，我们需要的是一种相持胶着的状态，达到机构与群体之间的权力平衡。在众多组织中，我们越能使权力分布得均衡，就越能使社会稳定。"

我们的平台已过了早期创建者规划掌控的阶段，也过了迅速为人们所接纳的阶段，陷入了抢夺权力、面临艰难抉择的泥沼之中。随着平台的日益壮大，必须将其公开化，不断努力，持续投资并分权给个体创造者。记住，**我们寻求的是权力均衡、一个稳定的动态结果。平台其实不需要太快分配权力给群体，也不必分给他们过多权力。我们的目标就是保持各方势力均衡，不断调整以维持一种权力胶着状态。**

投资界成功人士、职业社交网站 LinkedIn 的联合创始人雷德·霍夫曼（Reid Hoffman）在一次采访中谈到，LinkedIn 尽可能地保证每个层面都能体现出其价值："重要的不仅仅是 LinkedIn 的利益，个体也很重要。并不是说只有对我的利益有好处才算重要。不，不能这样。该如何排列你们的利益和我们的利益这两者的顺序？这才是关键所在。"

如何划分权力，共享价值

当你认真考虑如何划分权力、共享价值时，就能找到相应的方法。

允许数据兼容。最简单的方法就是使用公开的标准。这恰恰也是平台转型的最大障碍，因为转型的成本巨大。你是否还记得七年级课本中的第一句话？

“如果你爱某个事物，就给它自由。而如果它又回到你身边，这意味着什么呢？”有了这种意识，你就要更加努力地让你的平台达到某种水准来留住顾客。

平台应当作为群体的支持者。在创建平台伊始，我确定公司是这样做的。不过，随着公司的投入越来越多，员工还有很多别的工作要做，就渐渐忽视了这一点。现在，我们需要专门设立这样一个岗位自行监督。当处于这一岗位的员工意见仍不被重视时，我们就需增加更多的员工或是制订更多规章制度来处理这一问题，保障少数人的利益。再次强调，上述所说要求我们进行大量投入和不懈努力。

Airbnb 从 3 000 名“超级房主”中抽选了 75 名“可信检测员”组成一个小组，这些人都有十分丰富的经验。他们无偿参与到公司审查制度的设定和规章制度的改进之中，同时提出相关建议。Airbnb15 大市场都将社区经理视为可促进公司与房主紧密联系的一种资源。

请给予群体建立联系、自己组建机构的权利。Uber 并不允许司机这么做，这导致丹尼尔·阿杰玛很难找到与自己对 Uber 持相同观点的司机。在 Facebook 上，用户建立自己的群组，广泛分享他们对平台的不满和期望。所有受害方的行为活动都是公开的。实际上，Uber 的很多司机都使用 Facebook 进行联络。还有一种情况就是，用户将自己的不满转化为愤怒，积攒的怨气最终会爆发，或者导致用户大量流失。

当我写这一章时，就在想 Airbnb 的规模很适合房主组建自己的社区，Airbnb 也确实出现了很多群组：“Airbnb 的房主依据一些主题和兴趣爱好创办了很多在线团体。”仅仅一年的时间，就有 25% 的房主至少加入了一个群。正如人们所想，大部分群组关注的焦点都是有关热情服务的：“让顾客享受特殊待遇”，“发展一种可持续的环保的房主旅客关系”，“紧急寄宿电话”，“房屋互换”，等等。仅过了一年多时间，房主们就组建了 2 000 多个组群。有意思的是，那些加入组群的房主在评分等级上要比没有加入组群的高 15%。

2014 年 7 月，Airbnb 的列表简述有了一些不易察觉的改动，去掉了每份列表中的评论数量，因为有顾客反映他们不理解这一数字的意义。房主们则对此大为光火。从他们的角度来讲，评论数量是区别经验丰富的房主和“初来乍到”的房主的重要标志。奇普·康利在几个月前的一次广播谈话节目中将自己的电子邮箱地址公布出去，仅仅过了几个小时，很多房主的群里就开始讨论如何与他取得联系。第二天，就有数百名房主给他发了信息，写了邮件。改变列表后的 24 小时之内，Airbnb 又将评论数字放回到列表的摘要里，并对其意义加以说明。30 名积极写信反映问题的房主还被 Airbnb 邀请成为可信检测员。

与所有群体分享最好的实践经验。这完全颠覆了传统资本主义的相关理论。过去，公司对自己的最佳创意都有所保留，依赖其创造价值、赚取利润；但在如今的协作式经济社会中，特别是在人人共享模式的框架之下，只有让群体不断成长、取得成功，才能增加你的价值。平台和群体的成功是牢牢捆绑在一起的。分享好的实践经验有多种方法。平台找到了一种新的学习方法，然后在内部将其制度化，就像 DuoLingo 在对人们如何更好地学习一门语言有了新思路后所做的那样。YouTube 和 Etsy 则是以会议、在线研讨会和博客问答等形式与大众分享的。此外，正如许许多多软件公司所指出的那样，促进和鼓励用户群进行内部问答也是一种行之有效的方法。倘若用户群的群体数量十分庞大，就会对现存的各种各样的问题进行回答，而且因为人多，总有人遇到过某个特定的问题，并已想出解决的办法。

提高透明度。科里·昂德莱奇卡曾提道：“公司不断壮大的过程中面临的一项挑战就是如何保证公司的可靠性和透明度，因为只有这样，人们才不会想着脱离你的平台。”不过，至少我们要保证用户私人信息的安全，尤其是要关注由谁来管理这些数据以及这些数据运行得怎样，等等。

算法的透明化让我们了解到数据到底是如何进行运算处理的。Uber 在用车高峰期的“大涨价”策略从算法的透明化中获益颇丰。该公司解释说，增加用车费用是为能招募更多司机来满足高峰期的用车需求。根据 Uber 所说，为满足人们在2014年8月8日从家到洛杉矶郊外参加一场音乐会的用车需求，价钱得从平时的60美元上涨5倍左右（390~470美元）才能雇到足够多的司机。我真想看看这条曲线上的数字：是多少名司机让价格上升到平时的两倍？在价钱上升至3倍时，又增加了多少名司机？另外，当价钱从4倍上升到5倍时，增加司机的数量占总量的百分比是多少？如果对此类算法有所了解，乘客可能就会少在Twitter、Facebook和其他一些社交媒体上表达一些自己的愤怒。如果说“大幅涨价”是为了解决乘客的乘车荒，那超额供给就是针对司机的类似问题。就像应用软件司机协会的组织者丹尼尔·阿杰玛在给我的信中写的：“Uber想让系统中有无数司机提供用车，还解释说供求关系就能解决市场中的任何问题。而我们认为，如果街道上真的有无数司机，那么所有司机都无法谋生了。将蛋糕切成无数个小块不会影响公司的总收益，但是司机收入会变少，因为他们所面临的需求基数是有限的。”Uber可以在司机数量大于需求的时候限制新司机的加入，也可以采用Favor（小型任务市场）的方案，提供最低时薪。

流程的透明化能使人们看到接下来会发生什么及其原因，缓解不确定性的问题。阿杰玛说道：“我们对公司在做一些对我们有直接影响的计划时不发通知、也不进行沟通的行径感到气愤。”同样地，很多被Zipcar开除的员工联系我（此时我与这个公司再无瓜葛），想让我代表他们去公司求情，希望能重新回去上班。Zipcar需要对流程更为明确，而这一流程也可以让人们知道如何才能得到公司的青睐。编码的透明化（有时候甚至是开源的）是透明化的终极形式，起码对工程师来说是这样的，因为这能让他们清楚地知道事态发展。

从公地悲剧到公共池塘资源理论

所有这些想法和做法都被我心目中的一位英雄人物在不同的框架结构中描绘过。埃莉诺·奥斯特罗姆（Elinor Ostrom）并非只是我个人心中的英雄，她凭借对经济治理的分析获得2009年诺贝尔经济学奖，成了大众心中的英雄。我们很多人都听说过“公地悲剧”这一理论：当人们共享一种资源，但并不具有所有权时，人们就会对其过度使用而导致枯竭，因为他们对此毫不在意。但是，这并不是我在经营 Zipcar 时所获得的经验教训，这让很多投资者和商界权威人士感到震惊。而且，正是这一现实使得许多成功的共享经济型公司如雨后春笋般破土而出。奥斯特罗姆提出了“公共池塘资源理论”（common pool resources），这一理论有两大特征：这类资源能够产生恒定的利益，并且具有非排他性。你可以看到这与人人共享模式极其相似。毫无疑义，参与平台也能产生恒定的利益，群体就是“自主选择加入的”自由代理人。在一些人人共享型公司中，比如说 Zipcar，我们是可以拒绝接纳某些人的（像那些有着不良驾驶记录的司机）；但如果想想 GPS 或是互联网，那基本上就没法拒绝任何人，这十分符合公共池塘资源理论的定义。所以，虽然在个例中它并非完美映射，但已非常接近，平台确实变成了合伙创业者的“公地”。

奥斯特罗姆在 2012 年去世。我认为，她可能从未想过这种新型组织结构会变为现实。她去了一些地方进行实地调查，观察非洲牧场可持续的长期管理和尼泊尔的灌溉系统，这些地方虽然距离美国很远，但是她的研究发现却是和现代社会十分相关的。有个问题一直引导着奥斯特罗姆进行研究——在长期竞争中存活下来的机构是否拥有那些失败企业所不具备的实践经验？经过数十年的研究，她为当地公共池塘资源的稳定管理提出了 8 条“设计原则”。这些原则是要保证参与者拥有的权力大于规则制定者，使他们没有被区别对待的心理落差。不过，我认为这些私人平台是否愿意把此种控制权交到大众手上，还需要打一个大大的问号。下面是 8 条原则：

1. 明确定义组群之间的界限（以便排除无名团体）；
2. 将普通商品的使用规则与当地的需求及地理条件相结合；
3. 保证受规章制度影响的群体能参与到对规章制度的修订当中；
4. 确保团体成员的规则制订权可以得到外界权威机构的认可；
5. 开创一个由团体成员负责运行以监督自身行为的体系；
6. 对违反规章制度的员工进行逐级制裁；

7. 为解决纠纷提供易行的低成本方案；
8. 自下而上构建公共资源管理责任体系，从最底层开始直至整个互联网系统。

这些规则很有意义，也是不言自明的，对于生活在民主社会的人来讲并不陌生。有些人对这些规则的评价令我诧异，但大多数人支持我的想法。我们的职业生活，有时甚至是个人生活，他人是可以一览无余的，因此我们需要建立明确的宽恕原则（参考第 6、7 条原则）。一个被惹恼的人的恶意评价可能会毁掉一个多年经营的品牌，一个人也会因为一个十分愚蠢的决定毁掉自己的名声。我们一定要培养自己的纠错能力和恢复声誉的能力，这一点我是在开始创办 Zipcar 后才意识到的。那些让整个群体的安全、福利受到影响的成员将会受到警告、监视，最后被禁止再开车。我对 Zipcar 开除的第一个人印象非常深刻——她把一辆不能刹车的车还给了我们——她驾驶的时候用了个塑料袋来制动，但却并未告诉我们车有问题，两个月后的一天，她来公司请求我们再给她一次机会，但我们拒绝了。

PEERS INC 共享时代
How People and Platforms Are Inventing the Collaborative Economy *and* Reinventing Capitalism

人人共享模式是一种创造财富的新型利器，此类平台获得巨大成功或是成为行业标准时，我们就不得不去解决群体对这笔巨额财富所占有的份额问题。在欢迎人人参与这一平台发展的初期阶段，平台和群体之间的交易还算公平。在构建平台早期，我们可以看到，运营平台的公司承担了很多风险，它们不断努力完善，最终让那些对参与活动不感兴趣的群体也使用其服务了，因为那些平台真的很适合他们。即使平台较小，群体的选择也有很多。

人人共享是一把双刃剑

对 Zipcar 而言，构建团体对其早期取得成功起着很重要的作用，它也是我对公司未来发展战略构想中的重要一环。我之前没讨论这个问题是因为团体并非对于每个人人共享结构的公司都很合适。WhatsApp 的用户或者是在构建的过程中使用 GPS 的公司，很难想象他们会对与其他人组建一个群体感兴趣。但若是我们将那些平台都视为公共池塘资源，且这些资源突然间受到威胁，比如说，美国政府在共享其卫星或是一些决议上转变了想法，此时我们就能完全想象到会有很多人想去组建群体。本章所涉及的都是在长时间范围内去解决的问题。一旦一个平台秉持的一种标准变得广受欢迎，我们总能看到围绕这些标准会形成一些商业协会来保护使用此类标准的企业的共同商业利益。这样的商业协会成千上万，有如美国石油协会（American Petroleum Institute）等大规模协会，还有很多是仅限于圈内人士的各类协会，如独立书籍出版商协会（Independent Book Publishers Association）和水上摩托行业协会（Personal Watercraft Industry Association）等。这里并没有一个标准的形式，但在人人共享模式下，个人的规模和创建平台机构的规模之间可能存在微弱的关系。

就像商业协会一样，一个同业社区能使专业机构和个人双方都获益匪浅：在网络上会见别人、分享最佳的实践经验、探讨新的创意和解决问题等这一切都是在一种非正式、低压力的情形下进行的。在 Airbnb 的组群中，我们就能看到上述情况。最终，一个其乐融融的团体会助长病毒式营销，形成截至目前成本最低、最为真实、分散且目标明确的营销模式。

Foss 运动为群体的组建提供了很多有创意的参考。正如本章所示，群体并非雇用的员工，他们的工作、想法和行为都完全属于自己，所以人人共享也可能是一把“双刃剑”。Foss 计划强调的是一种高度透明却又十分混乱的文化氛围，存在意见分歧的程序员可以按照自己的思路去执行各自认为更好的平台代码方案。这样一来，就要求自由及开源软件计划能够不断地维持人人共享之间的权力平衡，尤其是要借助团体的力量。

与很多其他的Foss计划类似，Drupal开源内容管理框架的出现毫不足道。它是德赖斯·布塔特（Dries Buytaert）在根特大学攻读博士学位期间开发的一套软件。自2001年在布塔特的寝室诞生之后，Drupal就吸引着全球的程序员加入其中，现已发展为一个遍布全球200多个国家拥有100万名会员、接近3万名活跃代码贡献者的团体（从这一点来讲，其规模大约是Linux的两倍）。Drupal已然发展成为一个管理公司网站内容的平台，服务于全球大约2%的网站，其中不乏各个领域中的著名网站：主流媒体领域（Economist.com、FoxNews.com、MSNBC.com）、商业领域（GE.com、P fizer.com、JnJ.com、TeslaMotors.com、Timex.com、Zipcar.com）、科技领域（RedHat.com、Box.com）、娱乐领域（Grammys.com、Zynga.com）、银行领域（ING.com）、博物馆领域（Louvre.fr）、体育领域（NBA.com）、教育领域（Columbia.edu、TeachForAmerica.org）以及政府领域（WhiteHouse.gov）。除了数十万独立工程师，该平台在全球还衍生出很多Drupal公司，其中规模最大的要数布塔特在2007年创立的Acquia，该公司在创业投资基金中筹得的资金就超过了1亿美元，被评为2013年北美增长最快的私人科技创业公司。

随着参与Drupal的群体急剧增多，社区于2009年成立了Drupal协会，该协会的宗旨是“为代码而来，为社区而留”，致力于为社区提供基础设施、举办活动、进行协作（包括行为准则和另一些规则），来促进Drupal的飞速发展。协会构建的稳定环境使得Drupal的事业发展到了能与Adobe、微软之类的传统软件公司竞争的高度。它在全球举办了上百次活动，其中最大的几次都是与会者几千人的世界级科技会议。而这一点并非Drupal独有，其他一些著名的自由及开源软件计划，像Linux和WordPress都有着众多群体参与的社区，也举办过一系列的年度活动。

除了上述的成功故事之外，科技界还充斥着很多自由及开源软件既无法帮助工程师组建社区，也无法助其富有成效地去进步完善，时常遭遇“公地悲剧”，最后沦为互联网史上小小脚注的故事。平台越大越成功，越会被看作是“公共池塘资源”，而平台上的群体也就越认为自己有发言权。在下一章，我将会进一步阐释政府在保护群体权利中扮演着何种角色。

去年，Facebook 遭遇了一次公关上的惨败。这都是由 Facebook 调查人员在其社区内部所做的一次实验结果导致的。2012 年 1 月，数据科学家花了一周时间筛选了将近 70 万名 Facebook 用户的动态信息，参与实验的测试者看到的信息被分为开心和伤心两种状态。一周结束时，那些看到开心状态的测试者就会更新一些更为乐观的状态；而与此对应，那些看到伤心状态的测试者则会更新悲观的状态。于是，这份“实验表明，大规模情绪传染可通过社会化网络来进行”的报道就发表在 2014 年 6 月出版的《美国国家科学院院刊》（*Proceedings of the National Academy of Sciences of the United states of America*）上。微软的社会化媒体高级研究员达纳哈·博伊德（Danah Boyd）对充斥于 Twitter、Facebook 和博客等主流媒体数日的此类报道进行了评论：“Facebook 的商业运营、系统操控和决议的方式与其用户心中所期望的并无关系，内在动力需要进一步明确。这无关于调查研究，而是关乎于权力。”实际上，这些都可以归结于权力。若是这种新结构在“公共池塘资源”中创造出一个新的阶层，那些参与者会期望着能够参与权力的分配。博伊德还讲道：“我最想看到的是用户在对其个人数据的处理上有着真正的影响力，我期望在这些过程中能看到一个供用户表达想法的途径。”

在一个能长久运营的人人共享组织中，权力均衡必须处于最后一个阶段。

PEERS INC

07

How People and Platforms Are Inventing the Collaborative Economy and Reinventing Capitalism

政府是个人权利的捍卫者

| 整合个人与平台的力量 |

【共享先锋】

◎ GPS，政府挖掘过剩产能

我在第 6 章给出了重要结论：群体和专业机构之间的权力均衡对于维持长期的稳定协作是十分必要的。民主就是典型体现。在过去的两个世纪里，民主使得一些政体更为持久，原因就在于人民通过选举获得了参与制定有关公共物品和自身经济利益的法律法规的权力。但当负责管理的专业机构不再将权力与群体共享时，“民主”终将失败。在本章中，我们只提及政府所扮演的两个角色：平台创建者（其创造性做法是将权力赋予那些与需求或问题最为相关的群体）；人民的保护者和人民权利的捍卫者（监管者）。

政府，做最伟大的平台创建者

政府发掘过剩产能的一个最佳范例是冷战期间美国政府为检测核打击而创建的空基全球定位系统（Space-based GPS）。这一举措是针对 1983 年韩国一家航空公司的客机因迷航误入苏联禁区而被击落的悲剧，该事件死亡人数为 269 人。如果那时飞行员可以使用 GPS 的话，悲剧性的一幕就不会上演。所以当时的里根政府就决定，美国人可以免费使用 GPS，这样一来，GPS 就变成了公共物品。

美国政府最初安装的 GPS 平台定位的误差是 100 米，能够确定你是否在别国的领空，但若是具体到在哪座城市的定位就没有那么准确了。1996 年，时任美国总统的比尔·克林顿宣称，美国政府将全面解除 GPS 卫星信号的选择可用性，使得其准确度从误差 100 米达到了 2000 年的误差 20 米。2007 年 9 月后，信号不再被削弱。

回顾过去的媒体报道，会看到很多好笑的错误预测。但在1996年3月，美国交通部长费德里科·佩纳（Federico Pena）的预测却真的实现了，他说道："现在，只有少数美国人知道GPS是什么；但5年后的今天，他们将会怀疑当初没有GPS的日子是如何过的。"

克林顿当局认为这一政策可以让全球定位系统出售额达到原来的4倍，每年创造80亿美元的经济效益，截至2000年会创造10万个就业岗位。事实上，到了2000年5月，GPS卫星信号的选择可用性被移除之后，其全球用户就达到了400万人。对此美国政府预计市场规模"在接下来的三年就会翻倍，创造的经济效益也会从80亿美元上涨到160亿美元"。2013年，离当年进行预测时已有10年，全球导航系统的安装数量超过20亿，与其直接相关的税收达到了2 000亿美元。

对于没有GPS的生活，我感触颇深，印象最深的一幕是在2003年参加女儿卡梅伦在巴黎秋季时装周的首秀时。当我按时抵达约定地点时，我看到她站在马路对面。当时她16岁。天空下着蒙蒙细雨，街道及两旁的石砌建筑都是湿漉漉的，雨水流淌过路边的水槽。她纤细的身影有些倾斜，夹在腋下的雨伞让她看起来愈发瘦弱，雨水落在她背部。她低头看着一本已被雨水淋湿、破旧不堪的巴黎地图平装图册，一只手拿着地图册，而一份摊开的地铁路线图则拖在了地上。她把自己的行程安排印在了一张白纸上，上面满是各种人名、时间和地址，纸被折成扑克牌大小，部分已经被淋湿，皱巴巴地夹在书中。她对雨和4摄氏度的低温毫无防备，只穿了一身春秋季的衣服，肩上挎着一个大皮包，里面装了一个超大尺寸的照片夹，显得十分沉重，还挂着一双15厘米的高跟鞋，准备随时穿上。她不会说法语，也没有手机。

在 GPS 导航系统出现之前，我们都会把地图打印出来。有些读者或许还记得有一段时期，美国汽车协会的会员外出乘车旅行时可以根据出发地和目的地申请一份“建议路线图”。美国汽车协会的工作人员会针对该路线，制作出沿线的地图，并用绿色记号笔把行车路线标示出来，比如在地图上标出从纽约途经辛辛那提到芝加哥的线路。然后，他们会把线路图装订到一起，邮寄给你。每个加油站都会售卖地图，你可以在那里买到各个州，甚至是整个国家的详细地图册。美国每辆车的储物柜里都堆满了这种地图，而你真正需要的那份地图好像永远都不会在你手边：或是因为把它借给了不会还你的朋友；或是因为使用次数过多，上面布满了折痕、水渍，已变得模糊不清。

现如今，那些成堆成捆、折痕累累的地图早已过时，取而代之的是 GPS 导航设备和智能手机应用，它们在行驶途中为你提供非常准确的语音导向提示。这样的话，当我们处于陌生的国度或是城区时，我女儿那狼狈的一幕将不会再上演。我们的生活真真切切地因 GPS、智能手机和实时地图的应用而发生了翻天覆地的变化。生活质量的明显提升，例如伴随这些科技创新而出现的丰富多彩的经济活动，都要归功于政府能够充分发掘过剩产能的潜力，并使它们在设计良好的参与平台上得以应用。万分感谢！若是没有美国国防部数十亿美元的研发资金的投入（估计在 1994 年就达到了 50 亿美元），GPS 的发展根本就无从谈起。可以肯定的是，没有一家私人企业能有如此的物力财力实现如此成就，即便是美国通用汽车公司或美国通用电气公司这样价值数十亿美元的经济巨头。

需要注意的很重要的一点是，单靠政府无法充分利用 GPS 生态系统来促进经济增长、进行创新，并创造价值，还需要具备人人共享模式——充分利用过剩产能（研发和卫星），创建共享平台（标准定位服务），鼓励创新人才在此经济规模基础之上，利用其发展速度和巨大的经济影响进行实用性创新。而这往往需要一个类似于政府规模的机构才能做到，不过利用这一免费定位信息的工作最好还是留给大众：数千万个体、协会、大学、创业企业、中型企业、跨国公司，甚至其他国家（它们也在使用GPS并在此基础上扩展新的业务）。美国国防部从未想过GPS可以被应用到如此多的领域，包括对犀牛、鲸鱼、牲畜、宠物、濒临绝迹的枫树、小孩、极限滑雪者、登山者、自行车、汽车、卡车和货运集装箱进行地理定位，甚至是一把乱放的钥匙都可以利用GPS找到。

其实GPS能做的还有很多。美国政府本可以将其只作为军用，可以一边将其公开，一边将交互界面做得格外复杂或并不实用（在现实中，这样的例子还有很多），可以规定群体登陆GPS网络需填写申请或是付费。正是因为政府没有做任何此类事情，我们今天才能如此方便地使用GPS。

构成人人共享结构的4大要素

政府对公众开放其大量投资的其他资产，也能产生同样的效用，比如说互联网。芭芭拉·范舍维克（Barbara van Schewick）不仅是斯坦福大学法学院的教授，还是该校机电工程专业的一名副教授。她的研究专注于使互联网成为一个鼓励创新和言论自由，用户可以在特定的经济、社会、文化和政治板块进行交流的平台的因素。范舍维克认为，互联网的成功归结于以下4个原因：

◎ 用户能够在不受网络提供商的影响下，选择自己喜欢的应用。

◎ 在网络中进行创新无须经过网络提供商的许可。

◎ 网络本身是无限制的，它不知道也不关心用户的使用方式。

◎ 在网络上进行创新的成本很低。

我们可以看出，这4个因素也是GPS的基础要素，同样还适用于公路、电力和水力。GPS、公路、电力和水力的终端用户可以选择他们所喜欢的设备、交通工具、照明设施甚至是洗碗机。进行创新的群体无需征得美国政府的同意。接收GPS卫星转播信号不需要许可。开发一个新的GPS应用的成本很低，即使高中生都能支付得起。人人共享的框架结构及其成功都来源于这4个要素，不过其中会有一些小小的改动：

要素 1：用户的选择。当然，所有的用户或是潜在用户都会选择自己喜欢的应用（所处市场为自由市场）。我可以选择在手机上安装 Lyft 或 Uber，又或两者都安装。我可以拒绝任任司机所提供的出租车业务。这一特性不仅对保护用户的选择权至关重要，对保护新应用的市场潜力也十分重要。如果说提供服务的群体认为他们不可能成功，难以被公平对待，那么便不会有用户再参与进来。事实上，这就是为什么 Uber 的司机穆罕默德从开黑车转而为 Uber 服务："我能接到乘车电话是因为我离乘客最近，而不是因为我的资历高，或者我是调度员的朋友。"在第 6 章中，我们讨论过 Lending Club 和 Prosper 的小额贷款人总是担心其贷款项目会因平台针对大型机构投资者进行优化而受到影响。

要素 2：无须许可。如前所述，个体是自愿参与进来的，是个人或小型公司自己的意向。人人都可以创建 Twitter 和 Facebook 的账号，或是修改 Drupal 的代码。不过，有些平台确实也会有一些限制条件，例如，Zipcar 就要求司机在过去 3 年里没有违纪违规记录。为使共享平台的群体最大化发挥其潜力（比如，Uber、Lyft 或 Airbnb），机构的监管人员就不能停留在个体层面，而是应当将调整的重心放到平台上。这并不是说不去要求每名车主或乘客填写各种表格以通过审核，而是在平台层面提出类似要求的效果会更好一些。

要素 3：低成本。人人共享所强调的利用过剩产能使得参与的成本极低。

要素 4：对使用者无所限制。在第 6 章中，我们讨论了在构建平台的过程中，从封闭到完全开放的可能性，并讲述了在封闭平台之中会出现怎样的创新。现在，互联网和 GPS 都是完全开放的平台。正是这种开放性造就了无数应用。但也许专业机构平台并不需要太多创意或者创新，这也就限制了个人参与的可能形式。Prosper 希望借贷人信誉度高，Uber 和 Lyft 想要全职司机，并且他们的车手续齐全。从另一方面来讲，Twitter 根本不关心你用这 140 个字符写了些什么。

在法国，互联网出现之前有一个被称为“Minitel”的网络在当时得到了广泛应用。不过，它并不具备上述关键特性，需经许可才能在该网络上发表信息，简直就是一个由公司和政府围建起来的“花园”。从文化意义上讲，几乎未出现过任何有趣的东西。互联网自由开放的环境所带来的强大生命力是独一无二的，其实并非是网络，而是开放性使我们取得了如此惊人的进展。

那么政府应该在什么时候对其平台进行限制呢？首先，平台产生了一些副作用或负外部性时，比如污染或拥堵。在上下班高峰期被堵在路上时（我们是公路这一平台的参与者），没人会因为你开着一辆燃烧化石燃料、排放尾气的车，而不是拼车或选择一辆燃油效率更高、有害微粒（与各种健康问题有直接关系）排放更少的车就对你实施处罚。政府应当建立一个针对拥堵和污染的收费机制，如此一来，我们也会在出行方式的选择上将这些问题纳入考虑之中。其次，在资产被用完或是无法同时得到有效分配的情况下，政府应对其进行限制。干旱时期，政府就禁止了灌溉草坪，也不允许向游泳池注水，以便节约用水。有时，在一些基础设施贫乏的城市，政府在一天之中会定点供水供电来限制使用，如加沙地带就采取如此措施。但如果资源是非竞争性的，也无负外部性，比如GPS、互联网、开放数据、开放频谱和开放设备等，那么政府便有充分的理由（筹集充足的资金）尽可能多地去提供开放的平台。

PEERS INC 共享时代
How People and Platforms Are Inventing the Collaborative Economy and Reinventing Capitalism

开放平台会将参与者的潜力发挥到最大，在此之上创新和经济的产出也会实现最大化。开放的政府平台应当是在范舍维克提出的 4 点要素之上进行展开的。若非如此，平台所能实现的效用、创新以及引发的经济活动都会大打折扣。

由封闭专有模式转向开放模式

2010年，我受邀成为美国国家商务部刚创办的创业与创新国家咨询委员会（National Advisory Council for Innovation and Entrepreneurship）的一员。在第一次会议上，美国商务部部长加里·洛克（Gary Locke）以几个关于如何弘扬美国企业家精神的问题拉开了序幕：私人领域还可以做些什么？公共领域需要做些什么？公私伙伴关系的机遇在哪里？围坐于会议室长桌的与会者中有不少是我的同事，他们都是像我一样被新任命的。我们当中有大学校长、风险投资家和企业家，来自白宫和商务部的高级官员以及政策顾问就在我们身后。

这次会议存在着一个问题，讨论中少了一个很重要的"领域"。"那群众呢？"我想发问，"为何我们不讨论群体在激发改变格局的创新方面所具有的巨大能量？"我在给与会者的建议信中写道：

> 我们讨论了关于公共领域和私人领域的各种方案，却忽视了"群体领域"的力量和潜力。互联网、无线网络和智能手机在释放人们的潜能方面充当着重要的角色。开放的数据、设备和电台将加速这一进程。"拥有群体力量的"公司在传统的商业发展中所展现出的发展速度以及扩张速度是不可思议的，而这正是在面临世界上各类严峻问题时所需要的。

我的基本建议之一是将美国政府的科技采购调整成开放模式，而非实际上的封闭专有模式。专有体系有着秘密的语言和规则，将政府与供应商限定于一种持续且代价高昂的关系之中。协作者只有在被邀请、购买了认证物品、在指定方式下使用产品或是接受了审查协议培训的情况之下才能进入该专有领域。创立新游戏、制订新的游戏规则等行为是不受欢迎、不被重视的，也不可能会有人去配合。生活中被专有政权扼杀的例子比比皆是。例如，很多人会想到，这么多年以来，若想更换通信运营商，你就不得不丢掉自己"已绑定的"手机，重新买部新的，这一点很令人窝火。

2014 年 9 月，世界第四大雇用组织——英国国家卫生署（NHS）开始采用开源软件 noSQL 来构建其主要安全专利数据库以及被称为“Spine”的平台。Spine 存有依靠国家卫生署提供服务的 6 500 万英国人的非临床医疗信息。在数据库的支持下，相关的信息服务每秒处理的信息达 1 300 条。服务于英国国家卫生署的健康与社会保健信息管理中心（Health and Social Care Information Center，HSCIC）之前在构建 Spine 时使用的是甲骨文公司的软件。还未进行验证时，就有新的供应商提出开源软件比专有的甲骨文软件便宜两倍，相关的基础设施建设的花费仅为过去的 5%。HSCIC 也希望他们的工程师能有权访问源代码，这样的话，他们就能自己来解决系统的问题，从而提高效率、降低成本。但不幸的是，用户高达 9 400 万人的美国 Healthcare.gov 网站数据库最终选择了甲骨文软件，运行效率低下，并且由于其封闭专有，在遇到问题时进行维修维护的成本很高。

开放的标准使得我们能随着时间不断地发展。**从封闭转向开放之时，也就是充分利用过剩产能之时。**一旦我们的平台从封闭变为开放，新加入的群体就能很快融入其中，还会提出一些改进方案。当然，专有的系统也是在不断发展的，但速度完全取决于竞争的压力程度。没有竞争，就没有发展。大部分政府间签署的合同时间都很长：3 年、5 年、10 年，甚至 99 年（一家澳大利亚和西班牙的联营公司为美国建造、维护芝加哥市的高架路，其交换条件是所有的通行费收入都归其所有）。为何在 10 年期合同的前 7 年还费尽心思地去创新呢？

互联网创始人之一史蒂夫·克罗克（Steve Crocker）在《纽约时报》上写了一篇非常好的文章，讲的就是互联网的开放标准是如何随时间推移而发展的。他还讲道：“我们不知道自己是从什么时候开始的（40 年前），不过这里却是我们的终点。”当然，谁能预测未来呢？我们必须开放标准邀请并鼓励人们参与。克罗克在发给我的信中写道:"在开放标准的基础上衍生出新产品服务的重要性不言而喻。开放不仅意味着别人也可以生产相同的产品、提供相同的服务、直接展开竞争,也意味着这些'新发明'拥有广阔的市场前景,还意味着新科技给生活带来了巨大的改变。"

我的一个朋友给出了一个简单的测试方法:"若你认为这已是最终版本,也是最好的版本,那么你就选择封闭的专有系统;而若你认为这个版本还能继续随时间不断发展,那么你就选择开放的系统。"

克罗克在为《时代周刊》庆祝互联网诞生40周年所写的专栏文章的倒数第二段中写道:**"我们重新建立了经济体系,我希望我们能牢牢记住开放的价值,尤其是在一些开放程度还不够高的行业。无论是保健改革还是能源创新,又或是交通创新,最伟大的成就即将来临。我们开创的这一巨大前景正等待着后来者去发掘。"**

奥巴马政府执政期间,美国在开放性方面取得了巨大进步。美国首席技术官安尼士·查普拉(Aneesh Chopra)就将开源、开放标准的技术采购设定为标准。像之前所提到的,美国首席信息官维韦克·孔德劳在美国政府数据网站存储库Data.gov上也采取了相应的行动。如今,全世界的政府都有了正式提议,有的甚至是以法律的形式要求开放标准来保证政府之间、政府与民众之间的相互合作能顺利进行。

2013年,麦肯锡咨询公司发表了一篇有关开放数据价值的研究报告。我之前所述利用人人共享模式获利的三要素在这篇报告中都有涉及。文中提到"开放数据是一个成本效益极高的资源",这是因为其利用了过剩产能!它每年创造

> 的潜在价值可达数十亿美元，尤其是因为这一数据“更具流动性（开放、易得、格式通用）”，可转化为共享平台。最后，“发掘开放数据的价值潜力”，“研发人员需构成一个充满活力的生态体系，这一点很必要”，即人人参与。这份报告十分中肯。报告中提到，最佳的机会处于 7 个领域之中。在教育方面，开放数据每年创造的价值可达到 8 900 亿美元到 1.2 万亿美元，其中最大的潜在收益来自于“找到了高效教授特定知识技能的教学方法或教学工具”，即人人共享的第二个奇迹，以指数级速度学习；在交通运输方面，开放数据可减少运输时间、提升公共运输及货运作业的效率，优先进行基础设施建设的改进工作，每年所创价值可达 7 200 亿美元到 9 200 亿美元；在电力方面，依靠为居民、企业提供更为详尽的用电情况，并与群体组群进行比较、测试来创造价值，每年可节省 3 400 亿美元到 5 800 亿美元；在其他几个领域——消费品、保健、消费金融、石油和天然气，每年可实现的潜在价值可达 30 亿美元。

开放数据和资源之后，美国政府将能有更多作为。我们需要更为宽广的公开无线电频谱，你可以想一想，正是由于政府开放了部分频谱并不收取费用，现在 WiFi 才能被广泛使用。更多政府资助开发的知识产权应当被公开。在科技领域之外，我们不仅需要政府放松对学校、邮局和一些政府建筑的监管，还需要政府让人们使用那些闲置的剧院、运动场、体育馆和停车场等设施。我去过很多州立艺术小学的礼堂，有的一年都是闲置着的，也不对周边的城镇开放，理由是使用需要有“安全保障”或者是要经过学校繁琐的层层审批。**如果想让我们的未来更具创新性、更具企业精神、更具融合性，就需要有效利用一些平台将这些有价值且成本低廉的资源对公众开放。**

从纳税人的角度来看，这些举措意义非凡。开放标准以及互联网协议增加了纳税人可购物品的种类，也增强了他们的购买能力。这也就意味着手机、个人电脑，甚至是混合动力充电汽车之类的设备之间总有一天会建立起联系，使人们能进行交互操作。这也意味着创新人才和企业会对已出现的事物进行改进，并将新形成的基础设施投入到经济体的其他领域发挥作用。政府尽其所能去实施开放政策，这具有十分重要的意义，回头再看看之前的所作所为，好像是种犯罪。我能想象到未来报纸上愤怒的标题："用公共财产构建专有系统？"

当创新的速度超过监管的能力

至此，我本章所讲的都是有关如何鼓励、保障、促进平台的经济发展的：开放资源、减少阻碍干扰、无需许可，以及发挥最大潜力。那些狂热的创业合伙人投身于各类平台构建的例子展现了运用开放资源的一切可能性：公司（在GPS或开放数据背景之下）、设备（如运用WhatsApp）和个体（他们利用开放数据的无数方式）。但如今，我们应将注意力集中到群体身上了。越来越多的公司转变为人人共享结构，越来越多的个人也将成为为自己工作的自由职业者。对他们而言，短期和长期的含义究竟是什么？

沙龙网（Salon）和《连线》杂志商业科技记者安德鲁·莱昂纳德（Andrew Leonard）提出了一个有关共享经济的问题，这一问题引起了人们的广泛关注："建立在这些平台的相关技术之上的服务将获利丰厚，如果他们的创建者能找到规避那些守旧'不共享'的竞争者无法摆脱的税收、安全规章制度、保险费用等一系列问题的方式。"莱昂纳德的评论虽然直接，但并未揭露其深层的复杂性。到底谁是规避上述问题的创业者？众所周知，这些服务都是由个人和公司联合提供的。在人人共享的世界里，公司间进行合作来提供服务，个体一方面是自我雇用的，另一方面还需要遵守平台的规则。正如Airbnb CEO布赖恩·切斯基（Brian Chesky）对我说的："有的法律是针对人的，有的法律是针对企业的，但现在有一个新的类别出现，即作为企业的人。房主就像是微型企业家，但如今却没有针对微型企业家的法律。"是这样吗？

乘车服务应用之间、出租车司机之间、司机联盟之间和市政府之间的竞争充分体现了监管的复杂程度。2014年6月的一天，5 000名出租车司机（这一数字为伦敦监管单位提供，而组织者称有 12 000 人）在伦敦特拉法加广场（Trafalgar Square）阻塞交通数小时，抗议英国政府对 Uber 提供服务的不作为。巴黎、柏林、马德里和里约热内卢的出租车司机将车辆停在公路主要交叉口，通过阻塞中心商业区的交通进行了类似抗议。这场战斗是在不遵守规则的人群与制订了规则、但规则不再有效的人群之间展开的。阻塞的交通和媒体的报道对 Uber 来说无疑好处多多。媒体在周三报道了在伦敦发生的抗议活动，从当天中午到午夜，该应用的下载数量与一周前相比翻了 9 倍。正如他们所说，任何媒体都是好媒体。

如果你是一名遵纪守法的出租车司机，你绝对会对这些不受法律监管的司机抢生意的行为感到愤怒。你所遵守的法律法规决定了你谋生的方式、方向、时间与地点。不幸的是，有些法律法规毫无意义且已过时，无人从中获益，唯一的存在意义就在于阻碍竞争。当创新的速度超过监管的能力之时，那会发生什么？

过度监管与过时的规定

美国国防情报局首席创新官丹·唐尼（Dan Doney）从一个全新的角度为我讲述了此事，那是 2014 夏天我在阿斯彭研究所遇到他时。当时，我们与 12 位来自不同领域的专家围坐在一张圆桌旁。每个人会进行一个 10 分钟的话题阐述（我首先向在坐专家分两部分阐述了自己对人人共享的理解），之后我们进行了一场激烈讨论。气氛渐渐平静下来后，唐尼十分绅士地示意想发表一些自己的观点。当时，他穿着带衣领扣的衬衫，下身是一条卡其色裤子，十分整洁。他对大家轻声说："请允许我为各位画一张有意思的图。"

图 7-1 将平台、公民社会、信息技术治理的特性联结起来，向我明示了过度监管造成的后果。制定法律法规（平台结构、法律和规则）是用来增进集体利益的，但却是以损害个人自由为代价的。

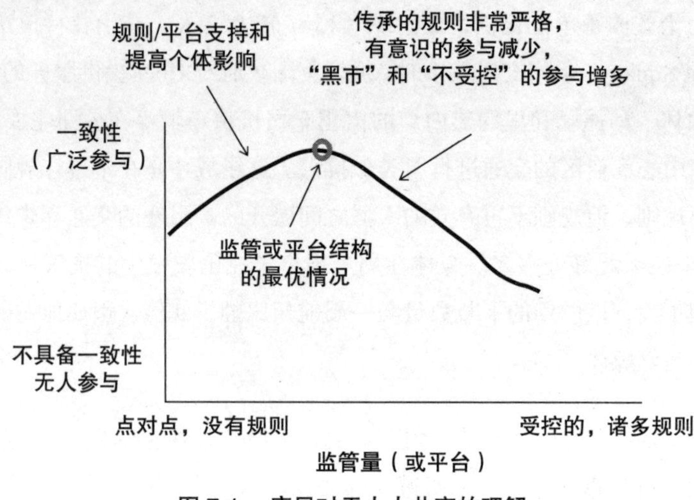

图 7-1　唐尼对于人人共享的理解

举个例子，我们制定限速政策来增强公共安全。若是所限的速度过低（在荒无人烟的高速公路上时速不得超过 88 千米），人们会因为限速所得与行驶的时间成本不匹配而不愿去遵守这一规定。具有讽刺意味的是，遵守该规定的人反而会因其速度与大多数人不同而影响公共安全。在到达某一点之后，越是严格的限速要求越是会影响到集体利益。

在图 7-1 中，有一个最优点——监管量恰到好处（法律法规和平台结构），而此时个人利益和公共利益之间也能达成一致，所实现的利益超过了各部分的利益之和。人们会出于自身利益或至少是整体利益的考虑去遵守（参与）。但一旦跨过这个点，个人利益和集体利益之间就会产生冲突。我能理解该图的含义：**存在规则（结构）能鼓励我去参与；但如果存在太多规则（过多结构）却会使我退却。**

有关出租车的法律法规中充斥了过时的规定，这也直接导致了 Uber 和 Lyft 的成功。华盛顿出租车委员会的主席罗恩·林顿（Ron Linton）说：“Uber 所提供的服务是不合法的，因为司机在乘客下车时并未提供发票。”但只有在将“发票”定义成一张纸时，这句话才真正成立。使用该项服务的人都是用在线账号所绑定的信用卡进行支付，在下车之际立即就能收到一张电子发票。在迈阿密，为了保护出租车市场，豪华轿车在15分钟之内是不会应答客户的。纽约最近才规定只用某个城市批准的计价设备是违法的，这或许在智能手机和GPS出现之前才有意义。伦敦早在1636年就已对出租马车进行调控，这可是在400年前！当时的限量是50辆。自1865年以来，该市就要求所有司机都通过考核，以保证他们对伦敦周边的所有街道、站点和最优路线都了如指掌。这也提升了他们的职业地位（联想一下美国的情况），在其专业领域他们也可以相当自豪。伦敦数百万名乘客的出行从此变得高效了，他们对此也极为赞赏。如今，“申请人需要平均准备34个月，至少参加12次（最终测试阶段），才能通过考试”。现在，我们有了GPS，有了智能手机。那些6月在伦敦参加抗议示威活动的出租车司机真正应该抗议的是出租车执照委员会老套、成本高昂的考试方法。

就像唐尼指出的：“监管者认为，施加的掌控越多，人们就会越顺从。但从一定程度上来讲，与此对立的观点也是成立的，虽然这可能有悖于你的直觉：高压政策的制定者是在与参与者为敌。”我们可以肯定一点，很多人都会选择去破坏这些规则，脱离这一群体，就像Uber司机中的一部分人一样，之前他们就属于这种受监管的行业。唐尼还说道：“从这一点来讲，所有规则的益处都消失了，中央集权的机构（平台）无法看到最佳实践方案，更不用提推广了。这种情况在科技界被称为‘影子IT’，在经济学界被称为‘黑市’。更糟的是，这些限制条件束缚了具有创造力、创新性和灵活性的解决方案的出现。”图7-1对于我们思考第6章中谈到的平台结构具有一定的启发作用。结构对于获取利益的重要性不言而喻。若没有结构，平台也就不复存在，更无法将事物组织起来。即便如此，结构越复杂（越具有约束性），人们就越对其不感兴趣。每个设计表格、测量平台参与度的人都知道：每添加一个板块就会让越来越多的人退出平台。

此处我所讲的管理办法与当今现实并不匹配，这是由于新技术的出现使我们之前设定的管理办法过时了。或许那些管理办法曾经有效，不过现在已经过时了。政府的法律法规都是建立在数十年来对企业老板和员工之间关系的主导框架基础之上的。保险法、住房和分区法规、劳动安全法以及所有的税收代码都是顺应时代要求而生，基于一些如今已不再明显的差别之上。当我们的经济体中充斥着很多产生噪音和污染的小规模产业时，我们就会制定相关法律将这些经济活动与居民区隔离开来。第二次世界大战之后，人们选择就业时不再局限于当地的小企业，而是越来越多地转向散布在各地的规模庞大的办公楼、工厂和零售商，我们也就没必要去保护那些独立的小就业群体了，更多的是保护如今迷失在日益扩张的跨国公司之中的员工的合法权益。但现在看来，规模相对较小且分散各地的企业的生产效率更高。**我们已进入到一个分不清何为集体、何为私人的时代。科技为我们开启了一个通过平台来共享资产、时间和技能的全新世界。在政府和法规缓慢发展的同时，由平台孕育的创新却正在飞速前进。**

不要因不了解而扼杀

很多平台成立的目标很明确，就是不断使其更易试验、试错和进化。这也是我们钟爱、重视、鼓励它们跟上当今变化步伐的原因之一。企业家们利用互联网、WiFi、智能手机、GPS、全球地图、电子支付系统、苹果公司应用商店的广阔市场及其迅捷性，为我们的生活创造出诸如 Uber、Lyft、Sidecar 和 Hailo 等一系列优秀应用软件。作为一名企业家，我认为在新公司发展到一定程度之前，有些规则还是不要采用为好。正如迈克尔·波伦（Michael Pollan）在《杂食者的困境》（*The Omnivore's Dilemma*）一书中所指出的，那些针对工厂化农场的规章制度阻碍了小农场主的屠宰生意。美国食品药品安全监督管理局就有为其检查员准备独立浴室的规定。他还指出，邻近度和规模改变了生产者与消费者之间的关系。从小规模供应商那里买肉的消费者能看到屠宰的地点，认识其他消费者，直接看出是否存在食品安全问题，而这是工厂屠宰厂房所不具备的。小企业家必须对其消费者，甚至是个人负责。而打压这些尚需不断修补才能起步的经济活动，你可能会感到有点儿过分。但一旦这些经济活动产生的负面影响达到一定规模，需要进行管治时，就要对其提高标准。我讲得可能有些宽泛，值得关注的细节其实更多，不过相信我们可以找到一个适用于风险控制且更为细致的方法来进行监管。

抵制打车软件的出租车司机群体指出，未经过认证的无牌照汽车和无驾照司机都会令乘客不安。但从更为客观的角度来看，还有另外三个机制正在执行这项任务。

◎ 旨在保护个人的规章制度已经出台，并已开始发挥作用。美国很多州已开始规定每辆车每一两年进行一次安检。
◎ 一些平台应客户需求建立了一套自己的质量安全标准。在美国，Uber、Lyft 和 Sidecar 都对其司机进行了驾驶经历的实时检查，其中包括不良驾驶记录（像 Zipcar 那样）和犯罪背景调查。
◎ 这或许是最重要的一点，这些平台采用了一套全新的警务机制：对交易双方都留有评分及评论区。每次乘车之后，乘客都会对司机（司机也会对乘客）进行评价，司机资料中的反馈信息会进行实时更新。因司机粗鲁无礼的行为、不良驾驶或是对街道不够熟悉等而使乘客评价不高将会迫使该司机退出这行。这种情况什么时候在出租车行业出现过？

在行业监管与服务条款发生冲突时，Airbnb、Lyft 和 Uber 面临着同样的问题。市政府是否应对 Airbnb 和房屋所有者进行监管？在 Airbnb 上出租的卧室是否应与酒店一样配备自动洒水装置？难道没有类似地保护户主家庭的消防规范来保护租客吗？若是在 Airbnb 上出租的房屋发生了火灾，相较大酒店出现类似状况，其需要承担多大风险，是否会进而引发政府对其加强监管？回到芭芭拉·范舍维克的原理上来，监管人员应当减轻群体的负担以使参与无须许可，也应在平台上推行相应的规章法则。布赖恩·切斯基谈道：“**我想要生活的世界，是人人都可以成为企业家或微型企业家的世界。如果能减少障碍，激励人们去从商，尤其是在今天的经济环境下，这正是共享经济的希望所在。**”他还提到，对于监管人员来讲，他有一个请求：“在尚未清楚地了解某一事物之前，请不要扼杀它。”

现有法律覆盖了乘车安全和居民消防安全，而作为运用 UberX、Lyft 或 Sidecar 应用的乘客或车主，你绝对有理由因此感到不快。几个月以来（甚至是一年多的时间里），每次出行的保险都极不完善。我们有一些维护消费者和工作人员最大利益的规章制度，但这些公司都视而不见。我认为这是平台而非群体的问题。行驶的路段长了，很有可能会发生交通事故，我有很多相关经验都未与大家分享。但是，UberX、Lyft 和 Sidecar 这些平台却对其司机作出了错误的解释：他们的个人保险也能覆盖这些付费。这种说法将那些未买保险的司机和乘客置于了最糟糕的境况之中。

现在，这些公司又都抢着从持反对意见的保险公司那里为他们购买全方位的保险。或许，我们可以用一个更好的词来形容这些保险公司——“风险规避”，这个词更具讽刺意味。根据我经营 Zipcar、GoLoco 以及 Buzzcar 这些提供新型服务公司的经验，保险公司并不倾向于给不熟悉的事物提供保险服务。我花了几个月（有时候是数年）的时间，想尽各种办法说服保险公司为这种新式需求提供一些优惠业务。布赖恩·切斯基说过：“没有一部法律是为微型企业家写的。”我认为，他说这句话时，期望针对公司提供的服务能合理精简相关法律法规。而我看待该问题的角度却有所不同，我觉得我们需要不断加强对微型企业家权利的维护，增强对其的保护。平台为了自身利益误导了那些使用自有车辆运营而无全险的司机，损害了个体的利益。

Buzzcar 是罗宾·蔡斯在汽车共享领域的新尝试，扫码关注“未来创客”，回复“Buzzcar”，听罗宾讲 Buzzcar 的故事。

很久以前，这个国家和其他国家一样，

拥有很多非正式的经济体。随着从农业经济转向工业经济，美国逐渐步入富裕，对大部分非正式经济体都加强了管控，所以这些经济体的规模现在变得越来越小。美国政府认为，这些非正式经济体不安全、不可靠并且非常繁杂。通过购买公司能够承担的固定资产，如机器、工具、厂房等，生产力得以提高，人们的生活水平也随之提高。所以倾向于选择这种生产力确实是有道理的。那些拥有大量非正式经济体的贫穷国家在主要经济区也是这样做的，保护城市和主流经济免受不可控因素的影响，并将非正式经济体推向边缘和贫民窟。人人共享结构将转变传统经济逻辑，反驳传统经济对社会发展有益的观点。

需要记住的是，平台会以个人能承受的价格（通常免费）给予个人以公司所具备的力量。生产力的发展和人民生活质量的提高如今不再仅仅是通过政府对财力雄厚的大型公司的支持而获得。群体现在也有能够接触到生产资料的途径。我们没必要扼杀那些非正式经济体，因为平台可以起到组织、提高生产质量，甚至是自我管理的作用。在第 10 章，我将介绍印度的电动黄包车租车公司 G-Auto 是如何整合一个混乱的市场的。

自主与独立是人人共享的核心

尽管如此，微型企业的崛起还是需要通过不断努力和思考来保护自身，保证劳动报酬的获取和在一个健康、安全的环境中工作的权利。人人共享是不是劳动力外包的另一种形式？否定雇员的地位在全世界范围内都将面临挑战。沃尔玛为了将员工变为兼职的合同工，限制了员工的工作时间，从而使他们不再享受某些福利。2014 年 8 月，美国联邦上诉法院裁定，加利福尼亚州联邦快递的 2 300 名送货司机是正式员工而不是独立的合同工。在这起案件之前，由于这些员工并不是严格意义上的员工，联邦快递并没有按规定上交税金，而且也因为他们的非员工身份，联邦快递同样也没有给予他们应有的员工待遇，如最低工资、加班工资、带薪病假等。独立合同工和正式员工之间的区别对联邦快递来说价值上百万美元，并且这种区别也存在于如何应用已存在了上百年时间的员工保护法的问题上。

根据美国国税局的相关规定，“员工”享受相应的福利，与雇主之间保持着长时间的雇用关系，并需承担业务方面的关键工作。群体会做以上所有的工作，但是享受不到福利。这是一种不公正的待遇吗？让我们来仔细研究一下。

雇主管控如何支付员工工资和是否给予其补助等事务，他们还要为员工提供完成工作所需的工具。从中我们了解到了阴暗的一面。很多个人平台会设置等级，如个体出租车服务和 TaskRabbit。而如今，又如何准确定义“工具”呢？构建平台的一个重要目标便是为人们提供获取工具的方式，从而让生产变得更简单易行。

雇主管控员工的行为以及做事方法。质量控制与参与平台的行为标准（如成为一名好司机，保持良好的行驶记录）让平台在某种情况下确实为生产施加了很多控制。但是，有一个关键性的区别：群体参与平台的行为都是自愿的，每一次都是人们自愿选择进入的。Uber 和 TaskRabbit 多次强迫他们的司机或业务员接受某种工作，这样他们就能从某种程度上跨越法律的边界而获得雇主身份。**自主性和独立性是将人人共享与其他经营模式区分开来的关键因素。**

人人共享是一个公司的核心。从政府的角度来看，这类共同体的最大优势在于人们现在可以自主创业。在第 4 章，我介绍了人人的力量以及这种新式工作方法的许多优点，但也要看到这种经济模型背后的诸多缺点。就像现在的经济形势一样（我想到了联邦快递的例子和沃尔玛的员工），还是有很多途径可以逃避公平工资和《劳工法》。我想到了那些加入 Uber 的新司机，他们通过向

Uber 贷款买车，就可以开着新车去完成自己的任务了，但是之后由于收到了一个四星的评价（满分是五星，四星并不是非常差的表现）而导致工资大幅下降，总评级也低于要求的 4.6 星，这就意味着要被从这个平台上淘汰掉。没有乘客愿意选择他们，但他们每月依然要支付 400 美元的贷款，而 Uber 也不会再提供任何资源。就像在工业经济中一样，还是会有很多人在这种新型的协作型经济中争抢那些最低技能的工作。我们将会有太多自由运营的出租车、太多可以停留的地方、太多的业务员，这将导致普通职工工资的下降。而即便是那些不一定非要在当地工作的高技能人才，他们的工作也仍然会受到威胁。平台促进了全球化的发展，提高了全球的工资水平。在印度德里工作的工程师、图形设计师、编辑和建筑师将会与在底特律、迪拜、南非德班（Durban）从事同样工作的人相竞争。最后，那些富于激情的工作者，如艺术家、音乐家和作家，将会以很低的价格甚至是免费为那些展示他们作品的平台（如博客、众筹的新闻平台以及艺术品市场）工作。以上的种种将给那些仍为全职工作的职业人士施加相当大的压力。

现在美国劳动力的 34%，即 5 300 万美国人是自由职业者。“接近 80% 的自由职业者表示，他们现在赚到的钱和自己从事自由职业以前几乎是一样的，有时甚至要更多，这意味着自由职业比那些传统办公室职业更具吸引力。实际上，有 42% 的自由职业者表示，他们已经比之前赚得更多了。”人人共享的优势就是让每一个实体都发挥出自己的最佳水平，将传统劳动者快速转变为独立自主的劳动者，那么政府应该如何面对人人共享带来的影响呢？

写给政府的 4 点建议

第一，不要去伤害个人，要允许进行小的试验，因为我们需要不断试错。在新的平台能够发展为足够大的平台之前需要进行非常严密的检验，和 19 世纪时的工具需要监管和公共财产需要保护相比，现在已经完全不同了。如果需要进行必要的管理，首先应该做的是向平台施加压力，保护个体经济的流动性。

与要求每个参与者都获得政府的允许相比，更好的做法是告诉这些类似于出租车公司的平台，什么是它们应该做的。但是，在采用这一建议时要注意到一点细微的差别，管理者同样也需要记住：**平台不能也不会控制群体，这是决定他们所扮演的角色是积极还是消极的关键因素。**

2011 年，美国法律制定者推出了两项法案——5 月推出的《保护知识产权法案》(*PROTECT IP Act*，*PIPA*)，以及 10 月推出的《禁止网络盗版法案》(*Stop Online Piracy Act*，*SOPA*)，即要求美国的网站不能随便使用用户个人创造的内容和知识产权。转载非法内容的惩罚将是即刻关闭平台，将其从浏览器和搜索引擎中移除，并使之丧失接受信用卡付款和获取广告方面营收的权利。对这两项法案提出抗议的行动在当年 12 月不断增多。到 2012 年，对抗行动仍在继续并到达顶峰，有 11.5 万家网站组织了联合抗议活动，表达对这两项法案对用户的无力控制的不满。维基百科的英文版本是互联网上引用别人内容最多的网站，因此也因这两项法案而遭到重创。有来自加利福尼亚州的 300 多万人给美国国会发了邮件，有 450 万人签署了由谷歌起草的请愿书，Twitter 上至少有 240 万人写了关于《禁止网络盗版法案》的推文，而法律制定者们也表示有 1 000 万名选举人正在联系他们要抗议这两项法案。2012 年 1 月 20 日，这两项法案最终消失在了美国历史里。尽管它们曾对网络发展有所误导，但是平台所秉持的回应需求（就像为自主运营的出租车司机争取保险）的理念是正确的，并且能从规模（比如更低的成本来自整体的购买力）以及来自众多人口的力量（比如在一个大群人中，所冒风险的概率就会降低）中有所获益。

第二，政府应该让税务和管理条例对双方来说易于理解、操作性强，而不要像《保护知识产权法案》和《禁止网络盗版法案》一样，惩罚力度远大于犯罪的影响力度。现在，应该要明确的是，平台和群体的富有程度和收益是紧密联系在一起的。没有群体，平台就像是一座被废弃了的古老城镇一样，没有存在价值；同样，没有平台，群体就不再会有如此的生产力，也无法将他们的智慧和学习经验传授给别人。双方都需要贡献自己的社会优势。再回到丹·唐尼的那幅图上（见图 7-1），政府需要为群体提供一个成为正式认可的经济体的简单方式，并承担一部分本应由他们承担的税收。我们必须将这些可能阻止他们融入到主流经济的监管最小化，而平台也需要使缴纳相应的税款变得简单化。Peerby、BlaBlaCar、Airbnb 以及其他实行增值税的公司需要补上这一课。在 Airbnb 房主支付租房税收方面有很多争议。Airbnb 在自己的网站上劝告房主们支付这些应交税款，而在一些城市里，平台和参与者制定了交付税收的协议。2014 年 10 月 1 日，Airbnb 宣布向在旧金山地区的租客收取 14% 的酒店税。旧金山和 Airbnb 都期待这一举措将为该市带来每年 1 100 万美元的税收。

第三，我最大胆的政策建议是美国政府将劳动标准、补偿保险、健康福利、病假、休假、探亲假、补偿金、残疾以及儿童保育权利惠及每位公民，正如现在欧洲国家所做的那样。一些人将会成为平台的全职员工，而另一些人则会在 6 个平台上同时工作。但不论怎样，他们都是在为自己打工，所以并没有当今社会许以雇用关系中员工应获得的福利待遇。考虑到这种自由职业者的数量增加——今天 5 300 万名自由职业者是极其庞大的群体，只将员工福利给予那些全职工作者就不太符合情理了。我们其实需要保证这种员工福利能覆盖到每一个人，不论其工资是通过何种方式获得的。

第四，政府要保护那些与平台进行合作的合同制员工。成功的平台能够有效地成为资源的聚集地：平台正为那些依赖它们的群体创造一系列优势。就从最微不足道的一点来看，在这些平台上参与合作的个人应能拥有、控制和移除自己的数据。接入平台的规则应以一种大家都能理解的方式呈现，而不是隐藏在服务协议之中，要能够公平应用并只在获得充分提示后才作出更改。最近，我在一篇文章中读到的一句话阐述了用户创造内容的价值，与我现在所述的遥相呼应："参与搭建一栋建筑有时就是对这栋建筑的利用。"

当那些 Uber 的司机被公司剥夺了平台使用权时，他们应有追索权。对于 GPS 平台，法律要求美国国防部应该"保留标准定位服务（Standard Positioning Service）（正如在联邦无线电导航计划和标准定位服务规定中所阐述的一样）并使之能持续在全世界范围内使用"。如果平台并不希望支持政府推动实施的合同制员工的人权法案，那么它们可以通过给予群体权利从而实现自我管理（正如第 6 章所述）。记住，**一个想要长期存在的平台的最终形态是通过数据的可移植性以及隐私保护来促使权力均衡，从而提高内部管理和流程的透明度，并为个人意见和分享知识留有空间。**权力分享的最终目的是要应用奥斯特罗姆的原则，即给予群体树立自身规则的权力。通过群体采取正确措施的平台将自然而然地管理起这些规则，因为他们知道这些个体的参与是自愿行为，需要加以善待和珍惜。

PEERS INC

08

How People and Platforms Are Inventing the Collaborative Economy and Reinventing Capitalism

用开放的态度拥抱变革

| 共享经济掀起消费革命 |

【共享先锋】

◎乐高，利用玩具发烧友的创意

◎塞恩斯伯里超市，将公司战略向个人开放

◎ Castorama 超市，寻找更多的合作伙伴标准普尔 500 指数在公司市值的基础之上列出了美国 500 家最具价值的企业。从麦肯锡公司退休的咨询员迪克·福斯特（Dick Foster）对上述企业的平均寿命进行了研究，这从另一方面提醒我们，如今企业创新已发展到了何种程度。**1937 年，这些公司在标准普尔 500 指数上平均停留的时间是 75 年，1960 年下降到 61 年，1980 年为 37 年，到 2000 年变成了 26 年。现在，企业平均仅能停留 15 年的时间（见图 8-1）。**

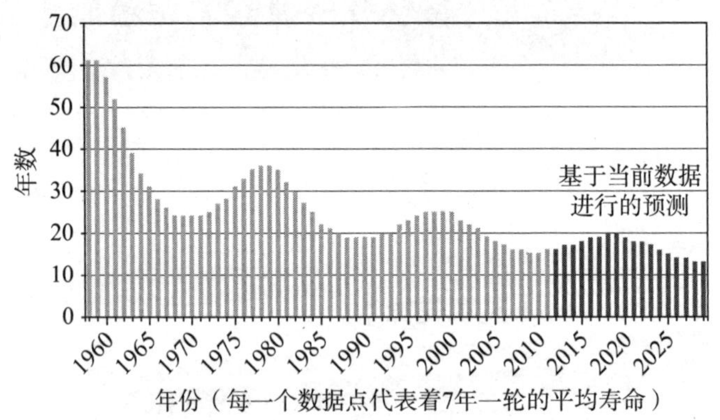

图 8-1　在标准普尔 500 指数中公司的平均寿命

如果不进行创新，不适应时代发展，就会走向消亡。公司的消亡有可能是破产引起的，或是由并购导致的。无论是哪种情况，公司的命运都不再会握在自己手中。

若是以上所述会引发恐慌，那么接下来引发的将是贪婪。最近一项调查采用了标准普尔 500 指数近 40 年的财务数据来研究商业模式的发展历程，判断哪种模式才是最成功的。研究人员比较了 4 种商业模式：资产建造者、服务提供者、科技创新者、网络协调者（Network Orchestrators），最后一种模式与人人共享模式十分相似。该研究结果发表于《哈佛商业评论》："我们的分析表明，截至 2013 年，网络协调这种商业模式所创造的平均价值是其他模式的 2~4 倍……研究还发现，运用这种模式的公司的复合年增长率和利润率都要高于其他公司。"

我认为，随着经济朝着人人共享模式转变，在此名单上的公司的预期寿命还会减少。从此之后，公司在名单上停留的时间长短与平台的规模和实力息息相关，平台的规模越大、实力越强，公司在名单上停留的时间就越长。与以传统方式组建的公司相比，这些组织机构和公司发展速度更快，更为智能，实力也更强。若是能顺利通过前三个阶段——控制内核、欢迎人人参与和权力失衡，达到权力均衡阶段，那么这些公司停留在名单上的时间便会很长。

主流的分析专家和创新企业家都意识到了人人共享模式的力量及其发展必然性。弗雷斯特研究公司商业技术未来团队（Forrester Resenrch's Business Technology Futures）的首席分析师丹·比勒（Dan Bieler）写道："不断上升的消费者预期以及越来越短的产品生命周期都迫使公司去适应一种新的商业形式——协作型经济。"他还提道："协作并非仅仅是在单个事件或者单个场合中将消费者、合作伙伴以及员工联系到一起，同时它还是促进产品创新的一种强大驱动力，能促进经济更快增长，最终提升社会福利水平。如此一来，之前坐井观天的那些公司、产业，甚至是整个经济体都将会开放，迎接共享经济。"Drupal 创始人德赖斯·布塔特评论道："现在，社会正经历着一场翻天覆地的变化，互联网的分享及合作的实践特点正延伸到交通运输（Uber）、旅馆（Airbnb）、融资（Kickstarter、Lending Club）和音乐服务（Spotify）等众多领域。开源社区也是共享经济的一部分，这种经济形式的崛起对商业社区来讲无疑是一个重磅消息。现有的专有供应商的商业模式已是危机重重。”

是什么让我们停滞不前

《韦氏词典》对“遗产”的定义并未带有“从祖先、前辈或过去传承下来”之类的价值评判。而当这个词语应用到计算领域时，Google 提供的相关定义却含有这方面的意义：“代指虽已过时但因广泛使用而无法取代的软件或硬件。”这一定义包含了一些负面因素。我们的生活、整个世界和经济全都被当前这些广泛应用的事物所牵绊、束缚，而其中很多事物却注定会被取代。是什么让我们的机构停滞不前？是遗产。CEO、CFO 和 COO（首席运营官）等身居“C 高位”之人都因循守旧，循规蹈矩，因为获取最高利润的方法均大同小异……至少在竞争者将他们打败之前是这样的。

有的机构吸取着那些不再适用的教训，还不断地依赖于那些毫无意义的经营策略。已经过时的规章制度和文化力量造就了这些机构。在工业自动化之后，产业化引领着我们达到一种价值的一致性和统一性高于一切的境界。人人共享的框架模式使我们在使用这一标准时考虑得更为全面。工业化进程让我们知道，紧密严格的控制使得产品的精度和质量都达到了空前的水平（这些都是我们在生产手机、电灯泡和电冰箱的过程中希望继续保持的，使用类似于六西格玛之类的管理方法就可以实现）。管理者们则希望通过这种集中控制来消除变异，实现统一。公司越大，就越倾向于集权化。20 世纪 80 年代中期鼓励的是一种开明的灵活性管理，我还记得当时在商学院管理策略课程中所学到的相关案例。若是集权化的公司不断衰落，那就应该进行分权管理；而若是有些采取分权化管理的公司走向衰落，则需要进行集权化改革。但对于分布式网络的经营管理，至今人们却毫无思路，不知该采用哪种办法。商学院教授的课程也还未涉及。不过，进一步来讲，对于“分布式结构是最优的管理结构”这一点我们还是知道的。互联网教会了我们很多，这就是其中一点，但仍有待于专业学者的分析研究，将其内化于我们的经济当中。

指挥与控制是合理的管理工具，所有的“遗产”机构对此都深信不疑。管理控制文化能够有效地规避风险。诸多业内的龙头企业明白，为其效力的都是行业精英，而且只有这群人才能真正懂得他们的企业的复杂程度。如果创新或是差异化试图进入企业，企业文化抗体便会蜂拥而至，很快将其驱赶出去。埃里克·冯希贝尔（Eric von Hippel）教授在其著作《创新民主化》（*Democratizing Innovation*）中就提道：“如今，产品的研发从厂商到用户的这种转变对于很多生产厂商来讲，是十分痛苦，也是十分艰难的。”现在，大部分大型公司都无法实现从基于稀缺到基于共享富足的价值创造的转变。

在工业经济时代，大部分价值都是由受专利、产权、商业机密保护的产品服务所创造的，并且被从业人员或是行业代表控制着。过去，这样的世界观才会促使企业盈利，但人人共享却表明通过资源共享，使其得到更为充分的利用（通过分割和整合的办法），也会创造出新价值（通过将其开放），并且会创造出更多的价值。我们还知道，在世界的每个角落有着各具特色的群体，与固定群体相比，他们会使我们的商业经营更具创造力，更有弹性，更为精简，增强定制化、专业化、本地化，也会提供更多的共同投资和学习的机会。

开放共享，去除集权化

我非常欣赏“开放的力量十分惊人”这一说法。对于大多数人来讲，开放资产，比如让陌生人在你家院子里走来走去、嬉戏玩耍，就意味着你手中这些来之不易的资产将面临着控制权、质量以及价值的流失。**Facebook、Google、Twitter 和维基百科之所以能够成功，是因为它们能够意识到开放平台吸引人才所创造的利益远超过其带来的问题。**

开放也会带来搭便车的问题。根据投资百科网站 Investopedia 上的说法：“在经济学中，搭便车问题指的是经济中某个体消费的资源超出他的公允份额，或承担的生产成本少于他应承担的公允份额。”但最近致力于创新与政府 2.0 发展两项任务、与澳大利亚联邦政府密切合作的经济学家尼古拉斯·格伦（Nicholas Gruen）指出，这种新形式的公司所获得的搭便车机会远大于搭便车问题的成本。**维基百科的成功是因为吉米·威尔士相信，为维基百科贡献有价值文章的人比破坏该网站的人要多。这也是人人共享模式发挥作用的方式：资产的开放将滋生出更多价值，激发更多创新。**声誉信任体制这种新的惩治不良行为的方法确实改变了人们的行为，将负面影响降到最低，这种机制还被应用于 eBay 卖家、Airbnb 房主和 Uber 司机身上，而这类人群也因此更为尽职尽责、更加专业地提供服务。机构大胆采用新的价值去创造规则的例子比比皆是。

人人共享模式必定具有创造出超凡价值的能力，这对大多数高管来说不言而喻。当他们看到一个公司的商业价值从零增长到数万亿美元时，肯定会去思考这种模式对自己的企业会有什么帮助。但他们面对的是一个谜题，人人共享要求将这些此前长期被严格监管的资产——数据、专利、秘诀与贵重资产等，都开放共享，还要充分信任那些陌生且毫无回报保障的局外者们。更重要的是，人人共享最具价值的资产——群体的天赋、创造力和激情都是不可控制且变幻莫测的。因此，如果你的企业乏善可陈，并以此种方式存在了数十年，那么你将如何作出必要的改变呢？丹·唐尼对我解释说：“从实质上来讲，有关官僚主义的一切都是抵制改变的。这就是人们一直强调的‘我们应按计划行事’。但创新需要的是创造性破坏——资源会自动由过时的理念流向更好的新理念。一个企业若是要按照此原则来运营，就必须去除集权化的决策方式，尽可能全面地了解各方利益。我们的口号是：从小规模做起，快速扩张，失败成本要低。”不管是对企业还是政府来说，这都是很好的建议。

边缘环境，敏捷开发

美国国防情报局有 1.7 万名员工，其中 2/3 都是普通员工，每年有大约 44 亿美元的预算。唐尼想建立一个便于创新改革的平台，该平台的任务是先集中关注内部，在组织内寻求一些好方法，之后再尝试结合外部的实践、方法和各种能力。通过这种在内部自下而上而非自上而下的搜寻，该平台很快就形成了一定的影响，以最低成本得到了对此持怀疑态度的雇员及管理层的认可，他们认为该方法在随后的战略创新中也可以用到。

唐尼认为，在组织内部进行创新的最大动力来源于执行“边缘任务”：即为那些与机构最为接近的消费者提供服务。在美国国防情报局的边缘任务中，有一队人负责为高级政策制定者提供情报。每天，服务人员充当着战斗角色，以解决危机与冲突的速度来解决各种问题。但没有支撑的模型，这些解决方案便不会有进展，也无法演变成企业的最佳实践。为适应消费者不断变化的需求，回应那些频繁出现的千变万化的风险，执行美国国家情报局边缘任务的那些人对即将出现的一些破坏性趋势（如社会化媒体对传统情报活动的影响）有着良好的感知能力，似乎长有最敏感的“触须”。

在边缘环境中（即群体所在之处）出现的解决方案以及实践常常被组织的中心决策层所忽略，只有在近期遇到问题时才能想到。负责调查的人员和部门都开始相信，他们已垄断了进行创新的市场。为证明这一点，唐尼成立了一个小型内部创新基金，并设计了相关创新流程，用以发掘和支持由最可能付诸行动的群体提出的理念和方法。唐尼在大型政府机构中设计出的此种流程让我想起了一个规模极小的机构 Quirky 所制订的流程。通过描述、演变以及一些必要的财政支持，原始的想法和创意将转变成实践，进而应用到更广阔的空间，形成一定的影响。该平台为此提供了一个很好的正式路径。这其中一个重要的特点就是"人群细化"(crowd refinement),而这个特点吸引着那些热衷于对出现的想法进行分类和不断完善的群体。由于这个平台十分公开(在机构内部也是如此),人群细化的流程实现了几个重要功能,阻止了大型机构中反对变化的群体采取行动。

◎ 首先,该流程将出现项目冲突或重复解决问题的可能性降到了最低。

◎ 其次,将这些创意发起人联结成一个整体,从而可以找到各种方法去实施他们所建议的解决方案。

◎ 最后,发起了支持首创精神的草根运动。

从理论上来讲,人群细化的流程会被执行,参与者会基于一个好的想法采取行动而无须得到管理层的支持。但此流程有一个内置的"安全阀":若是一个想法十分重要,已非一个简单的自下而上的流程能促使其实现,而是需要企业间进行更多的协作或承诺,那么代表公司决策层的高级执行官就会对该想法进行审阅,进行一次全公司范围的投票。这类想法多是会引发实质性重大改变的想法,这也保证了高层对改革的认可已记录在案。

由于工作人员的创新热情得到了释放,美国国家情报局的平台验证的胜利时刻很快到来了。一个小小的创意为美国国家发展政策所带来的改变,使得年轻军人家庭计划得以围绕机构需求展开,这在很大程度上提升了这些家庭的生活质量。据唐尼描述,还有一种"别具一格"的解决方案,有可能会在今后解决国家安全问题上发挥重大作用。有些产生巨大影响的创意并不是最近才出现的。员工就曾建议过采用之前那些被证明有价值的生产模式。一旦某些想法被证明可行,就能很快被人们应用并发挥作用,产生巨大影响且无任何风险。这种自下而上的流程在美国国防部很快就取得了成效,也为唐尼将在组织外部取得成功的模型引入组织内部提供了动力。

在第 3 章,我们利用开放数据测试了第一个实验:彼得·科比特和维韦克·孔德劳开发的应用风靡全球。美国军方在2010年早期也开始尝试开发应用。曾任美军首席信息官的杰夫·索伦森（Jeff Sorenson）中将谈道：“我们希望在军队这个社区之中建立一种协作的氛围，鼓励那些更智能、更先进、更迅捷的技术解决方案来满足操作的需求。”不过，他们并不愿将数据目录对整个世界开放，只有军人和文职人员才有资格参与竞争。在有大量雇主的情况下，此项内部政策绝对是一种能够吸引很多人参与平台构建的稳妥方案，也必定不会只吸引来那些思想陈旧的所谓内行专家，且将证明开放带来的切实利益要大于所担心的损失的利益。仅75天之后，美国军方就已有了53个应用。当时，美国政府的软件采购周期是24个月。随着军方应用的普及，便不再需要安全检查和审核了，这真的是敏捷开发、快速部署。

军队对此方式的实践已经奏效。仅一年之后的2011年，美国军方将此挑战公之于众，期望能够“俘获”科技行业以及独立开发者。2012年，伴随着应用市场的形成，进一步开放数据的渐进式进程还在推进。美国军方首席信息官苏珊·劳伦斯（Susan Lawrence）中将把市场描述成“为军方输送应用以节省开发时间的一个中心。建立和运行新的提交审批流程最终使军方人员、组织以及第三方开发人员得以为全军上下提供应用，但这只是第一步。”现在，军方不止有一个应用门户，还有关于基础训练、统一指导、号角信号、营救直升机协议和紧急导航系统等多方面的相关应用。

PEERS INC
How People and Platforms Are Inventing the Collaborative Economy and Reinventing Capitalism
共享的力量

英国制药公司葛兰素史克（GlaxoSmithKline）提供了一个以小型“边缘事件”发挥主导作用而不影响其整个组织机构的典型例子。作为一家大型医药公司，其对开放式创新的尝试非常务实，也极具革命性。该公司在此类合作中秉持的基本理念非常清晰，这无疑平息了内部那些反对这种新型开放式管理的声音。他们的目标是：“鼓励在发展中国家进行医疗方面的创新，在这些国家与在发达国家能收获的潜在商业回报不尽相同，我们转变了对知识产权的思考方式，也转变了与他人合作的方式。”葛兰素史克致力于登革热、狂犬病、查加斯病、疟疾和肺结核等这些被忽视的热带疾病的根治，他开放了自己的一些数据、专利以及实验室中的专有技术，并出资与其他研发机构展开合作，希望能够通过合作，“形成有关这些被忽视的疾病的大量相关病理知识”，取得长远进步。该公司还借鉴了 FOSS 运动的方法：“访问数据的一个先决条件就是研发人员将其研究结果公开，并鼓励该疾病（疟疾）的科研社区随后进行协作性研发。”

公开问题汇聚智慧

Citymart 是一家与诸多城市展开协作以促进城市创新、培养其创业能力的公司，该公司 CEO、创始人萨查·哈兹尔迈耶（Sascha Haselmayer）讲述了一个有关明尼苏达州圣保罗市和瑞典首都斯德哥尔摩市的故事，这两座城市处理事情的新旧方式形成了鲜明对比。它们都想在救助盲人方面有所作为。圣保罗市出台了一份有关一项新技术应用的征求建议书。该市的十字路口都设立了装有一个大按钮的柱子，盲人按下按钮便可得知该路口的名称。那么这项系统花了多少钱呢？总共 450 万美元。正如哈兹尔迈耶所指出的，盲人在城市中迷路的事件很少发生。不过，该市的盲人社区还是授予了市长白手杖奖，表彰他对于易忽视群体的关注。

而斯德哥尔摩市处理该问题的方式却不尽相同。他们没有要求将解决方案以征求建议书的形式展现出来，而是表达了想要解决该问题的愿望：“我们希望可以让生活在这座城市中的盲人群体更为独立，你们有什么好的解决方案吗？”市民们积极响应，与政府合作，甚至盲人也参与设计，整合多项技术后建立了一套被称作“电子能手”（e-Adept）的系统。我去斯德哥尔摩时还碰巧亲身体验了一下。无论从文化层面、地理层面，还是语言层面来讲，来到瑞典，我都是一个“盲人”，因为我不会讲瑞典语，也不了解这座城市的地理和交通系统。在自己的智能手机上使用该程序，可以输入我的始发地和目的地。该程序能让我在城市中穿梭，指引我在该走人行横道时走人行横道（不像自己平时那样随心所欲地乱穿马路），带我通过行人通道坐上地铁，到站下车。该城市的一名盲人在评价“电子能手”时说：“它消除了我 90% 的不便。”该系统的成本也是 450 万美元。“电子能手”之所以能相对耗费较少又取得如此成效，是因为它充分利用了人们的现有设备及其内在潜能和已有的地图软件。

这两座城市之间的比较说明，若是城市或是公司想要解决一个问题，把问题公布出去征求意见要比找到具体明确的解决方案效果好很多，尤其是在机构对出现问题的领域专业知识不足的情况下。政府采购机构做了一项调查，发现 68% 的征求建议书和合同都是来自于对问题解决方案的口头探讨。与巴塞罗那市展开密切合作的电商 Citymart 希望可以纠正这一偏见。巴塞罗那多年以来一直致力于将自己打造成一座能吸引企业家来投资的城市。哈兹尔迈耶清楚地意识到，一座城市若想吸引到企业家，“那么他们就应优先考虑投资那些自己解决问题的公司”。

这种想法与美国白宫副首席技术官尼克·西奈（Nick Sinai）的想法不谋而合，他讲述了美国政府鼓励人们使用开放数据的一系列措施。第 3 章讨论的 Data.gov 就是一个供人们参与的平台，我非常赞同西奈的最后一个观点：“从改造卫生保健体制到处理气候变化问题，总统整合了国家的各种资产。”另外，总统先生特别注重优先解决他想解决的问题。西奈接着讲道：“在解决这些问题的过程中，我们应当通过多种类似于大挑战、大众外包、激励奖、公众科学之类的开放创新机制来鼓励公众积极参与。我们发现，开放数据与开放创新机制的组合会产生一些意想不到的方案，促进私人领域经济的增长。真正让人感到兴奋的是，在政府开放数据的帮助下，私人领域用各种方法创造出了很多有创意的事物。”美国白宫在全国范围内所做的事情与巴塞罗那在市内所做的是类似的。

几年内，巴塞罗那总共发起了 12 项挑战。编程马拉松[①]（hackathon）和挑战一样都是有利于激发创意的。其资助的城市或公司所取得的成就留下了许多令人印象深刻的数据：吸引了多少人参与，生成了多少创意，创造出多少好的应用，节省了多少时间。民主应用其实就是很好的一例。但创意及其原型的产生过程与由商业模型产生一个长期稳健地占有市场的产品或服务的过程不尽相同。这两者间的差距困扰了我很长时间。Citymart 和巴塞罗那对于“好创意与可信赖的服务间的差距”进行了更为细致的研究，分析了城市的采购流程，同时对 1 000 家创业公司做了调查研究，得出了两个重要结论，这对城市今后的发展具有一定的指导意义。

◎ 首先，该城市将人们在挑战中产生的想法进行落实的代价是高昂的（无论是时间还是金钱）。

◎ 其次，创新的想法往往源于那些渴望成功、业务专一并将其年度预算的 42% 投入到潜在城市用户的小型公司。

巴塞罗那的创新解决方案是建立一个综合开放式问题并承诺有财政保障落实最佳想法的挑战平台。该市作出如此郑重的承诺，具有里程碑式的意义，这样一来，那些落选最佳创意的理念也不会给城市造成任何负担。但是，这也就意味着成功的创意就要被付诸实施。据哈兹尔迈耶所说：“挑战与实施的结合形式可以说是该市真正致力于解决问题的表现。他们需求的是最有可能找出解决方案的合作伙伴。小型创业公司是最合适的，这是因其专注于单一的专业领域，而大公司的业务拓展则过于宽泛。”为召开 2014 年巴塞罗那公开挑战赛，市政府投入了 100 万欧元的资金（不过相较于该市的规模，只是杯水车薪而已），找了 6 个部门来优化挑战题目。这 6 个问题包括了路面检测的自动化、减少自行车偷盗行为、检测行人交通流、创建减少社交孤立的支持系统、利用科技应用刺激当地经济发展，以及开发将博物馆藏品档案电子化的工具。通常，

① 编程马拉松是指很多程序员聚在一起，以小团队合作的形式，围绕一个选定的主题，挑选自己喜欢的创意来进行马拉松式编程。——编者注

征求建议书的篇幅都长达 150 页，这 6 个问题所占的篇幅则只有 33 页，每个问题不到 6 页。

巴塞罗那不仅通过相应的政府采购部门公开发起挑战，还用到了该市的公共关系交流传播网络，在公共交通工具如公交和地铁上张贴广告。他们收到了 5.5 万条在线挑战评论（2.5 万条来自本市，3 万条来自世界各地），还收到了来自 20 个国家的 130 份提交上来的文件。哈兹尔迈耶说："通过将预算与问题说明联系在一起，市民离问题的距离更近了一步。" 事实上，仅仅为回应这些挑战，市内就出现了很多新企业。巴塞罗那的公开挑战赛的影响还在持续，但已确定至少会产生 6 个打破常规的企业来提供该市需要的，且在价格方面具有竞争力的解决方案。

美国纽约市市长迈克尔·布隆伯格（Michael Bloomberg）的基金会也举办了一场市长挑战赛（另一个参与平台），公平且开放，邀请世界各地的城市都来参与，冠军能赢得 500 万欧元，还设有 4 个奖金为 100 万欧元的亚军。布隆伯格本人就是一个致力于提升城市生活质量并能发挥一定作用的人。全世界有 150 座城市参加了这次挑战，其中就有巴塞罗那。巴塞罗那带来的参赛作品是数字社区"信任网络"（trust network）—— 一个为高危老年居民开发的网络，是该市举办的公开挑战赛征得的一个创意（该挑战赛的奖金要少很多，只有 18 万欧元）。2014 年 9 月，市长挑战赛委员会宣布了获奖名单：巴塞罗那获得冠军！

不必说，巴塞罗那的获胜方案采用的就是人人共享模式。和很多国家一样，西班牙也面临着人口老龄化问题。巴塞罗那 1/5 的居民超过 65 岁（到 2040 年，该数据会变为 1/4），这将导致社交孤立人群的激增。该市的获奖解决方案会为个体、家庭、朋友、邻居、社会工作者和志愿者等打造一个新型的信任网络平台。该平台将会组织和推动一些关爱活动，让每个人都能更为便捷地参与到这一活动当中。

面对改变，用拥抱代替抗拒

当群体尝试着进入机构组织的腹地时，机构既可以选择去利用这个机会，也可以选择拒之于千里之外。以下是两个抵制人人参与而未能获得满意结果的例子。

《认知盈余》、《人人时代》[①]的作者克莱·舍基讲述了曼哈顿一家只有一个店面的小面包店的故事。一家大型媒体公司给这个小面包店送来了一份勒令停止通知函，因为该店的面包师使用了一台可以将任何照片图案以糖雾的形式印在糕点上的打印机，上面可以印上毕业照、结婚照、退休照，等等。当然，你6岁时画的自己最喜爱的卡通人物也能被印上去。从媒体公司的角度出发，这种行为侵犯了该公司的专利，不利于公司品牌推广，属于非法使用。因此，面包师不能把图案印到糕点的正面。但对于一个想要在自己的面包上随意印上自己喜爱的图案的6岁孩子来说，想必这一定不会让他满意。

德勤领先创新中心（Deloitte's Center for the Edge）的联合主席约翰·黑格尔（John Hagel）也给我讲过一个类似的故事。事情发生在2006年，一名来自马来西亚的女士是宜家的狂热粉丝，她因此创办了一个域名为IKEAhackers.net的网站来收集那些改装宜家家具的有趣例子。一段时间后，一群志趣相同者聚集到一起，探讨想法，相互学习。该网站很快就壮大起来，朱尔斯·叶（Jules Yap，是个笔名）最终放下了自己的正式工作，在网站上投放广告以维持网站运营。2014年夏天，宜家向其发出了一份勒令停止通知函，因品牌侵犯而坚持让她将其域名转给该公司。一番商讨之后，宜家最终同意朱尔斯保留域名但不能在上面再投放广告，这就剥夺了她唯一的收入来源。从这件事可以看出，宜家的管理层更看重开放所带来的问题而非机遇。

乐高在面对此类事件时就采取了截然不同的处理办法。20世纪90年代后期，因电子视频游戏的冲击，该公司的市场份额开始下降，虽然尝试了几款新

① 这两本经典著作已由湛庐文化策划，中国人民大学出版社出版。——编者注

产品，但均以失败告终。此后，乐高便转变了经营思路，开始利用创意天才这一资源—— 一群乐高玩具的发烧友。1999年，乐高公司推出了“头脑风暴”系列，一个机器人技术套装，很快就有许多黑客入侵并篡改了套装软件。这种行为绝对触犯了乐高的技术版权，但公司却认识到黑客明显提升了软件的性能。于是，乐高决定和黑客进行合作，为他们提供工具及修改建议，激发其积极性。结果，“头脑风暴”系列成了乐高最为成功的产品。在此之后，乐高还尝试举办了很多创意活动，涉及领域广泛，旨在鼓励并支持黑客们增强其产品的核心竞争力。

面包店的糖雾打印机版权纠纷就好像科技前沿的产品 3D 打印机入侵当地市场引发的斗争一般。乐高、孩之宝（Hasbro）、迪士尼公司以及电锅公司 Crockpot 都通过开放品牌的应用程序编程接口来处理品牌版权问题，走出了一条更为高效、产品特色更为明确的发展之路，以便群体也能使用这些品牌，还可参与分红。孩之宝就和 3D 打印公司 Shapeways 之间达成了合作协议，克里斯托弗·维达尔（Christophe Vidal）打印了 70 毫米高的爆火（Spitfire，《我的小马驹》中的一个角色）模型进行销售（图 8-2）。Shapeways 在线商店平台和手工艺人社区 Etsy 的性质相同，而维达尔则是 Shapeways 线上平台的一个个人模型制作人。

图 8-2　爆火

3D 打印产业还处于萌芽阶段，但可以明确的一点是，人人共享必将成为该产业组织结构的范本。公司会提供 3D 打印机、基本材料和模具等，群体则负责提供多元化的产品。这是印刷业商业化、改进材料、想出新的使用方法、调整标准模式和构建新型商业模式的创新源泉。或许最令人兴奋的是这样一种创新场景：群体可以将需要打印的实物产品的准确尺寸发给他人，形成远距离的速成迭代原型打印。

日益开放的自然发展进程已经度过了之前只有少数人控股的阶段，准备将法律保护一起甩在身后。2014 年 6 月 12 日，SpaceX 创始人、PayPal 联合创始人、特斯拉汽车公司现任 CEO 埃隆·马斯克（Elon Musk）在日志中写道："在开源运动的号召之下，为了电动汽车科技的长远发展，特斯拉汽车公司将公开所有的专利技术。"

马斯克清楚地意识到，像 FOSS 一样，越是认为众人的智慧要好于少数人的智慧的地方，进行快速创新越是需要有更多的权限。他讲道："我们需要为电动汽车的发展扫清道路，如果将知识产权藏于身后不想被他人看到，此种行为绝对属于缘木求鱼。"建立专利体制的初始目的是为了促进创新——若将有价值的技术或方法记录下来供每个人参阅，那么这些技术或方法很快就会被允许广泛利用，其使用范围的扩展绝对要比企业的独自扩张更迅速。

马斯克在博客中强调说："也许'专利'之前确实很好，但现如今大多数情况下其存在的意义仅仅是为了抑制进步，巩固商业巨头的垄断地位。"马斯克认识到了专利对于那些刚起步需要证明其价值而进行融资的公司很重要，但他指出开放会带来更大的价值：

> 大型汽车公司会仿制我们的技术，利用其强大的制造、营销和销售能力来碾压特斯拉汽车公司。出于这一顾虑，我们不得不去申请专利。但这种想法真的是大错特错。
>
> 我们相信，特斯拉汽车公司以及其他电动车制造厂商，甚至是全世界都一定会受益于这样一个普遍适用且发展迅速的科技平台。
>
> 科技领先并非是由专利来定义的，这一点已被历史多次证明。若想击败一个顽强的竞争对手，专利保护的效果微不足道，能真正起到作用的是一个公司吸引并激励世界上最具天赋的工程师的能力。我们还相信，将开放资源的策略应用到我们的专利之上的做法不但不会削弱特斯拉汽车公司在该领域的地位，反而会起到增强的作用。

在发表该声明之后，特斯拉汽车公司的股票价格在接下来的一周内上涨了12%（在此期间，该公司并没有其他新的重大宣告）。

值得注意的是，IBM、微软和另一些公司也针对其专利签署了跨界使用许可。它们达成了若是在一些大的领域侵犯到了相互的专利利益，不发起诉讼的协议。由此，更多人拥有了访问这些知识产权的权限，并能对其加以利用，但创新还是要由共享这些专利的公司来完成。而它们应该沿着这条道路走下去，将专利对公众持续完全开放。

约翰·黑格尔和德勤领先创新中心另一位联合主席约翰·希利·布朗（John Seely Brown）提出了另一种如何看待专利的想法。公司曾将股票货币化来运营，主要针对重型设备之类的硬固定资产。黑格尔和布朗证明了知识资产——交易机密、专利、许可证、版权和技术方法等正在加速贬值，因为现在新知识产生的速度在不断加快。**拥有一定知识资产就可以坐吃山空的情况一去不复返了。**若停下前进的步伐，很快就会被淘汰。黑格尔和布朗对公司说，应当从股票货币化向资金流货币化转变，即通过交易、提供服务和一些新兴价值创造方式来赢利。埃隆·马斯克之所以会将特斯拉汽车公司专利中捆绑的数据知识产权对全世界开放，是因为价值与知识产权无关。价值的存在是建立在知识的基础之上的，其存在的意义在于吸引更多人投身其中，使特斯拉对电动汽车及电池的最佳预期成为一个新产业的基本标准。

打造共同的生态圈，做潜在的联合创始人

埃隆·马斯克将特斯拉汽车公司的专利公开之时，他并不知道重大突破会在哪里出现，到现在他也不知道：或是来自市场中新兴的电动汽车公司，或是来自美国、欧洲和亚洲的汽车厂商，或是来自工程设计专业的博士，或是来自自学成才的业余汽车爱好者。个人有自主的参与选择权，并不需要作出承诺保证。我们必须相信，众多参与者所呈现的多元化方法一定会成功。

英国著名连锁超市塞恩斯伯里超市（Sainsbury）拥有16.1万名员工，销售总额超过360亿美元。该超市对外界开放，接受外部人士的访问，聆听他们的建议，其中甚至包括了主要竞争对手。在2013年9月的5天时间里，塞恩斯伯里超市接受了155名来自各领域的企业可持续发展专家的严格检验，邀请他们阅读并评价公司的可持续发展战略，而这其中就有它的直接竞争对手。考虑到该公司拥有众多需要保护的项目，此举实属不易。塞恩斯伯里超市占有17%的市场份额，每周进行的消费交易高达2 300万笔。如此庞大的公司将自己的可持续发展战略向个人开放以供评价，尚属首次。负责运营此次活动的是The Crowd公司，该公司为塞恩斯伯里超市单独列出了20×20可持续发展计划（到2020年需实现的20个目标）。通过在线评估，外部人士提供了1 162份评级报告，以及689条评论。他们一致认为，塞恩斯伯里为自身设定的10个目标中，其中有两个是遥遥领先于竞争对手的：一个是鱼类食材资源的可持续性战略，另一个是与社区和整个社会建立良好关系的方法。

但是，一项缺口分析指出塞恩斯伯里超市的战略还有很多提升空间，尤其是在“打造可持续供货链”和“在可持续性层面吸引消费者参与”两方面。对此，这家超市对消费者展开了一项调查，其中 68% 的消费者表示自己很关心可持续性问题。随后，该超市便针对“价值的价值”发起了一项广告活动：让消费者根据“价格相同，价值不同”的标准将印有不同物品（香蕉、茶杯和火腿三明治）的图片进行配对。活动要求一根香蕉和一个茶杯需以公平的方式进行交易，而其余则不需要，在火腿三明治中有一个是欧盟产的，其余都是本土生产的。2014 年年中，塞恩斯伯里超市的主要竞争对手乐购超市举办了一个产品对比活动，比较他们自有品牌产品的价格，并声称塞恩斯伯里超市的价格更高。对此，塞恩斯伯里超市向美国广告标准局（Advertising Standard Authority）抱怨，这种对比将公平贸易的茶叶与非公平贸易的茶叶进行比较，将可持续生产的大马哈鱼与不可持续生产的大马哈鱼进行比较，非常不公平。美国广告标准局对此不予受理，理由是价格才是关键。随后，塞恩斯伯里超市却出人意料地上诉到高级法院。该超市的外事经理亚历克斯·科尔（Alex Cole）当时在博客上写了这样一段话：“感谢大家为我们出谋划策，我们决定代表自己的消费者和供应商选择迎战。”令人失落的是，2014 年 11 月初，美国广告标准局反驳塞恩斯伯里超市，大多数消费者在购物时看的是价格而非原料或是公平贸易。

47 岁的维罗妮卡·劳里（Véronique Laury）是法国一家经销家具半成品及零件的大型仓储式超市 Castorama 的 CEO，她和我谈论了这家公司的发展战略愿景，其所讲的内容深深触动了我。该公司与特斯拉汽车公司、塞恩斯伯里超市一样，都致力于寻找更多的合作伙伴。“我们过去在讨论公司的商业模式时，不是公司对公司就是公司对消费者。如今，这些都已过时了。我认为，公司未来的发展模式应当是 H2H，个人对个人（human to human）。这才是公司未来发展的出路。”她的目标是打破公司消费者（5 300 万人）、员工（1.26 万人）和中间商之间的交流障碍，为他们打造一个共同的经济生态圈。不管他们在哪里，其能力一定要得到充分的体现。在她公司工作的员工都具备一定的专业知识，但有时一些消费者对产品服务的了解比他们还要到位。对此，劳里谈道：“我们想与消费者展开合作，扩大市场规模，让更多的人都能参与进来，为人们之间进行分享、互动、学习创造良好的机会。”谈到零售业，劳里说：“我们都沉溺于竞争之中，把一切都藏起来……但若你想成为领导者，就必须学会分享，这样别人也会对你有所贡献。”

劳里所讲的 Castorama 的发展战略包含 6 个重要因素：

◎ 建立一个家装解决方案查询百科。

◎ 注重与创业公司的合作，学习它们的工作流程。

◎ 创建一套公众与员工之间交流技能的机制。

◎ 保留用户主导的“bar camps”会议形式。

◎ 创办慕课（视频教学课程）。

◎ 进军 3D 打印工具修复行业，而非扔掉可修复的物品。

阐述如此引人入胜的愿景是一回事，而实施却是另一回事，劳里有所行动吗？2014 年 5 月，听了劳里所言的 4 个月后，我在谷歌上搜索了“castorama.fr”一词，在商店名称后出现的头条搜索建议便是“castorama.fr/votreavis”，后面一词的含义是“你的观点”。技能交流网站 Les Troc Heures 看上去运营效果良好：巴黎地区有 2 400 人注册，里尔市有 650 人。虽然现在对其合作策略的效果进行评价为时尚早，不过整个行业对 Castorama 选择进步的愿景的反响让我惊讶。Castorama 的合作伙伴、英国百大上市公司之一的翠丰集团（Kingfisher）于 2014 年 9 月聘请劳里担任整个集团的 CEO。正如劳里所说，我们正“从一个消费者社会奔向一个协作型社会”。

为何改变总是如此之难

对于大型机构，我深表遗憾，因为我并没有推动这些庞然大物前进的经验。我一直在收集一些成功案例。这也是我想要总结转变为何如此艰难的原因。

我们无法转变，是因为市场没有为我们留下思考的时间。华尔街让上市公司每一季都要提交商业报告的要求导致了现在的状况。若是一家公司对新项目投入了大量资金，但需要经过数年才能收到成效，那么该公司现在的资产负债表看上去就会非常糟糕，股价会遭遇下跌。从短期来看，耗时的投资项目不仅会遭到惩罚，还要承担风险：若新方法立马就能奏效呢？同样的原因，重复之前有效方法的成本总是最低的，在短期内所得利润也是最大的。但是，随着时间推移，出现了一个价值被缓慢侵蚀的恶性循环。这样看来，只有最强大的首席执行官才能压下赌注，依赖交叉补贴从现有的收入来源中为新的理念融资。这些首席执行官通常是公司创始时期的首席执行官。史蒂夫·乔布斯早期宣布掌舵苹果公司时迎接他的是糟糕的股市，我们无法想象他对 iMac、iPod 甚至于 iPhone 的承诺和坚持需要顶着多么大的压力。杰夫·贝佐斯掌控亚马逊时，即便是在公司运行出现赤字的前 4 年，他也始终投资于自己的宏伟蓝图。

对于上市公司来说，短期主义确实是一个问题。除了改变了美国证券交易委员会的报告需求之外，人人共享的最重要的属性之一就是它能尽可能快地提供大量的低成本实验（想一想第 5 章提到的三个奇迹）。

我们无法改变，是因为我们被一些机构严格管制。这么多年来，这是一个真实存在的问题。尽管多年来公司一直在对抗监管，但一旦服从于监管，它们就倾向于维持有保障的、良好的利润流。电力公司对抗当地太阳能公司或风能公司就是很好的一例。由同行业财政资助的硬件投资（太阳能或风能）的统一电力网络（平台），其过剩产能（土地、房顶和电力）为大众作出了很大贡献，我们所知道的原因是：联合投资、迅速地进行大规模生产、弹性的和过剩的能源，以及从成百上千个实验中掌握技能的能力（在什么位置、哪些条件下提供何种设备）。从电力设备的角度看，人人共享类投资发出的可获利的每千瓦电量，都未占用设备自身现有的沉没成本。但是，现在能用更清洁的低成本解决方案来处理能源发电问题，美国监管机构应密切关注电力公司的投资和设置的回报率，从而使更多的创新、实验和恢复能力进入系统。同样地，在世界范围内，相同的监管制度给有执照的出租车、服务行业和酒店行业造成了很多麻烦。

我们无法改变，是因为我们的规模使自己面临太多诉讼。和小暴发户相比，我们可能损失更多。这绝对是真理，Uber 和 Lyft 就是明证。在它们成立之时，没什么可以输掉的并能得到所有利润。但是，现在它们损失了很多。在 YouTube 和谷歌视频刚开始竞争时，YouTube 在从视频提供商中引入视频时忽视了潜在的版权问题，而谷歌视频付不起版权费。当我探索汽车共享时，花了一年多时间来弄清如何为私家车车主提供适当的保险。为此，我与很多区域的保险提供者和马萨诸塞州的保险专员进行会谈，从中了解到汽车保险法是禁止私家车用于商业的，所以我在法国启动了 P2P 的汽车共享，这样当法国人的车出租后，我可以得到自己想要的保险来保护车主。与此同时，马萨诸塞州坎布里奇市一名工商管理硕士创办了 RelayRides，针对我的业务明确告诉我，对保险机构而言，具体什么是非法的。这个年轻人不计名利地做着与我这个五十多岁人的个人名誉和财产紧密相关的工作，令我震惊。与此同时，马萨诸塞州花了 4 年时间才对消费者间存在的保险差额问题发出警告。如今，社会快速发生着变化，刻板、保护主义和过时的保护法规对公众、制度制定者和制度本身都已不再适用。

以上几点说明了公司无法去做一些事情的原因在于没有找到“何种规模的公司才能更灵活”这个问题的答案。这就是“遗产”企业应该不断思考的。我告诉企业家，**灵活是一种资产，能使公司摆脱金钱和规模因素的束缚，脱颖而出。群体嵌入到人人共享框架中的灵活性会成为公司的财富**。

有时候，往往不是我们无法改变，而是我们没有去改变。“遗产”公司时常为保护现状而努力，这的确是最简单的选择，因为它们被现有的硬资产和软资产——房产、雇员、流程和技术等所累。

这些遗留资产导致公司在标普 500 指数中寿命的缩短。很多人谈到大公司需要艰难地进行自我重塑，其中最突出的就是克莱顿·克里斯坦森在《创新者的窘境》（*The Innovator's Dilemma*）以及理查德·福斯特在《创造性破坏》（*Creative Destruction*）中所作的评述。我们可以想想由于 Napster 造成的压力而几近崩溃的音乐行业，这个平台能挖掘他人过剩的音乐产能，直到 iTunes 提出了一个商业模式，建立了能够便捷地出售音乐的平台。这让音乐产业进入了新时代，而 Spotify 和 Pandora 进一步发展了这个商业模式。当我只需一首歌时不必购买整张专辑，只要通过订阅服务就可以随时听自己想听的歌，我已经不必拥有音乐。

弗雷斯特分析公司的分析师杰利米·奥扬（Jeremiah Owyang）分析了 P2P 模型的企业是如何应对这一模型的，目前他是云公司（Crowd Companies）的创始人，该公司是一个为其他公司加入协作型经济进行研究和提供战略意见的品牌委员会。

PEERS INC 共享时代
How People and Platforms Are Inventing the Collaborative Economy and Reinventing Capitalism

奥扬提出了一个简单的四阶段循环路径来解释旧工业向新工业的转变：产品——服务——市场——平台。他记录了很多大公司作出的转变。第一个转变是从产品到服务，这正是 Zipcar 正在经历的转变：将提供耐用品作为一项服务。第二个转变是由公司来创造能使买卖双方围绕自己的品牌进行交易的市场。除了 Airbnb 外，巴塔哥尼亚公司、宜家以及 Levi's 公司都提供二手市场让人们从其他客户提供的服装和家具中得到“温柔的爱护”，努力去说明一个品牌如何致力于可持续发展，为耐用品提供证明，从而培养潜在客户的品牌忠诚度。第三个转变是创建一个平台，鼓励个体对他们的产品进行更广泛的创新。

平台经济，效率会导致社会不公吗

人人共享结构的不断扩展和发展，会对经济产生什么影响？以 Airbnb 为例，伴随其逐渐发展，价值正在三个重要的方向被创造出来。

◎ 第一，平台本身通过聚集过剩产能增加了大量价值。

◎ 第二，每个个体都在增加价值（一般来说，个体只会增加对他有利的价值）。这是公司创新的本质：将未被充分利用的资源（备用的卧室和暂时空置的公寓）转化成对拥有者有利的资源。与此同时，Airbnb 还在降低旅游者需要支付的价格。当 100 万间空闲的卧室形成一个新市场时，传统的宾馆也就不可避免会感到压力。

◎ 第三个价值的来源是团体——群体之间整合成的网络形成了巨大价值。这一由群体组成的网络往往也是最重要的部分。考虑到同类网络的价值，2014 年，风险投资家对 Airbnb 的估值是 100 亿美元。

开始时，每个人看上去都还不错，但如果深入探索一个快速成长的平台发展带来的所有可能结果，我们就会发现，除了高端酒店市场之外，很多中低端酒店会由于 Airbnb 为顾客所做的一切而倒闭。酒店的全职工作会消失，财富会在 Airbnb 和作为独立承包商的房主之间进行分配，平台的运作使之成了财富中心。

在未来，有效率的平台和共享平台运作的个体之间的合作将会蔓延到各行各业。罗克珊·谷珍（Roxane Googin）是一位给操控数十亿美元的基金经理提供建议的技术分析师，她在近期出版的时事评论杂志《高科技观察者》（*High Tech Observer*）中为我们指引了发展的方向。

> 集中效应是非常明显的。集中处理的引擎（在人人共享模式中被称为平台）是处于不断发展中的，但一旦该引擎发挥作用，下一步的

交易就是免费的。因为它既便宜又高效，吞噬了所有低效率的小规模机构。之后，随着人工操作和自动化业务之间的效率差异，这些失败公司的利润都会逐渐靠拢到平台中心。如果管理得当，这个平台就会成为一台能从错误中学习，变得更为高效，并且不断循环学习的机器。

这就是我所说的第二个奇迹，智能平台能让我们以指数级速度学习。当平台真正开始运行时，由于网络效应，将会形成大平台吞并小平台之势：我们都希望所在的平台有最全的信息，所在的社交网络上有最多的朋友。获胜者将保持胜利并倾向于垄断。谷珍接着指出：

很多平台在发展过程中很快就会被其他平台取代。例如，尽管微软在必应（Bing）上耗掉数十亿美元，但还是在与谷歌的斗争中败北，谷歌却从未损失一分一毫。因此，超高效率、自动化、财富转移和贫富不均将同时出现。此外，集中的质量还拥有黑洞般的引力的能量。

那是因为在这个模型中，中央处理引擎的成本相对固定，使大多数交易都能成功。这不仅仅由于所有的交易平摊使得固定成本最小化，还因为最大的引擎也将变得更聪明、更快。这样一来，在与其他平台竞争第一交易引擎的过程中，新兴的巨头就会迅速灭掉原始的操作系统。最后，我们拥有了涵盖所有事件、学习速度最快的巨大处理引擎，提供最便宜但却最有效的交易。虽然，从宏观经济的视角来看，这种情况极富效率，但这个模型将严重损毁支持广大中产阶级的小公司模型。

正如你所想的，谷珍正在讨论类似人人共享框架的这类现象，扩大规模、深入学习的潜力以及它带来的必然趋势。但是，她看到了小公司的终结，而我看到的是小公司的崛起。在她看来，任何事物通过平台都会变成自动的，并且被平台化电脑化。

共享的力量

我认为，一些平台事实上是以人为中心的，可能会开发出一种新的本地化、定制化和专业化的经济模式。平台释放了人们的才能：艺术家和手艺人（Etsy），音乐家（SoundCloud），自由职业管理员、会计和后勤人员（eLance–oDesk），插画家（Behance），厨师（Feastly），宠物保姆（Rover）、看护和临时保姆（Care.com），跑腿（TaskRabbit），编辑、程序员、设计师和电视录像制作人（Fiverr.com），编织工（Ravelry）以及园艺师（GardenWeb）。据我所知，这个名单还很长。这些人现在都找到了新的代理机构、新的公司力量，以及进入新市场的途径。这不单单是将商品集合在一起的平台，而且使这些有创造力的人找到了属于自己的客户，而这正是录音公司和电影工作室涉足的领域。

随着技术的发展，人人共享的组织结构将会带来一个必然的结果。这个平台将会存在，并且在未来的很多年里持续发展和聚集力量。虽然平台下的一些活动能比平台上的活动邀请到层次更高的人参与，但是大部分平台上的活动会变得高效，从而使得人们转移到平台上来。自动化无处不在，这是一个行业和平台日复一日相互作用的必然趋势。

令人难以置信的是，生产力的提高在最近 40 年中呈不均衡分布。每一年的《财富》杂志都会刊登企业管理层薪资水平的相关数据。20 世纪 70 年代中期，高管的工资开始以普通员工工资的三倍速度增长。最近几十年，1% 的最富裕家庭的收入是普通家庭总收入的 70%。那么，我们该如何分配由于人人共享促使生产率和效率提升而获得的收益呢？平台经济最糟的结果就是平台所有者几乎拥有平台产生的全部利润，并且造成了大量的失业，因此平台经济发展是不可想象，也是不稳定的。众所周知，每一次重大转变过后都会有成功者、失败者。我们绝不想以几乎人人都失去一切的结局告终。自铁路行业强盗式资本家出现和 20 世纪 80 年代通讯巨头母贝尔公司（Ma Bell）分拆之后，美国政府需要不断去限制市场上的垄断势力，以防其成为美国商业生活的主旋律。而现在，我们有了引导这一转变的机会，让这些企业不再只是关注平台上的财富与权力，还会投身于以巨额资产为保障的新型民主控制结构的建设之中。公司的人人共享模式转型的效果与人人共享模式对大众的影响会有所不同。

当我在 2003 年离开 Zipcar 公司时，我开始更多地进行关于城市交通问题的研究。我意识到，在当今世界一半人口所居住的并会继续膨胀的城市里，人们将必然要共享街道上的大量车辆。我们没有任何经济理由去拥有这些汽车，它们仅有 5% 的的时间被占用，却有 95% 的时间要支付大量停车费，这是不符合经济逻辑的。一旦车辆被共享，只需要大约当前拥有量的 1/10 即可。向“仅共享汽车”城市转型肯定是不可避免的，尤其是当自动驾驶汽车时代来临时。科技能使其变得简单，从经济上来讲按使用付费有利于消费者，并且由于停车空间的局限性，城市越来越需要进行这样的转型。

回溯到 20 世纪中期，我并不知道为何汽车公司当时没有发现这一点（今天，他们全都意识到了）。为什么他们不能更快地调整过来？这其中的部分原因我在本章已进行了概述，还存在一部分我尚未发现的原因。2007 年，我受邀参加一个在福特汽车公司举办的 2030 年汽车展望的会议，我很高兴能参加这一会议。我想，在会议结束后，我将会告诉福特公司高管他们应该做什么！但我还记得在午餐会上和认真、周到的高管们坐在一起时的感受：自己是如此天真！福特公司的生态系统如此浩大，我意识到：很明显，在福特工作的 18.1 万名员工（不包括其广泛网络里的供应商和经销商）无法适应这样的变化，因为大公司的灵活性有限。

同样，大公司的员工也缺乏灵活性。2008 年 11 月，当美国三大汽车制造商来到美国国会，请求美国政府帮助它们避免破产时，我也曾自以为是地认为，政府不该用这笔钱来救助这些公司，而应用其保证每位员工在未来的 10 年内都能享受到医保，或直到他们找到下一份工作为止。因此，在美国，许多人依旧做着自己不满意的工作，是由于他们的家庭需要医疗保险和其他福利，所以不能尝试放弃在任何主导企业或发展较快的企业里的工作，不能寻找其他的激情，也无法尝试去找其他工作。我们需要使其成为可能，鼓励人们去改变，充分、有效地利用自己的资产和才能，而不必担心在这个过程中要以家庭的幸福作为代价（特别是在关键领域，如医疗保健领域）。

在大多数富裕的国家，公司和员工两者都缺乏灵活性。美国员工通过全职就业与一个雇主捆绑在一起，以维持所需的福利。在法国这个建立了国家卫生保健体系的国家，一个人一旦通过试用期被录用后，再想解雇他，建立起严厉的雇主形象，这几乎是不可能的。如果我们希望美国的经济能够通过实验、试错和进化，来适应技术发展、创新和环保带来的压力，我们就需要减少劳动力的粘性，以利于群体和公司双方。目前，我们只是将有才能的人留在了从经济意义上来说无生产力的行业内，让他们无法走出去探索一些新事物；而另一方面，则使雇主很难适应迅速变化的环境。

如果所有（或几乎所有）工作都是由人人共享平台上的独立承包商完成的，那会怎样？企业和员工将会从新的有效回应方式中获得收益。雇主可能会对市场力量作出更迅速的回应；员工可以分散他们的收入流，并且协助改变一个垂死行业的现状或一份沉闷的工作，使工作变得可控。“为了生活而工作”，这是 20 世纪 50 年代时公司在美国人心中灌输的主流理念，这一理念已经影响了将近两代人。在第 1 章中，我曾谈到经济学家罗纳德·科斯及其作品显示出公司为避免交易成本而变得越来越大，而这种成本是缺乏信息所导致的。对于这个观点的推论则是他的预测：由于市场因更好的信息流而变得更加有效，企业会趋于变得越来越小。我们的平台就是这样的地方，在这里，微型公司（通常是独立承包商）间相互交流，共同创造大规模的经济进程，但在真正有效的平台经济中，资产和劳动力会流向最有生产效率的用途，并由私营公司提供“为了生活而工作”的一揽子福利待遇。

有些国家似乎找到了一种方法来平衡企业和员工间的关系，使二者能更为灵活。《福布斯》杂志基于 11 项不同因素对 146 个国家进行排名以形成“最有利于企业发展的国家”名单已有 9 年。丹麦曾连续 4 次排在第一位（2008 年、2009 年、2010 年、2014 年）。据穆迪分析公司专门研究丹麦经济状况的经济学家约翰·韦斯（John Weis）所说，丹麦之所以有利于发展商业在很大程度上是由于其长期的“灵活保障”政策，这是由欧盟委员会支持的一种多管齐下的政策。“灵活保障”政策是利用终身学习策略和充分的社会福利将灵活可靠的合同安排结合在一起，以满足劳资双方的需要。“这个模型以鼓励员工在最适合他们的工作岗位上工作的方式来提高经济效率，”韦斯说，“它使雇主能够快速改变策略并在工作场所重新分配资源。”一直以来，丹麦一直属于最有效率的经济体系。诚然，它拥有最高税收去支付这些福利并承诺对员工进行再培训，但在联合国于 2013 年发布的《全球幸福指数报告》中，它也被列为“最幸福国家”。

这些政策（也在其他北欧国家实行过）适合在一个劳动力具有充分灵活性的国家实行吗？让我们回想一下罗克珊曾说过的话：“超高效率、自动化、财富转移和收入不平等将同时出现。”这一直是阻力最小的改革途径，我们看到税收和就业政策事实上可以同时提供更高的经济增长率且使收入更为公平。不过，这些政策在失业率不断上升的环境中起作用吗？最近，我与一家电信公司的 CEO 进行过交谈，这家公司一直标榜依靠技术进步将大大降低公司成本，提高了客户服务质量，但达到这样的目标却是以裁员 4 万名为代价的。由于速度超出人们预期的自动驾驶的汽车出现，未来司机这种职业也将消失，这会对孟买和拉各斯（Lagos）等大城市造成毁灭性打击，在这些城市有数以百万计的人以驾驶谋生。没掌握什么技能和受教育程度较低的人很可能难以找到新工作。即使乐观地预测新技术将开辟新的经济领域，我们也都知道这个艰难的事实：在某些特定的地域，一个职位的减少并不意味着另一个职位的增加。这样的未来已清晰可见，不过现在还有机会创造一个与此不同的结果。

一个更有效率的经济体也是一个产生更少工作岗位和更少工作保障的经济体。鉴于平台和群体相结合的结构可能会导致一个像工厂这样进行大规模生产的机构发生巨大变化，我们需要建立新的社会机制去传播新式平台经济产生的收益，甚至可以通过灵活保障原则将基本收入分配给每个人。如果没有这样的保障，将产生很严重的后果，甚至会扰乱整个社会秩序。许多国家正在认真考虑国家基本收入计划，甚至是极度保守的国家，如瑞士在 2015 年会延续 2012 年的国民主权行动商讨全民公投计划。一个具有最大流动性的高效经济体能充分地利用我们的社会、物质和技术发展的各种可能性，通过借助有效的安全网络使得我们沿着正确道路发展。在经济全球化条件下，人们的工作越来越不稳定，他们可以随时到世界的另一头工作，而基本收入就是解决这一问题的长期答案。

我们怎样才能支付这些福利呢？我们知道，当雇主外包劳动力时，即使在同一个国家，他们也能避免支付医疗保险、职工补贴、伤残保险和退休金福利（还记得上一章提到的联邦快递的案例吗？该公司声称，加利福尼亚州的送货司机都是独立承包商）。但所有这些服务仍需有人支付，而成本就会简单地转移给政府。经济学家托马斯·皮凯蒂（Thomas Piketty）呼吁，形成一种全球性的财富税，从而使公司不可能通过改变司法管辖区来避税。确实，这似乎是一个激进的建议，但由于跨国公司和离岸利润的存在，跨国税收还会远吗？

其他较好的税收模式可能包括附加值税和奢侈品税，或者碳税。你消耗得越多，需要支付的也就越多。无论是公司还是个人，逃避全球的碳税都是很困难的，特别是在开采碳而不是在使用碳时收税。用全球碳税的收入来保护环境和对环境再投资，并上缴国家基本收入，可以弥补我们对环境所犯下的过错。这将会建立适当的激励制度使全球经济迅速低碳化，同时给予普通人以经济自由，支持他们在这个新世界中真正提高生产率。还会有比这更好的税收模式吗？

接下来，我要探讨的是更具革命性的理念：人人共享如何将权力民主化。正如 Facebook 前任副总裁科里·昂德莱奇卡向我提出的问题："在一个个人拥有无上权力的世界里，企业和政府应该扮演什么样的角色？"

PEERS INC

How People and Platforms Are Inventing the Collaborative Economy and Reinventing Capitalism

第三部分

放弃“我拥有”，追求“我创造”

PEERS INC

How People and Platforms Are Inventing the Collaborative Economy and Reinventing Capitalism

09

权利与价值留在谁的手中

| 平台融资的三种方式 |

【共享先锋】

◎ Kickstarter，众筹赋予小创业者以力量

◎ GitHub，通过开放产能创造新价值

在我的成长过程中，对经济发展的思考，都是建立在支持美国资本主义和民主背景下的。我父亲是一位美国外交官、一名第二次世界大战期间被授予紫心勋章的退役老兵、一位名副其实的爱国主义者。他曾告诉我，在日落举行降旗仪式时，绝不能让国旗触地，并且必须要把国旗折叠放好，在一个规整的三角形盒子里保管。我们在吵闹、贫穷的城市街区生活，在宁静、绿色、富足的美国度假区度假，这使我能够切身体会到这两者间明显的区别。我选择商学院，目的是希望能将商业原则运用到美国大型国际公共医疗项目中去。

作为一名企业家，我发现这些早期经历使自己的疑惑日益增加。我能在非洲或中东地区创办 Zipcar 吗？经济基础的根本区别是什么？是什么因素导致一些公司能够找到更多机会，而有些公司却抓不住机遇？我小时候幻想的理想资本主义与我如今所理解的相差甚远。美国资本主义已从创造中产阶级的工业化道路转变为最丑陋却也保留最精华部分的形式，前期取得的进步被扭转。

将经济转回至生产力以更可持续的方式来进行分配，这一点很重要。托马斯·皮凯蒂在《21 世纪资本论》中阐释道，2010 年，10% 的美国人拥有 70% 的财富，这是一个极不均衡的财富分配趋势，犹如 1910 年的欧洲君主制社会。如今，在一些财富分配均衡的国家里（通过基尼系数衡量，挪威、丹麦和匈牙利的国内财富分配较均衡），前 10% 的富人拥有 50% 的财富，这可以被认为是“中度不平等”。

2014 年秋，在《后凯恩斯经济学杂志》（*Journal of Post Keynesian Economics*）上，巴德学院的经济学家帕维琳娜·特切涅瓦（Pavlina R. Tcherneva）

更新了皮凯蒂自2012年以来的数据，还观察了哪个群体从经济扩张中获取利益。在1949—1953年后战争时代的扩张中，10%的美国人获得了20%的经济成果，在2009—2012年这个最近的扩张时期，10%的美国人拥有了116%的财富，这意味着位于底部的90%的人财富下降了16%。更让人惊讶的是，同样在这个时期，1%的美国人获得95%的人经济收入。因此，我们能够得出结论：2008年的经济危机导致的损失被社会化了（美国的纳税人提供了3万亿美元的经济支持），但是收入却被私人化了，并被分配给了那1%的美国人。

如果从20世纪70年代以来，收入能够跟上生产力发展的步伐，那么平均来看，收入应该翻倍。从1945年至今，生产力其实或多或少都在持续增长，但是人们的收入从大约20世纪70年代初开始却基本保持不变（见图9-1）。出于某些原因，富人变得更富，穷人变得更穷，生产力提高的成果没有被平衡地分配。

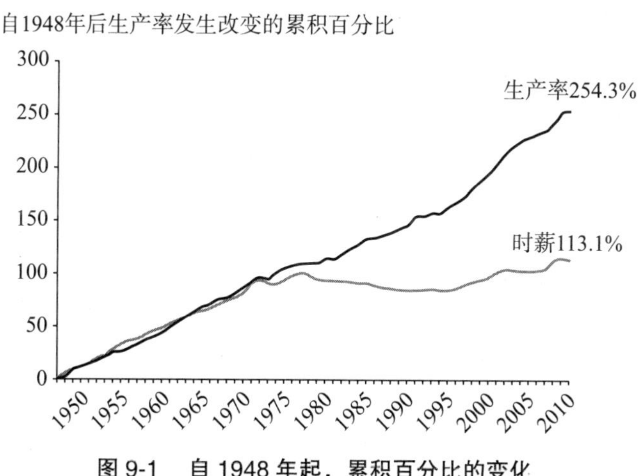

图9-1 自1948年起，累积百分比的变化

第8章同第5章一样，都包含一个猜想：我们即将看到世界经济转变成群体（参与者）和平台（组织结构）合作的形式。人人共享将会带来不可思议的生产力和效率。如果资本主义破产，生产力分配不均衡，那么我们之中99%

的人将会面临极不如意的前景。这并不是人人共享转型的样本，我们必须寻找一个更好的方法。

本章将检验人人共享筹集资金的选择，仔细研究这类合作形式是如何绕过政府和风险资金，将权利和价值留在群体手里的。

谁拥有金钱，谁就拥有控制权？

在我担任 Zipcar 的 CEO 时，一名顾问曾经问我："蔡斯，你听说过黄金规则吗？"

当然了："己所不欲，勿施于人。"

"不，是'谁拥有黄金，谁拥有控制权'。"他说道。这句话揭示了资本主义的本质。

资本总是很重要的。作为 Zipcar 的 CEO，我在投资人纯粹的资本家本能和由我创造的价值驱动的公司之间徘徊。但是，只有获得大量投资，Zipcar 才能达到目标。我们需要建立一个复杂的技术平台，这耗资不小，需要百万美元的资金支持和无数的投资者。技术是 Zipcar 的基础，但这并不是我一人所能达到的，这需要拉我的朋友，或者用公司的现金流来提供财政支持。

令我又失望又好笑的是，平台拥有者（建立者和投资者）不想让那些为平台付出努力的群体受益。建立一个坚固强大的平台是个体合作的先决条件。Zipcar 最终需要募集 6 700 万美元才能避免破产。BlaBlaCar 已用去 1 300 万，即便募集到最后的 1.25 亿美元，也不会扭亏为盈，在接下来的几年中，这个状态也将持续。数以百万的司机通过与乘客共同分担花费来减少旅行成本，相比其他方式而言，这会便宜很多。Airbnb 的财政没有公共化，但是很可能当该公司募集到 1.2 亿美元开始 B 轮融资时，它也没有达到持平点。有些人声称，Airbnb 的股东因为那些辛苦工作的房东而变得日益富有，但他们却没想过建立一个成功平台的成本可能是几千万或上亿美元。他们也没考虑到，当这些投资者连续多年都只收获到零回报时，第一批 Airbnb 的房东在每次交易中都能盈利。

在一个平台达到持平点之前，也许已进行了上百次、上千次甚至上万次的交易。要记住，在美国政府将 GPS 公之于众之前，美国军队已经为 GPS 投资了几十亿美金。简·库姆（Jan Koum）是我所知道的卓有成效的平台建设者、WhatsApp 的创始人和执行总裁。2004 年 1 月，WhatsApp 被 Facebook 收购前，他和 50 个职员一起承担着每天 4.5 亿名用户 500 亿条信息的信息量，2013 年时亏损了 1 000 万美元，尽管如此，我仍然认为，平台创建者得到的比当初他们投入的股份价值要多，他们也在关系网络中获益，尽管这完全是由群体创立的。

无论如何，构建平台需要进行融资。大多数平台都失败了。为了承担这样的风险，在制造出产品或者提供服务之前提供资金的投资人会要求享有大份额的所有权。任何一项投资都有风险，低风险低回报，高风险高回报。当然，关于创办者和投资者是否应获得同等补偿或者是否按承担风险的比例得到回报，又或者对其征税是否合理等有很多争论，但是原则是合理的。这就是资本主义的运行方式。

当你开始构建一个平台时，你不知道今后成功与否，不确定它最终的发展轨道（回忆一下第 6 章有关控制操作系统内核阶段的内容）。很多公司不可能只凭借一己之力融资，包括以既得收入去发展业务。也有一些时候，外在的竞争动力会迫使一些公司内部发展壮大，他们首先用自己的收入发展壮大，而后引进外来资本去参与竞争。一些平台的创建者和投资者要为公司注入理念的动机是非常好的。但是，超速的发展要求更多的资本，而这在很大程度上遏制了创建者的权力和灵活性，削弱了动机。最终，为平台提供资金的人将得到控制权。

只有当群体有动力为平台作奉献时，人人共享框架才会日益蓬勃壮大。从长远来看，如果一个平台不给群体足够的回报，重视他们的付出，为他们的创新潜质投资，那么这个平台将走向失败。诚然，在资本主义经济中，投资者感兴趣的是尽可能地从投资中获益，根据季度分红来对公司股票竞价，而不会对公司的长远发展感兴趣。重申一下本章节的核心问题：在为平台筹集资金去实现大规模投资时，如何保证个体能拥有权力，且群体能分享到合作中产生的重要价值呢?

公共融资、私人投资与众筹

从广义来说，为构建平台而进行的融资有三种方式：公共融资、私人投资和众筹。从长远来看，对于权力和价值如何在参与的个体间进行分配，每个选择都有不同的含义。

方式 1，通过公共融资来为构建平台筹集资金。最基础的平台（公共产品）一直都由政府以民众缴纳的税金来提供资金，而后使每个人都能免费享有。我们所有的基本用品——公路、水和电等都是有效参与的平台。政府提供平台，我们（无论是作为企业家还是消费者）开始使用车、水槽以及各式各样的可充电设备。显而易见，互联网、万维网、GPS、美国政府数据开放门户网站和Wifi 都是公共产品。通过政府融资都是有一些附加条款的。在美国的很多州，政府对高速路的融资需要各州规定安全带的使用或特定的时速限制。有时这些政府规定是合理的，而有时只是规定了一些不必要的限制。

每次我看到温特·瑟夫（Vint Cerf）（互联网创始人之一）和蒂姆·伯纳斯-李（Tim Berners-Lee）（万维网创始人）时，都会被他们的谦卑态度和人生选择所震撼。他们并没有绞尽脑汁地想从政府资助的研究基金中获取利益，尽管这些研究基金确实能促进他们的创新；相反，他们一直努力去保证这些公共产品能被大众所享用，提倡这些政府资助的研究成果要开放、免费和中立。对于他们的行为，再多言语也无法表达我的感激之情。有时候，想到这些产品私有化的后果，我就会不寒而栗。（尽管美国联邦通信委员会的规定已将我们愈加推近一个现实：2014 年，85% 的美国人只有一两个可“选择”的宽带服务提供商。）

方式 2，私人领域能够为构建平台融资。纯粹无政府管制的资本主义倡导者会积极地构建平台，他们想要建立使股东权益最大化的平台，而金钱是唯一的因素。如果平台的创立能取悦传统私人领域投资者，尤其是那些寻求短期利益之人，那么那些没有任何经济价值的平台（即外部性），例如社会福利和环境破坏一类的平台将不被计算在内。那样一来，如今存在的权力和收入不平等很可能会持续下去，而人人共享的创新潜力将会枯竭。即使这些平台能盈利，也不会长久维持下去。

如果将“仁慈的独裁者”作为专注底线型 CEO 的代名词，谷歌和 Facebook 便会立刻映入我的脑海。它们的创建者能够保留大部分控制权，并给其他人很大的自主权，远远超过一个股东所拥有的权力。能够坚守三重底线（员工、环境和利润）的 CEO 绝对是好 CEO，只不过他们最终不得不离开。谷歌的座右铭是“不作恶”，这几乎和拉里·佩奇想表达的意思一样。然而，即使是仁慈的独裁者也是独裁者。

Zipcar、BlaBlaCar 和 Etsy 等公司总是传达着重要的社会价值和环境价值，因为不管是融资或者经营，他们总是表现出显著的正外部性。而不管由谁来经营或拥有 Zipcar，相比于拥有自己的车，它总是能以更少的车辆、更小的停车空间和更短的行车距离去换来更多的快乐。对于大多数公司来说，无论谁是总裁，只要能保证持续善待员工、客户和环境即可，这一点绝不是约定俗成的。不针对负外部性（例如污染）征税，要求上市公司加大透明度，如果在长期投资或税收方面有变化的话要及时通知，促使生产收入的分配更加平均。由投资者控制和资助的平台则会延续收入更加不平等和对环境破坏缺乏考虑的趋势。

2011 年，哈佛大学商学院教授、竞争性策略方面的权威分析家迈克尔·波特（Michael Porter）和慈善顾问马克·克莱默（Mark Kramer）在《哈佛商业评论》上写了一篇有影响力的专栏文章《创造共同价值：重新定义资本主义和合作的角色》（*Creating Shared Value: Redefining Capitalism and the Role of the Corporation in Society*）。最近几年来，资本主义体系一直处于被围攻的状态。商业被看成是导致社会问题、环境问题和经济问题出现的因素。公司还沉浸在过去几十年来价值创造的陈旧形式中。对于价值创造，它们的目光很短浅，只注重于泡沫化的短期利益，而忽略了最重要的消费者需求和决定未来成功的关键因素。波特和克莱默一起做了一个关于共同价值的原则的商业案例，其中包括通过强调需求和挑战来创造经济利益和社会利益。在等待商业文化转变的过程中，使公司获益的事物浮现了，这就是新的组织架构，经美国 27 个州的法律认可，有着明确的社会、环境和经济目标。巴塔哥尼亚公司、The North Face、Etsy、Warby Parker、Seventh Generation 和 Change.org 都是处在 B 轮的公司。这些公司的 CEO 可以换来换去，但这些公司仍需努力满足公司宪章中的三个要求：实现社会、环境和经济目标。

群体在平台中要求获得足够的信任，因为这是获得经济收益的基础。那些追求利润的传统公司会发现，在获得和维持信任方面，需要消耗大量的成本。欧洲的某些 B 轮融资公司和类似的合作组织（例如英国的商业工会）通过促使平台管理者去为群体的利益着想，而不仅是为了投资者的利益，来为信任奠定坚实的基础。对于群体来说，这种方法使得那些追求利益的公司可以信任，因为这些公司代表着他们的最大利益，即便会有长期利益与短期利益的冲突。

方式 3，大众可以为人人共享平台融资。起初，由合作社和员工拥有的公司看似是人们融资的平台，但这两者是不同的。由员工拥有的公司是通过私人风险资金去融资和建立，然后卖给他们的职工的，并不是谁都能加入这些公司。你只能通过应聘加入一个由员工拥有的公司。对于 GPS、互联网、Etsy、MeetUp 和 Lyft 来说，任何人都可以加入（或者试着加入——Lyft 不排斥曾违反交通规则或有犯罪记录的人）。对于那些由合作社拥有的公司来说，它们已经建立多年，这当然不是坏事，但并不是本书所想要介绍的。一些公司很大，如小森俱乐部（Seikatsu Club），在日本有着 33 个消费者协会，年销售额 10 亿多美元，蒙德拉贡（Mondragon）是西班牙的一个工人协会，雇用了 257 个公司的 7.5 万名员工，它们的组织架构并不符合快速扩张规模效应。

这些老合作社采用的是标准的工业时代的组织结构，而不是本书所讲的后工业时代的内部组织结构，这令人感到惊讶。蒙德拉贡和小森俱乐部两家公司甚至不能从人人共享中获益。然而，新的合作组织可以利用未被开发的资产和技术。在余下的章节，我们将会讨论如何在开始构建阶段就为增速快、潜力高的平台融资，而使社区内的群体永久保留所有权和控制权。这能实现吗？我会在将来慢慢寻找这样的发展路径。

天赋众筹与股权众筹

人人共享架构使众筹成为可能。众筹赋予小规模创业者以力量，使他们能摆脱束缚组织起来。我们可以采用卡罗琳·伍拉德（Caroline Woolard）的方法来创建平台，她是居住在布鲁克林的艺术家和组织者，还建立了一所职业学校。在那个平台上，纽约社区的人们可以教课，旁听者都可以免费听课。她成功用众筹网站 Kickstarter 募集到了资金。

Kickstarter 和 Indiegogo 可供人们为各种项目提供资金，资金提供者不占有股份，反而会被赠予一系列的礼物。2010 年，伍拉德与人合作在布鲁克林的一个小门面里进行了一项社区实验，来听课的人以物品交换教师的知识。在 35 天里，800 人参加了 76 个不同的课程。正如伍拉德所述，课程是关于堆肥方法、书法和通灵的。教师们收到了跑鞋、CD、陌生人的来信和奶酪作为交换。

一年之后，这所职业学校在 Kickstarter 上筹集了 9 000 美元来重复这个实验，以用于付材料费和招志愿者。这一次又成功了，这个想法吸引了人们的注意力。这些职业学校在奥克兰、新加坡、伦敦、新德里、舍布鲁克（Sherbrooke）、巴黎、旧金山、纽黑文和米兰均设立了分校，这些分校都会从设在布鲁克林的第一所学校寻求建议和支持。而伍拉德的团队转向 Kickstarter 募集了 1 万美元来付给那些自由职业的工程师和设计师，开始构建一个开源的网络平台，使生活在那些城市的志愿者生活更加方便。

2009 年以来，Kickstarter 为 7 万个项目募集了将近 14 亿美元资金，通常是些独一无二的小项目。对于小项目本身来说，这真是太好了，但是对于构建平台的内核阶段来说，这还远远不够。Kickstarter 还可以为小型个人项目提供融资，但它对于开发大型的可持续发展的平台来说还远远不够。

其他一些众筹网站，如 Angel List、Startup Crowdfunding 和 MicroVentures 等可以提供股权，因此募集了更多资金。由于个人投资者力量小、数量多，所以控制权可以分散。北美婴儿潮时期出生的人中，有一些曾是 20 世纪 60 年代的激进分子，在未来的三四十年里，在金融资产和非金融资产方面，他们将会投资 30 万亿美元。新的众筹平台使他们在作出投资选择时更加容易。

利用非股权众筹途径去研究了解市场需求或是进行试点，随即又被股权基金或者并购企业所模仿的此类行为在某些情况下已经引起了舆论谴责。Oculus Rift 在 Kickstarter 上融资了 240 万美元后，生产了一款虚拟现实耳机。一年半之后，谷歌耗费 20 亿美元将该公司收入旗下。科技媒体网站 Verge 上刊登了一篇文章，标题是《如果资助了一个售价 20 亿美元的 Kickstarter 项目，你是否理所应当会变得富有？》对 Oculus Rift 来说，一个 300 美元的“礼物性”投资是一种典型的 A 轮投资，因为它将会为你带来 4.35 万美元的回报。当然，资助该项目的人确实眼光开阔，看得较为长远。但由于这些差异，你也会对其公平性进行慎重考虑。

股权众筹中的小型资本所占有的股权很小，该商业模式在很多司法辖区都是不合法的，这是因其长期以来对小投资者的欺诈行为。在英国，CrowdCube 是股权众筹模型中的先锋企业，该公司将早期的投资方式与传统的众筹方式结合到了一起。2012 年，美国政府通过了《创业企业扶助法》（*Jumpstart Our Business Startups*），其中包含解除美国证券交易委员会对投资者的限制，允许小规模的融资。该法案所发挥的效用如何仍需拭目以待。不过，小型投资者组成的投资团体将有可能还要去面对那些拥有更多传统投资者的公司所需面对的问题：如何平衡个人的需求和平台早期建设阶段的投资者的需求。

通用公共许可证与知识共享协议

关于我们如何更为公正地分配人人共享机构中群体所创造价值的问题，《专利法》和《著作权法》这两项现有法案的处理方式十分巧妙，为我们提供了一些有趣的解决办法，具有一定的启示作用。

首先，通用公共许可证（General Public License, GPL）就是利用创新许可防止社区产生的公共资产被永久性私有化或在一些情况之下对其扩张的一个很好的例子。1989 年，自由软件基金会（Free Software Foundation）的创建者理查德·斯托曼（Richard Stallman）创办了通用公共许可证，致力于保护自由软件和开源软件的应用。据黑鸭软件（Black Duck Software）的数据统计，2013 年，管理开源软件开发系统的龙头企业有 54% 的开源项目都与通用公共许可证有关。该许可规定，你可以任何方式使用一款开源软件，其中包括在软件的基础之上对其进行完善，还可以出售此软件以获得利润。那么唯一的要求是什么呢？你开发的所有代码都必须含有初始的开源代码，而你所改进的部分也必须使用相同的许可证（或是设置的限制更少）。此项举措意义深远，通用公共许可证有着点石成金的本领。传说迈达斯国王触碰的一切都会变成黄金[①]，任意利用该许可证创造的代码创造的代码现在也拥有了该许可证。由于通用公

① 迈达斯国王是希腊神话中的弗里吉亚国王，以巨富著称，传说他能点石成金。——编者注

共许可证的存在，已有的社区公共建设的资产不会再被私有化。有时，一些公司并不想去做正确的事，因其认为竞争对手也不会这么做。而有了通用公共许可证，每个公司都认识到，所有公司都被相同的市场规则捆绑在一起。

第二个例子是知识共享协议（Creative Commons，CC），该项协议保证了个体公开其版权内容以供他人非商业性使用的自由性，但在以盈利为目的的情况下要获得许可，有时也会要求对原材料进行一定程度的补偿。2001 年，劳伦斯·莱斯格（Lawrence Lessig）、哈尔·埃布尔森（Hal Abelson）和埃里克·埃尔德雷德（Eric Eldred）共同创办了知识共享协议，将其应用到印刷、音乐、照片和视频材料等领域。该协议的初衷在于为个体创作人创造“一种活跃、低开销、低成本的版权管理，使得版权拥有者和许可人双方都能获益”。在此协议之下，你可以允许任何人以任何目的使用你的资料，或是在你资料的原有基础之上添加一定的限制条件（例如，“如果出于商业目的，那么你就需要通知我并取得许可才能进行相关操作”）。

让我们回到之前讲述的 Oculus Rift 的故事当中，这种申请通用公共许可证的做法避免了捐赠人产生捐助遭到滥用的想法（也有可能会引起 Oculus Rift 研发者选择不同的融资来源）。Kickstarter 以及其他的资金捐助网站会考虑制订一些像通用公共许可证和知识共享协议这样的简单规则，以便能轻易将这些出现概率很低的意外之财纳入其业务范围。

开源倡导者、英国电信公司以及客户关系管理服务网站（Salesforce.com）新任首席科学家 J.P. 兰加斯瓦米（J. P. Rangaswami）就在考虑如何将这些创意应用到模拟世界中，这意味着针对的不再是代码而是原子，是实实在在的具体事物。想象一下，如果我们的资产有一套共同的公共数据标准（就像我们书写年月日的固定格式一样），那么我就能附加一个知识共享协议。之后，你就可以在私人用车行驶不超过 8 千米的情况下免费使用我的汽车，但如果你用它来送披萨，那就要付费使用。或者，我们可以将通用公共许可证和知识共享协议结合到一起。比如说，我们大家一起齐心合力建了一个仓库，大家无偿付出劳动，规定任一事物都可以被永久免费地存放在仓库里，但不能带有商业目的（然而维护这一仓库会产生费用，这就对我们的收入提出一定的要求）。这其中是否存在一个既产生扩张经济效益又能提供正确的激励架构的良性循环？是否会有一些深远切实的利益（比如说，该仓库的管理者们教育年轻人要成为勤奋工作的工程师）吸引私人领域出于个人利益考虑参与其中？自由和开源软件 FOSS 就是这样一个很好的例子，私人领域表示愿意资助完全免费软件和开源软件的开放。

仁慈的独裁者与志愿者协调员

众筹平台最让人感到兴奋之处在于自由开源软件运动中所发生的事件。之前我就曾提到，2008 年金融危机之时，利润都被收入了私人腰包，损失却由整个社会来承担。但随着自由开源软件运动的兴起，出现了利益社会化（整个社区都受益于代码的完善提升）和损失私人化（私人企业的成功与否都取决于其如何利用代码）的现象。与由个体投资建设的平台不同，自由开源软件运动是一种建立在实体的免费劳动的基础之上，之后再由私人领域提供支持的商业模式。这一进步具有十分重要的意义，因为一些自由开源软件平台——Linux、MySQL、Drupal 和 Mozilla 等都已发展壮大，其实力足以抗衡那些受私人资助的封闭平台，甚至在某些情况下还可以取而代之。自由开源软件的例子在我们探索平台发展的道路上起到了很好的启示作用。

蒂莫西·李（Timothy Lee）投身于开源软件的品质保证研究已有 20 年。他认为，私人领域的软件开发无法对 Linux 造成影响，这是市场的一个积极信号。甚至那些受薪的公司员工全职编写开源代码，也无法打破引领开源代码变革的精英管理文化模式。蒂莫西·李写道：

> 究竟是什么使得开源模型如此与众不同，并不是那些为代码贡献者支付薪水的人。与此相反，更为重要的是开源项目的内部组织方

> 式。在一个传统的软件项目中，会有一位项目经理来决定产品所应具备的特点，并针对各个特点对员工进行分工。相比之下，在 Linux 内核的整个开发进程中，并没有人去引导其发展方向。是的，我们必须承认，尽管林纳斯·托瓦兹及其助理人员决定了为 Linux 内核打补丁，但 Red Hat、IBM 和 Novell 的 Linux 内核编辑人员并未采用他们的指令。他们有自己的工作方式（做自己或是客户认为最为重要的工作），托瓦兹的唯一权力就是判断他们所提交的补丁的好坏程度，是否可以被写入内核……Linux 内核并没有所谓的“中央管理层”，若有的话就不会如此成功了。

现今牛津经济研究院技术主管、作家艾德·科恩（Ed Cone）提出：“IBM 和 Novell 这样的行业巨头能在不签署任何合同协议的情况下进行通力协作，并且还冒着组织之外的人对其合作项目结果不认同的风险，这种做法确实十分激进，也真的是变化巨大。”的确如此，私人领域成了社区服务的提供商。这中间并无保证，有的只是可以应用高品质适应性软件的权限承诺，在此模式之下，每个群体贡献者得到的价值比他付出的要多。这也正是人人共享的经营之道。

私人融资会为已建立起来的社区众筹平台提供强大的资金支持。一旦一个自由开源软件“代码库”成功建立且得到广泛使用，私人领域对这一代码库的依赖也就意味着这些领军企业会对其投入大量的财力、人力，以完善代码，实现自己的经济利益。但最终却导致一个戏剧性的结果：安全软件 OpenSSL 在 2014 年 4 月 7 日被爆出存在安全漏洞，并导致直接对个人电脑发起攻击，这一漏洞被称为“心脏出血”（Heartbleed）。电脑安全专家布鲁斯·施耐尔（Bruce Schneier）将其称为“毁灭性的灾难”：“如果受到攻击的严重程度被划分为从 1 到 10 十个等级，那么这一事件就是 11 级，有 50 万个网站遭到了攻击。”——这一数字是互联网可信服务器中的 17%。虽然施耐尔的评估有些过于悲观，但在发表声明之后的几个小时之内就发布了针对安全漏洞的补丁。事后发现，只有一名年薪仅 2 万美元的独立工程师在维护 OpenSSL 的代码，而每年给这个互联网安全机构捐献的资金也仅有 2 000 美元左右。同年 4 月 23 日，Linux 基金会执行总裁吉姆·泽姆林（Jim Zemlin）一个晚上都在呼吁潜在捐助公司伸出援手，而次日他筹集到了创建核心基础设施计划的资金。亚马逊网络服务、思科系统、戴尔、Facebook、富士通、谷歌、IBM、英特尔、微软、NetApp、Rackspace、高通（Qualcomm）以及 VMware 等 13 个公司集体承诺连续三年每年捐助 100 多万美元，来解决 OpenSSL 自由开源软件团队面临的资金窘境。私人领域也开始介入到为现行自由开源软件平台的提升进行融资的进程中来。

私人资金流入社区众筹平台但并不腐蚀平台的另一个例子是分布式的版本控制系统 GitHub。现如今，全球有 400 万名工程师在使用 GitHub 系统，提供代码托管及跟踪修订服务。在 2013 年的一次采访中，GitHub 总裁、联合创始人汤姆·普莱斯顿 - 沃纳（Tom Preston-Werner）曾解释创始人可以把握自己命运的原因在于在经营公司的前 4 年，在没有创投资金的情况之下，他们可以创建并运营平台：“为了使团队成员与消费者能感到快乐，我们一直对平台进行优化处理……金钱成了一种天然副产品。”至 GitHub 进行对外融资之时（仅一轮融资就获得了 100 万美元），它已证明了自己的成功之道。普莱斯顿 - 沃纳紧接着说：“我们已证实自己的理念是可行的……现在风险投资家会问：‘我怎样才能加入其中，需要做些什么吗？’由此可见，我们已改变了自己在对话中的地位。”

PEERS INC 共享时代
How People and Platforms Are Inventing the Collaborative Economy and Reinventing Capitalism

在大多数情况下，人人共享平台需要克服消极力量以及由私人甚至是政府资助的平台的控制，而自由开源软件为其融资、建设、控制、管理提供了一条新颖而效果显著的道路。（在这里，我强调“大多数情况”是因为，管理委员会是一直存在的。比如，维基百科和 GitHub 都因不欢迎女性参与而受到批判。）只有群体能构建并掌管这一平台。但自由开源软件让我有一种某些特定领域的结构遭到破坏的感觉，就好像资本主义会偶尔遭遇“市场失灵”一样。自由开源软件及其他社区众筹平台的薄弱环节就在于共享平台的关键要素——核心、内核和组织原则，而这些都需要一些全职人员全身心地投入。

我认为，这就像是“志愿者协调员问题”。当你的公司内有大量能提供服务的志愿者时，总有一部分人需要去做创建组织主框架的重要工作。而对于选择参与的群体来讲，这项工作很艰难，工作量十分庞大，需要占用其所有的时间（实际上，这就是第 3 章的主题，该章讨论了为何平台的构建者通常为专业机构）。我们肯定也能找到有人曾志愿这样做的例子，不过想想众多自由开源软件平台的创办人，那些“仁慈的独裁者们”，我们就知道这只是小概率事件了。

志愿者协调员的另一个重要任务就是承担责任，保证事务都能完成，一切都在向前发展。不过，志愿者和兼职人员并未将此职责内化。奇妙的是，我在写本书时就经历了这种“责任的开关”的转换。当我独自一人从事这项工作时，我将“若不做成，我就不会进步”这一现实内化于心。而一旦需要编辑人员的帮助，我就马上会不再把眼前的问题当成自己的问题，自己也就懈怠下来。因为这种怪异的、事与愿违的感觉，我意识到，若是希望按计划将这本书写完，就必须独立完成这项工作。对于如何以传统融资机制之外的方式使志愿者协调员融入平台，我也没有确切的答案，这一问题我仍未解决。

第二个问题在于平台治理。无论由谁来处理这一问题，集中式管理都将是一个弱点，尤其是在分散的人人共享里。在完全分散的网络世界里（互联网就是最典型的例子），没有核心，也就没有弱点。智慧正是通过这一体系进行扩散的，这就是网络世界的神奇之处。近来，出现了一个完全分散的众筹平台：比特币。该平台证实了此种模式发展的可能性。

比特币，大众为自己创造的电子货币

想象一下，群众自己创造货币的情形。孩童时期，我们就曾做过这样的游戏——用蜡笔书写银行支票或是大富翁游戏中的钞票。但一般来讲，货币都是由美联储、欧洲中央银行和英格兰银行这一类的中央银行发行的。众所周知，在某种程度上，大部分货币都是电子化的，那中央银行在发行货币时究竟难在何处？其困难之处并不在于创造货币，而在于使群众产生信任：他们创造出的货币是具有价值的，并且该价值不会随时间而流逝，你可以将自己的努力转化成财富，以货币的形式储蓄起来，在必要时使用。从历史上来看，货币的这种能力与当时的执政政府有关。

不可思议的是，一群具有企业家精神的黑客开发出了一套能让人们产生信任的程序。实验正在进行中，数十亿的这种新型货币（目前市值为 50 亿美元）在市场上被创造、交易使用并买卖着。

比特币是一种由大众（严格意义上来讲，是工程师）为自己创造出的货币。像自由开源软件一样，这是一个无任何私人领域或是政府参与，全由大众自我融资组建并管理的平台，也被打造成了一个有意义、有价值且富于弹性的平台。这也是现实生活中一个很好的例子，它很好地示范了个体合作者如何自己掌管人人共享的网络。现如今，比特币实验终于开花结果了，迸发出一系列令人称赞的绝佳创意、创新和发明。人们也正将这些理念、代码、经验而绝不仅仅是货币应用于各个领域，用于解决本书后半部分所谈到的问题。在此，让我们简要回顾一下比特币的产生背景。

2008 年，当时有人用“中本聪”这个名字发表了一篇论文，描述了一种被称作“比特币”的电子货币。“中本聪”是一个化名，其代表的是个人还是群体，无人知晓。2009 年，该创意被转换为一款开源软件。（需要注意的是，这一例子比较特殊，该平台的理念及组织原则都是凭空出现的，并不具有可复制性。）比特币软件现已发展成一个平台，并拥有关于创造、储存和使用该货币的一组协议。

比特币是能使用户通过互联网直接发送给其他用户的一种电子货币，无须登记创建账户的银行存在，更不涉及银行的营业时间，用户可以随时进行交易。没有每天500美元的提款限额，也没有存款超过1万美元就需向税务机构提交申请的要求。交易就只是付款人X简简单单地将Y单位的比特币转给收款人Z，而这一交易信息会以广播的形式通知该网络中的每一位用户。比特币交易系统所收取的交易服务费非常少。在此系统之中，并没有集中管理组织或是第三方机构核实你所持有的货币量及交易的货币数额。那么比特币平台又是如何运作的呢？

交易记录会被成千上万人同步公布到公共记录当中，人们（任何拥有计算机服务器的人都可参与）每小时会同时公布6次该时间段的交易信息。这也就意味着货币的数量不会被重复计算，因为公共记录在此前公布的版本基础上只结算最后10分钟的交易情况。不正确的公告立马会因为与他人的版本不同而突显。此金融体系所采用的加密算法（要将其破解所需耗费的时间无法想象）使得贪污腐败在其中绝无藏身之地，偷盗也倍显艰难（不过，这取决于货币持有者储存货币之处的安全性）。公共记录的公布被称为“区块链”，（block chain）因为那就是所有信息公告区块的串联形式。这一创新流程让整个科技界为之惊叹，也深深触动了我。

公告形式保证了陌生人对交易的充分信任。交易的审查和认证都是由整个社区而非某个特定中央机构来完成的。

在这套奖励机制之下，人们也愿意去更新公共记录（潜在的平台架构）。此种奖励推动人们：

1. 在基础设施建设的过程中通力协作；
2. 与平台建立长期的利益关系；
3. 为整个流程提供资金。

比特币的交易需要在公共记录上进行公告，公告的过程被称为“挖矿”。由比特币用户确认所有交易的挖矿行为需要进行十分复杂的技术操作。比特币的安全性在于其异常艰难的计算：随便制造一条假区块链所需的计算能力是全世界现有计算能力的成千上万倍。因为“矿产”分散于世界各地，由形形色色的个体来运营，这群人都在为其巨大的共享集团贡献着计算资源和劳力，所以比特币富有弹性并有大量冗余信息（人人共享组织的共同特点）。这一体系促使人们能在此种情形之下展开协作而无需激励，这在过去是不可想象的。

众多人人共享组织所面临的一个挑战就是达到临界状态。我们可以想象一下，若是所有人都开始使用比特币这一系统，将会是何种情形？你如何才能使人们从一个平台转移到另一个平台？一些平台在发展壮大之前，其价值微乎其微，甚至为零，比特币为我们如何越过这道鸿沟、如何进行融资指明了道路？随着时间的推移，公告/挖矿所得的报酬也就越少，二者呈负相关关系。如此说来，执行相同的计算任务，越早参与该系统挖矿的用户，需要承担的风险就越大，所得的报酬也就越多。在平台价值最低之时，越早参与、回报越丰厚的系统机制吸引着用户参与进来。其奖励机制非常巧妙且高效地借用了未来的价值（那时的比特币将拥有价值），来“资助”这一新生的冒险想法（此时的比特币毫无价值可言）的基础设施建设。这真是天才的想法！

最后，因为只有在整个比特币体系取得成功的情况下，人们赚取的比特币才有价值，所以早期的参与者就有充分的理由以溢美之辞来宣传这种新型货币了，而且还会尽其所能地将该体系打造得如宣传的那样。

最初的可利用资产就是群体的过剩产能。就我们现在所知，这并非产生比特币想法的唯一源泉。该方法的收益我们再清楚不过了：转变现有经济学思想、群体联合进行投资和释放规模急速增长的巨大潜能。在比特币的发展早期，人人共享的 Lyft、Airbnb 和 Waze 并未参与购买这种新型资产，因为在这些公司看来，其价值还不够明确。但随着比特币平台的发展，其价值得到了肯定，渐渐开始有一些群体出于新的目的而有针对性地购买这一资产。对于比特币，人们也从使用自己的个人电脑进行挖矿交易转变成了使用超级计算机级别的巨型设备来开展这项工作。

去中心化的奖励机制使基于电子计量及可确认的产出的支付成为可能。我们经常用以下方式对服务进行支付：手机服务通常是以分钟或是流量计费，Zipcar 则根据公司规定的单位时间或路程来计费。一个适用性强且去中心化的团体采用的奖励机制更具挑战性，给人留下的印象也更为深刻。遇到一些微妙情况，该如何处理？对于存在的一些争议又应如何处理？

现在，创新者基于众多地方的情形正在尝试编辑新的区块链算法，使其适应范围更广，提供的奖励也更具活力。以色列的一家创业公司 LaZooz 使用区块链建立了一个乘车共享网络。注册并下载这一测量行驶距离客户端的用户可以得到 Zooz 代金券作为相应奖励。回想一下我此前创办 GoLoco 所形成的巨大用户规模，以及 BlaBlaCar 在一些运气（遇到罢工和火山喷发）的帮助下取得的成功。通过激励人们发布其行程的状况，LaZooz 正在构建一些发布信息的必要基础设施，该设施要求形成一定的规模，并采用区块链去跨越这道鸿沟。

LaZooz 的联合创始人马坦·菲尔德（Matan Field）曾指出，我们可以也应当去认真思考哪些事物可以形成自动化并能以数字形式记录下来。打造一个成功平台需要的绝不只是包含代码和算法的解决方案，美观的用户界面和行之有效的市场营销策略也必不可少。LaZooz 还打算激励一些“更柔和”的活动。比如说，通过社会化媒体，我们可以轻而易举地查看评论或者“点赞”的总人数。菲尔德、比特币创新人员和企业家们正尝试着充分利用这一资源，挑战极限。

“付款人 X 将 Y 单位的比特币转给收款人 Z”，此类交易可以被赋予更多含义。我们可以将比特币的交易看成是一条主谓宾结构的指令。与主语、谓语相关的各类重要信息（姓名、地址、评级、意外事件）及各类行为（租赁、购买、交易、乘车共享、消息公布）都可以进行替换。处于发展初期的公司，如 LaZooz、Swarm、Ethereum 这三个公司都在尝试着将这一创意变为现实。任何需要合同范本、行为标准、规则标准的商业交易或个人交易都可利用区块链进行发送、添加和修正。每单交易都有自己独特的标准与区块组合。

规则制订与标准使用都是通过基于市场信号的去中心化无领导“投票”来完成的。社区的每个人都能看到公共记录上所有的交易信息，这是一种开放的资源。从区块链的潜力来看，最有用的计划、合约和方法最有可能被复制，最终成为行业标准。比特币的网站 Bitcoin.org 上有一段解释比特币如何应用区块链的文字：

> 比特币网络并不被任何人所拥有……它由全世界所有比特币用户来控制。开发人员在对软件进行升级时，并不能强行更改比特币中的协议，因为所有用户有着自由选择应用软件及其版本的权利。为了与其他用户的软件兼容，所有软件使用者都必须遵循相同的原则。比特币只有在所有用户秉持的原则完全一致的情况下才会生效。因此，全部用户和开发人员都有一种维护其统一性的强烈动机。

历经 6 年的时间，区块链协议不断发展完善，引导其趋于完善的正是统一性，适应性最强、适用度最广的那些改变总会最终胜出。区块链流程只有在进行重要的升级时才会因统一性和某些改变做一些修改。

本章探讨了在没有政府和私人领域干预的情况下资助平台的方式。请允许我将讨论转向《货币人》（*The Coinsman*）的一位编辑，他讲述了自己 2013 年在中国造访了一个拥有众多“挖矿”电脑的大型数据中心的经历：

> 这次去了解“挖矿”操作的经历令我目瞪口呆。在仓库里四处调查的时候，我的脑海中就浮现出一个想法：此处正是使比特币具有生命力的地方。如果有人想使比特币贬值，那他就要超过仓库中的这些人，甚至超过世界上以各种方式生产比特币的人的能力。去中心化的天性使然……这才只是众多仓库中的一间。这也让我明白了法令绝不会将比特币消灭。若是一个国家不允许生产比特币，生产者就会去别的国家。

拥有区块链，人人共享在未来将会被群体所替代。有人会成为交易中的参与者，而其他人则是基础设施（平台）的建造者和拥护者。这一区块链的扩展版本的潜力正在得到人们的发掘，它大幅度地减少了“志愿者协调员问题”，因为其找到了一种去中心化方法用以奖励中止一切事物来进行基础设施的建造者。

平台究竟为谁服务

不管一个平台以何种方式进行融资，它与一个小型政府都有些许相似。每个平台都有自己的运营原则，有一些原则较为简单，如协议或标准，而另一些更为复杂的原则则详细规定了参与人的参与资格及可能的参与方式。而平台愈大，就愈像政府。

最近，我到哈佛大学伯克曼互联网与社会研究中心（Berkman Center for Internet and Society）去听澳大利亚经济学家尼古拉斯·格伦的讲座，他演讲的主题是私人领域中日益增多的公共物品问题。他从公共物品的经济学经典定义开始谈起：那些必须由政府提供、私人领域不会提供的物品。在经济学理论中，公共物品具有非竞争性（比如灯塔，一个人使用灯塔并不会妨碍或减少他人从这一物品中所得的益处）和非排他性（比如国防，每个人无论付费与否，都会享受这一益处）。格伦之后要求我们想一想谷歌、Facebook 和 Twitter，这些对每个人都免费开放的资源，无论有多少人共享，也不会被用尽。当时，我认为下面这一观点极具洞察力：**私人领域渐渐开始意识到，开放程度最大的平台中**

的投资具有实现股东最大价值的巨大潜力。

随后，格伦所讲的内容意义非凡：**私人公司正为我们带来重要的公共物品。而那些公共物品在并无政府号召的情况下聚集起来。**回顾一下，作为一种创新性货币的比特币，其创造运营本应是在政府职权范围之内的。

正如格伦所指出的，在公共物品的生成之路上存在着各种各样的可能性，从自愿选择加入"紧急公共物品"（emergent public goods）到通过政治高压来保护（规则、规章制度和税收）。公司制造公共物品的这一想法既令人感到兴奋又让人害怕，兴奋的是这意味着我们不必再仅仅依靠政府预算或政府意愿来生产公共物品；害怕的是因为如前所说，私有公司的 CEO 及其投资者都不再需要为公众服务，不再需要关心因只图眼前利益而不做长远打算引起的社会问题或环境问题，也不再需要关注非股东人群的经济利益。

人人共享的一个原则是每一方都应关注自己在什么事上能做到最好。随着群体通过越来越多的平台变得更强大，更复杂的高水平技能和能力与更昂贵的资产（之前只是被公司所拥有）现在正在成为小经济体（群体）的工具包。如今的劳动分工可以用图 9-2 来解释。

群体 （大众、本地非政府组织、本地公司）	组织 （公司、机构、政府）
小规模投资	大规模投资
短期不定时的努力	多年的努力
小型服务的多样化	许多部分的整合
局部知识	深入的行业知识
具体、独特的专业技能	多样的技术专业技能
定制化和专业化	标准的合同和标准化
创造力	一致性
个人的社会化网络（值得信任的个人）	品牌承诺（值得信任的公司）
本地化	全球化

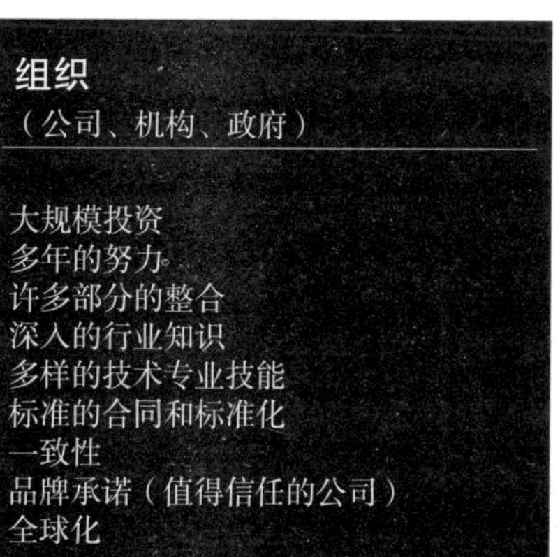

图 9-2　人人共享

大型的实体，即“组织”（大公司、机构和政府），应该坚持做与其规模相符，并且是力量渺小的群体所不能完成的事情，也就是那些典型的大型项目，它们需要花费数年时间以及大量投资，同时也需要整合多项技术和专业技能才能完成。这类实体也应为由于实体中的个人并没有足够的影响力而不能表达其意愿的场景创建标准。它们所做的这些努力通过参与的平台都能使群体获益。群体（大众、本地非政府组织、本地公司）去做它们最擅长的事：专业化、定制化、本地化创新，以及他们自己内部的社会化网络互动。

现在，这两者间原本明显、静态的“技能边界”正在变得模糊并发生着转变。公司正在寻找符合它们利益的公共产品，并提供免费的产品和服务。政府正在转向帮助个人解决问题和成为联合创造者。消费者被赋予的能量越来越强大。新的概念，如区块链，正在让群体相互协作（在这一过程中，并没有遇到“志愿者协调员问题”）来解决那些原本是由“组织”来解决的问题。这种方式会使一些公司接不到项目吗？当然，我们知道越来越强大的群体需要一些公司（在酒店、出租车、主流媒体、娱乐等产业）重新想象它们的角色并寻找它们的附加值所在。LinkedIn 的创始人之一阿伦·布鲁（Allen Blue）曾有这样的猜测：“25 年后，当所有的事务都已经向个人一方倾斜时，公司的价值究竟是什么？”

上百万人在没有公司或政府的帮助下建立并管理着自由开源软件社区，贡献自己的力量，这显示出在几乎没有政府资助或私人资本直接投资的情况下个人可能会发挥多大的力量。自由开源软件的大部分能量来自于创建编程语言的工程师群体。当比特币以及区块链的使用还处于初期时，维基百科的成百上千名贡献者（他们并不是工程师）证明了在没有私人资本的参与下，我们也能完成大项目。如今，建立一个初创公司需要的成本是我创建 Zipcar 时的 1/10，很大程度上这要得益于已被整合的网络和平台，使得融资、用户管理、电力支付、网站发展和支持、内容管理和举办论坛等变得更加简单。在未来的 10 年里，随着构建平台变得越来越简单，整合其他平台上提供的内容越来越迅速，我们将会看到有更多的平台出现。我非常愿意看到有越来越多重要和成功的平台由社区自己来建造和管理。这些非技术社区的理念、想象以及需求需要由工程师群体给予更多热爱、关注，并运用过剩产能来构建完成。

本章主要关注构建平台阶段的融资、控制和管理层面，也着重强调了现在那些非官方平台正在提供非常重要的产品和服务。人人共享模型和协作型经济的一个很有意思的事实是它们实际上并不是真的能融合在一起。这些公共物品和现金流的产生并不特别依赖于实际的合作（一起工作）或是协作（一起运营）。平台正在做所有与协作相关的事，所以我们不需要去做此类事情。这就是这些平台的美丽之处：无论我们是否同时在做一些工作，都产生了极强的协作结果。正如尼古拉斯·格伦所说："有一类公共物品是商业生活中的天然产物，无需经由政府或是自我认知的共同行动的任何主动许可即可生成。"

如今，有 1% 的人控制着业务、融资、基础设施以及政府。2010 年，1% 的美国人赚取了全球劳动力收入的 12%；有 10% 的美国人赚取了劳动力收入的 40%。在获取资本的层面，同一年有 1% 的美国人获取了 70% 的资本。生产力的发展速度超过了过去几十年，其收益极不均衡地流向了富人：在 1979—2013 年，生产力提高了 65%，而占 80% 的劳动力人口的每小时收入却只上涨了 8%。2012 年，政界宣称，在政治广告上花费了 10 亿美元，其中有 73% 的钱仅来自 100 个人。

我不知道如何才能让资本主义社会中的财富分布得更公平，也不知道如何才能确保政府不使公司变得更强大，而是让个人变得更强大。但我知道的是，人人共享这个平台能够改变权力均衡，并在平台不断壮大的过程中获得更多价值；也知道在没有政府参与的情况下可以创造出公共物品和货币；还知道在没有私人资助的情况下可以创造出平台和社区的价值，甚至那些非中央集权但有严密规则的商业模式也是可以存在的。因此，如今出现了很多改变社会的新工具！建造一个我们所期望的世界取决于我们自己，而不是别人。通过联合在一起，我们能将上百万人组织在一起完成一系列大项目，为公众提供福利，同时在创建者团体内部保持规则制订权，甚至是平台的所有权。

PEERS INC

10

How People and Platforms Are Inventing the Collaborative Economy and Reinventing Capitalism

没有你，我们什么都做不了

| 共同面对人类的最大危机 |

【共享先锋】

◎联合利华，在实现盈利的同时实现可持续发展

◎ 350.org，在全球范围内组织对话

◎ Meetup，创建大规模的“面对面社区”

◎ G-Auto，改变电动黄包车的无序状态

人人共享模型让我非常着迷，这不仅是因为它会改变未来的商业，更重要的是我们已经认识到这种模型是什么，及其如何在我们最需要的时候发挥作用。地球上目前有70亿人口，其中有30个超级大都市的人口已过千万，有上百个城市的人口超过百万，而以下这些问题都是城市化带来的——贫穷、失去家园、拥堵和环境污染。更严重的是，全球平均气温到2100年预计会提高4摄氏度，而人口将高达110亿。如果继续保持以往的商业模式，而不解决这些问题，我们的未来前景黯淡；若想解决这些挑战则需要发挥聪明才智。我们必须解决这些问题，因为这关乎生死。我现在能做的，也是唯一能做的就是通过投资人人共享组织：过剩产能、共享平台和人人参与来应对这些现存的威胁——气候变化、对世界上有限资源的过度消耗和生态系统崩溃。

人人共享使我们能使用并重新配置自己已拥有的工具、技术、想法和人等资源，从而解决新出现的问题。这种深层次的创新有一种神秘感，与美国国家航空航天局在1970年的太空航行地面宇航飞行控制中心做的类似，该中心使用一支天才工程师组成的团队来挽救被困在阿波罗13号飞船中的宇航员。如果你没有以一种敬畏的态度来对待这个世界，寻求解决已呈现危机的方法，那么你将很可能看到1995年上映的影片中的一幕——由汤姆·汉克斯扮演的司令官在电台中说："休斯顿，我们遇到了问题。"

在阿波罗13号飞船发射后56个小时，距离地球32万千米时，飞船中的宇航员们开启了输送氧气的风扇。93秒之后，有三位宇航员听到了巨大的爆炸声。一个氧气罐爆炸了，导致了一系列机械故障的连锁反应，飞船内的一些设备被损坏，而宇航员们处于生死边缘。想要解决这一问题是极其复杂的：如何在没有足够的燃料、氧气和电池能量的情况下将这三名宇航员带回地球，同时还要避免他们在不断上升的温度中被烧死。

飞船内的二氧化碳浓度不断升高，很快就会使人中毒，要在24小时内找到解决方案才能避免悲剧的发生。在地面工作的团队围坐在一张长长的会议桌旁，用硬纸板进行各种组合来罗列在32万千米之外飞船内部的各种各样的物品。在电影中，团队的一位成员拿起一个方形物体说："我们需要找到一种方法，将这个物体放进这样大小的洞里，"说着，他拿起了一个圆形的物体，"而且只能使用这个。"他边总结道，边向其他人大幅度地挥了挥手。

这就是我们在气候变化面前所处的境地。我们已经等待得太久，现在真的没时间让我们继续等下去了。若想避免气候变化带来的重大灾难，全球的二氧化碳排放量需要在2017年到达顶峰后，在2050年下降为零。想象一下，我们生活在一个多么大的世界里，必须让全球依靠燃烧化石燃料生活的73亿人口共同作出努力。二氧化碳排放量必须在未来几年达到顶峰后开始减少，这就意味着原来每年增长2.5%的二氧化碳排放量如今需要以此速度逐年下降。

我们必须利用好现有的过剩产能，必须找到在现有的事物、概念、技术以及人们的行为中存在的新价值。如今我们只有重组现有资源的时间，就是从当下做起。我们必须建立起共享平台，因为这是唯一可以快速解决问题的方法。我们必须联合全世界的人一起创造，而不能通过一群工程师或是技术专家来解决。这并不是要解决一艘宇宙飞船遭遇紧急事件的问题，而是关于重新设计地球能源系统的问题。我们面临的危机规模庞大且复杂，需要数十亿人共同努力才能解决。我们需要通过充分挖掘资源、数据库和公司的能量让群体变得强大起来，从而让他们能够去试验、试错并逐步形成适用于世界各地所面临问题的方案。我们需要人们同步创新，以便能以指数级的速度设计出解决方案，并不断完善。

改变的方式就在我们身边

每一年，我的大家庭都会在缅因州的一座小岛上度假。这座小岛是冰河世纪的产物，它由灰白色花岗岩构成，岛上有许多绿色的菠萝树，岛的周围是深蓝色海域。在旅游旺季初期，岛上的沙滩会发生一些变化。在其自然状态下，冬天海面上卷起的海浪和暴雨会将其冲刷得特别干净，它会不断地延展，并被大大小小的细沙所覆盖。之后，在夏日的一个早晨，有人将石头堆成第一个石冢（见图 10-1）。它孤独地立在那儿，美丽、充满想象力，且具有挑战性。

图 10-1　美国缅因州一座小岛上的石冢

两周后，我重返这片沙滩，原本被石子覆盖的沙滩呈现出数十个石冢（见图 10-2）。随着每天都有游客来看这些石冢，也就有人去复制这些模型，而生产方式就在我们身边。在进行了一个小时愉快而艰苦的实验之后，你会拍一些照片来捕捉和分享自己的杰作，之后再继续前行。

图 10-2　四散分布的数十个石冢

看到一个，复制一个，然后分享，就像是在缅因州小岛上堆石冢一样，就像在 YouTube 上分享视频一样，就像成功地使用 GPS 一样。

每个人都可以成为英雄

平台有足够的空间让每一个人都加入，也有这样的需求。以下就是各行各业的各种实体利用这种模式去应对改变的一系列故事。

联合利华，在实现盈利的同时实现可持续发展

在商业的世界里，大型消费品跨国公司联合利华证明了一个大公司是如何改变其商业模式，实现可持续发展的。每一天，全球190多个国家的20亿名消费者都会用到联合利华的产品。联合利华拥有17.4万名员工，每年的营业额达630亿美元。自2009年开始，联合利华CEO保罗·波尔曼（Paul Polman）开始实行一项计划：利用该公司的规模和经营范围来证明公司可以在实现盈利的同时实现可持续发展。2011年，他设立了让公司营收翻番的目标，同时也设定了非常宏伟的社会目标和环境目标。波尔曼表示："商业必须要为解决气候变化带来的问题作出积极贡献"。关于资本主义的未来，他曾表示：

> 未来，整个世界的气候会变化，水源会变少，食物将变得不再安全。
>
> 企业可以为应对这些挑战提供解决方案。就像我们需确保自己不会重复那些让我们陷入近期所遭遇的金融危机的错误一样，如今世界面对的现实问题，即95亿人口将面临资源不断减少的问题，也需要我们立即采取行动。
>
> 企业面临的挑战是要用一种可持续的方式来解决问题，而若想取得成功，需要一种全新的商业模型。它需要在产品上有突破性创新、最大限度节省资源的技术创新和"封闭式"系统的发展，以便使废物能被再利用。
>
> 有趣的是，这一挑战将很可能带动协作型资本主义经济的发展。公司与公司之间将会加强合作，而不仅仅是与政府、非政府机构和社会团体合作。诸如森林面积减少和生物灭绝等问题仅靠一家公司是无法处理的，这需要产业内企业间的合作和不同行业企业间的合作。
>
> 重要的是，企业追求的这种增长模式将会变得更具包容性。

联合利华的研发部总监约翰·巴托罗尼（John Bartolone）告诉了我该公司所信奉的原则："可持续发展是关键，也是我们面临的最大挑战。联合利华面

临的最大挑战是如何激励他人，共同思考解决这些问题的方案。而这只能通过全世界的人一起合作才能完成。”联合利华的可持续发展计划其实一直都在公司的考虑范围内，很快公众就会看到变化。联合利华已经收集了 3 亿消费者的健康数据（目标是 10 亿人）。由联合利华提供的食品（按体积计）中有 30% 达到了最高营养标准。

2014 年，联合利华成为道琼斯可持续发展指数中食品类、饮料类和烟草类公司中的领先者。该公司使用的 48% 的原材料是通过可持续发展方式获得的，在其生产过程中，与 2008 年相比，减少了 32% 的二氧化碳排放量和 29% 的用水。

要求消费者改变自身行为的目标却并没有以同样的速度落实。其结果就是，由于人们使用联合利华的产品，温室气体的排放量上升了 5%，而水资源的使用上升了 15%。联合利华每吨产品中减少了 66% 的包装废物，但是消费者能接触到的产品只减少了 11% 的包装废物。

鉴于此，和巴塞罗那遇到的问题类似（参见第 8 章），联合利华的清单中列出了 12 个“愿望”，同时也包括了将这些理念转变成试点项目的资金计划。联合利华面临许多挑战，包括：

◎ 如何改变消费者的喜好和行为；
◎ 如何使生产出的产品减少包装废物；
◎ 如何更好地将脏衣服中的油脂分离出来；
◎ 如何使用更少的水把衣服洗干净；
◎ 如何使食品保持新鲜；
◎ 如何长时间地保留蔬菜和水果的色泽；
◎ 如何通过使用更少的盐、多刷牙、缩短洗澡时间，或是使用防腐剂来让我们更健康。
◎ ……

这种共享平台，即联合利华向外界发出邀请并鼓励人们参与的平台还有很多，但似乎都遵循着同样的流程：问题——痛点——实验——上线，对外界提出的建议加以遴选，之后让更多的公司参与支持。通过在网上推出“开放创新挑战”（Open Innovation Challenges）项目，使全世界的参与者都参与到周末的编程马拉松活动中，并建立创业者进入这一活动的聚集地——“铸造厂”（The Foundry）。联合利华还在伦敦和纽约建立起两个联合创新中心，在那里员工可以提出自己的想法。那里也变成了一所学校，这使初创公司和小公司可以获取到联合利华更多的资源。那些早期想法还会被进一步完善，最终成为一个包含商业计划的试点项目。出色的项目会获得 5 万美元的资金来进行试验。联合利华也会同时启动一项投资资金。在整个过程中，它都会为个人和小公司提供自己的资产，其中包括市场和分销链，而这些在没有联合利华的帮助下是无法拥有的。这些平台上的合作都聚焦于解决有关于消费者的问题，而这是联合利华自身永远也无法独立完成的。

在联合利华推出“开放创新挑战”项目后的两年半里，该公司已收到了 3 500 多个创意，其中一些被转化为产品或工作程序只是时间问题。

联合利华在评估自己实施可持续发展计划的前几年表现时，总结道：“为了超越我们所拥有的以及供应商提供给我们的，我们正努力加强与政府、非政府机构和本行业内其他公司的合作”。联合利华曾与世界资源研究所（World Resources Institute）及其新构建的平台“全球森林监察”（Global Forest Watch）合作。2013 年，联合利华宣布计划在一年内将产生 130 万吨棕榈油的原料全部换成可持续原料。

无论是在公司内部还是外部，联合利华都为自己设置了一个较高的目标，并使提出的解决方案得到广泛应用。该公司针对这一行动构建了一个模型，而这一模型成了全球所有公司的榜样，因为还有为数众多的公司关注的焦点仍仅仅局限于如何实现股东利益的最大化。联合利华证明了企业在追求利润的同时也可以将世界从气候变化带来的危机中拯救出来。

Etsy，重新定义资本主义的运作方式

人人共享类公司 Etsy 和联合利华一样，业务范围遍及全球，但企业规模却相对较小：有 600 名员工（组织）支持着 100 多万名创新手工艺者（群体）的需求。Etsy 上的卖家 75% 是女性，而她们中有一半在 Etsy 上开店前并无任何销售经验。Etsy 的目标就是："重新构想企业，构造一个更持久、更令人满意的世界。我们致力于创建一个公平、可持续且充分发挥个体力量的经济体"。在作出如此多的努力之后，该公司在 2012 年完成了 B 轮融资。Etsy 的 CEO 查德·迪克森（Chad Dickerson）向我描述这段经历时说这是他此生做过的最艰难、最重要而又最有成就感的事。2012 年，有关该公司管理状况及公司对员工、社会和环境产生的影响的分析报告中，又提出了更高的标准和动力。在第一年推出的《价值和影响报告》的序言中，Etsy 描述了公司的价值观，和保罗·波尔曼的观点略有相似：

> 为了避免生态危机和人类危机带来的威胁，我们必须重新定义资本主义的运作方式。我们相信企业的使命就是要创造一个可持续发展的有意义的世界。

Etsy 在第一年关注这些问题的时候，就做出了巨大的贡献。为了给员工提供更好的待遇，Etsy 提高了公司的财务透明度、工作满意度、晋升机会等，并在 2013 年被评为"最佳职场"。Etsy 将女性员工占比提高了 8%（至此女性员工占比达到 46%），而女性管理者的占比也被提高了 15%（至此女性管理者在所有管理者中的占比达到 40%），这是公司非常好的进步之一，因为这类公司往往会有许多工程师。在能源使用方面，Etsy 通过提高每千瓦小时的总销售量从而提高了其服务器的能效。2013 年第一季度每千瓦时的销售额是 515 美元，而 2012 年同期则为 467 美元。Etsy 的每个员工在办公室使用的电量也下降了 19%。Etsy 会循环使用其产生的垃圾中的 51%，平均每名员工制造的垃圾量下降了 34%。由于数十年来交通变得日益重要，我认为很重要的一点是只有不

到10%的Etsy员工会自己开车上下班，有一半的员工会乘坐地铁去公司，而有30%的员工会选择步行或是骑自行车上班。一年来，Etsy取得了如此多的成绩和进步！更令人振奋的是，2013年，Etsy在社会和环境方面也取得了巨大进步，该公司同时还将销量提高了50%，销售额达到13.5亿美元。在所有900家正处于B轮融资的企业中，Etsy赢得了评价社会化、管理以及环境保护方面取得进步的“力争上游奖”。

全球森林监察，整合各种急需的资源

非政府机构这一可信的第三方可以作为召集人、教育者、研究者和行动者，而不含盈利的性质。世界资源研究所的全球森林监察平台证明了个体学习的循环是如何加强了群体的力量的。每年，在东南亚为了扩张农田范围，燃烧森林和灌木丛会产生一种有毒的气体，威胁着这片区域的所有生物。在2014年和2013年的旱季里，印度尼西亚苏门答腊岛上的火势失去了控制，森林被烧毁，有5万多人因此患上了呼吸道系统疾病。这一灾难也使其邻国新加坡暂停了与印尼的商业活动，造成了数十亿美元的损失，并造成了地区局势紧张。人们的情绪也伴随着事态发展暴躁起来，两国外交部长就究竟哪方应为这场大火负责展开了辩论，并相互指责。

“全球森林监察”介入到了此事件中。必须要承认这一平台能做的事情只有组织可以做。首先，该机构与美国国家航空航天局进行了协商，使用了分辨率成像光谱仪和美国陆地探测卫星系统中传送出的卫星图像。之后，“全球森林监察”将全球国家地区之间的界线和土地划分制成了照相地图，期间得到了世界众多机构的许可，如美国国家林业部门和农业部门、联合国环境规划署及其下属的世界保护监测中心（World Conservation Monitoring Centre）。该平台聘请工程师创建了一个网站，从而每16天就可以对这些图像进行更新，并预测有哪些森林区域将会起火。同时，设计者和测试用户也与这些工程师一起工作，以便能够尽可能作出一个容易使用的网站。为创建网站和支持项目团队，全球森林监察筹集了 2 200 万美元。所有这一切是个人无法做到的。

那么在印度尼西亚到底是什么情况呢？“全球森林监察”的团队重新将焦点关注于这场辩论中的数据。他们的网站上每日更新在线地图以及相关分析，几乎可以让人们了解到美国国家航空航天局卫星收到火灾报警时的地面场景。通过将这些警报重叠在标出棕榈油和林业公司位置的地图上，该团队很快就得出了哪家公司应为这场大火负责的结论，并将分析结果公之于众。

这就是人人共享带来的第三个奇迹——获取正确想法。有了两百家媒体报道以及标签为 #MelawanAsap（意思是“停止混乱”）的视频在 Twitter 上传播，让应负起责任的公司付出代价的压力越来越大。欧美企业买家给印度尼西亚的供应商打了电话，而政府也启动了对这数十家公司的调查。现在，尽管大火带来的损失不可挽回，但已出现了一些能尽可能避免森林大火的政策了。新加坡通过立法对那些造成森林大火的企业实施重罚。印度尼西亚也承诺要以法律来制裁引起森林大火的行为。有上百人持续通过“全球森林监察”平台担任当地森林火灾状况的监察员。

如同往常一样，个体和组织之间的合作能将双方的优势发挥到最大，从而产生更好的效应。没有哪一方能在缺少另一方协助的情况下完成任务。他们共享数据，提高系统的整体性能。走在街上的一个人就有可能会为价值上亿元的研究和项目提供数据，这些项目有可能是世界资源研究所、美国国家航空航天局、谷歌、马里兰大学以及联合国环境规划署之间的合作。“全球森林监察”将急需的地面状况数据、高科技知识和社会化网络整合在一起。所有这些本地的警备和“全球森林监察”的平台结合在一起所带来的影响，要比单独每个部分产生的影响多得多：本地的知识和全球化视野将为那些说要解决这些现实问题的上百个行为体带来不小的压力。持续不断的反馈会提升该系统，并形成活跃的系统反馈循环。这就是人人共享第三个奇迹的本质：正确的人总会出现。

350. org，在全球范围内组织对话

350.org 也是运用人人共享模型变得强大的平台。这是以全球著名气象学家詹姆斯·汉森（James Hansen）提出的数据命名的。汉森曾在 2008 年写道："如果人类的愿望是要保护文明得以发展、生命得以进化的地球，那么古代气候的变迁和现在气候的变化显示，我们需将二氧化碳含量从 385ppm 的最高值降到 350ppm，并且很可能还要降到更低。"2013 年 5 月，这一数字已超出了 400ppm。如果仍然保持原先的商业模式，这一数字便很可能再度上升。今天，350.org 在组织环保运动方面拥有较大的号召力，它不断地在全球范围内组织对话，激励人们加入环保的行列，但该组织的源起却鲜为人知。来自米德尔堡大学的教授比尔·麦吉本（Bill McKibben）和他的众多学生成功构建了一个参与平台，即一个横跨佛蒙特州 5 天的徒步旅行，该旅行的目的是为了号召人们对抗全球变暖。这使得麦吉本进一步创建了"Step It Up"组织，要求美国国会更快地采取减少二氧化碳排放量的相应举措。之后,麦吉本取得了更多成功，但都局限在这个平台中。2008 年，麦吉本和当年一起构建平台的学生们共同创建了 350.org 组织，全球各地的人通过这一组织提供 350.org 平台上不能提供的定制化、特殊化以及本地化的服务。

350.org 在 2009 年构建了第一个抗议平台，其目标就是在全球范围的社区活动中同时凸显 350 这个数字。在 350.org 的精心策划下，在 181 个国家有 5 200 场社会活动同时展开，其中包括在美国时代广场发起的运动，有些运动若单靠某个团体的力量是很难或几乎不可能完成的。2010 年，平台的组织方是 10/10/10 全球工作会（Global Work Party），该平台在 188 个国家举行了 7 000 场活动。2010 年 12 月，该平台组织了一场全球的艺术活动，有 20 个作

品参加，其中许多作品都可以通过卫星看到。2011 年和 2012 年，350.org 启动了一项活动反对 Keystone XL 管道项目，推迟了这一管道项目的实施时间，并导致了加拿大政府和美国政府之间无休止的争论。2012 年 12 月，350.org 发起了一项运动，鼓励大学和其他组织机构不再接受来自化石燃料公司的投资，这一运动引发了更多的争论，同时在富人、大学、基金组织、公司、社会团体、城市、宗教组织以及媒体之间引发了转让资产的活动。为了对新的需求作出回应，金融组织正在讨论创建新的指数型基金以及新的算法计划。“标准资产”的含义被颠覆——包含于公司资产负债表里的化石燃料资产可能被证明是无价值的。请记住，350.org 提出了这一问题，提供了事实列表，并对整个进程予以追踪；但是是那些大学里，公开场合中参与的群体在围绕这些内容进行探讨。共享平台近期取得的成功是在 2014 年秋季组织的“人类气候游行”（People's Climate March）。这场活动在举办联合国气候峰会期间的那个周日举行，有 1 500 多个组织、35 万人在曼哈顿加入到了这一游行。这是美国历史上规模最大的一次游行示威活动，超过了 1963 年著名的华盛顿大游行，以及 1983 年关于裁减核武器协定的游行，以及其他的反战游行。

气候运动不只是追求找到一个领导者以及一个对大众媒体表达友好的标题，更有效的方法是将无数小团体组织起来的。这些小团体如独立的小规模运动一样，由于共同的目标组织在一起，但是每个小团队对于问题也有自己的思考角度和解决办法，在尽自己最大的努力去实现目标。自由开源软件运动与此类似，很多独立的软件项目共享许可证和代码，为使全球知识能长期自由共享而合作。保罗·霍肯（Paul Hawken）相信，全球气候运动将成为人类历史上规模最大的运动，并且现在还处于初期。开源运动创造了很多著名产品，如维基百科和 Linux。通过共用的许可证，它们可以供全世界人所使用，并且不收取费用：这是一个颇具历史性的慈善行动。这些“运动的运动”是人人共享模型中的政治表达。

越来越多创立了可持续发展、高增长并以价值为驱动的企业的大企业家们都在以更为前沿的角度来思考问题。他们的成就让我很开心，并让我对人性仍抱有信心。现在，我觉得自己应尽一些义务，正如那些科技圈朋友们让我去做的那样：

斥责开始。

我读到过一篇推文，是一个00后所写的，内容如下：“为什么我们这一代人中最聪明的人的目标都是要让人们去点击鼠标？”这句话使我对一些认识的企业家再次感到非常失望。我想要告诉他们的是：“你的脑子里到底在想什么？里面装的都是沙子吗？我知道你们很聪明、有能力、知识广博、有热情、有创造力并且非常认真。但是，我们只有通过为数不多的几年时间来改变这个世界的经济模式，才能避免地球生态系统免遭颠覆的危险，才能避免人类这个物种的灭亡。因此，每个人的未来看上去都灰暗极了。我们都处在一个是否能继续存活的危机中。难道你认为生活在富裕国家就不会有危险吗？因为气候变化而无法生存的难民将有可能成为每一个人的未来写照。在孟加拉，有1 500万人生活在离海平面只有1米高的地方。到2030年，有30%的非洲人将无法再通过农业来维持食物的供给。如今，很多战争都是由资源稀缺导致的，而未来将会有更多。绝望的人们并不消极被动。下一个Snapchat、Instagram或是其他广告机制挣到的钱无法为你买到能满足你未来需求的物品。去作出一些真正与众不同、对人们的生活有积极影响的事吧。而我所说的“积极”并不是要帮助他们打发时间或是让他们能看到自己朋友最近发的照片。你们受过最好的教育，也有宏大的梦想要去实现，如何才能转变个人的行为，将美国平均每人每年产生的18吨二氧化碳到2050年，甚至更早降为零呢？做任何事前先想一想对环境的影响，你将成为世上最聪明的人。不要去担心其他贫困国家面临的问题，让他们自己的企业家去解决。你需要做的是聚焦于一个你所熟知的市场：你自己的市场。你应该在面临这个问题时，汇聚人们的聪明才智、创造力、能量、人脉和时间。这是你成为英雄的最佳时机。并没有多少人或是哪个年代的人能有这样的机会展示自己，但是你有。一旦解决这个问题，你就将在历史上成为英雄，也会有人写下你的故事，阅读你的历史，你将名垂千古。否则，历史就将不复存在，只是一片死寂。”

斥责结束。

不过，我也确实见到了一些我非常钦佩的企业家。他们年轻的公司正在通过改变价值和权力结构来支持和构建一个更为人性化、可持续发展、低碳的经济生态系统。每个这样的公司都有一个正在发展的平台，每个平台能够存活的时间均取决于群体参与的多样化，这些平台都关注群体的状态，考虑群体的建议。尽管这些企业没有明确地关注减少二氧化碳排放量，但它们都构建了一个能够实现这一结果的架构和群体。以下4家公司来自农业、零售业、社区建设和运输业等不同行业，它们的运作模式符合上述所言。

La Ruche，农场直达餐桌

2011年，在法国巴黎，吉尔海姆·杰伦（Guilhem Chéron）和马克-戴维·舒克龙（Marc-David Choukroun）联合创立了食品购物网站“La Ruche Qui Dit Oui”。让我来为你解释一下这个名字的含义。La Ruche是一个“农场直达餐桌”项目，其设立初衷就是要使消费者和生产者之间不存在中间商，这样做能使消费者获益的地方在于：更新鲜的食物、直接与供货商联系和更低的成本；而能使生产商具有的优势是：生产的产品（水果、蔬菜、红酒、果酱、奶酪、烘烤产品）能以更高的价格卖出，并与消费者建立更为紧密的关系。到目前为止，还没有比这更新的模式。这种关键的商业模式创新就像蜂巢（La Ruche 的意思）一样。任何人都能创建一个蜂巢，所需要的就是一个网页浏览器、网络链接，以及一个能控制食品运输的地方。供货商往往会告诉这些“蜂巢”在他们的地盘里都有什么东西、价格、最低的采购量。然后，“蜂巢联络者”和“蜂巢”里的成员（邻居、朋友以及任何他们可以联系到的人）就会开始沟通，如这里都有些什么食物，并安排他们在何处采摘。大部分的“蜂巢联络者”都是家庭主妇。关键的时刻到了，当某一个时刻，“蜂巢”的需求大于采购的最低数量时，“蜂巢”同意采购，“是的，我们想要这个！”和其他平台一样，这个平台使事情对每个人来说都变得更加简单。

供货商们有一个在线浏览页面（就像一个商店），上面应有尽有，他们可以在一周内灵活地选择提供（或不提供）某些产品。页面上有一个财务报表分析工具，还设立了在 15 天之内保证付款的制度。农户为此要付出多少代价呢?他们所得的 1/6 要拿出来，一半要付给蜂巢联络者，另一半付给平台。

三年后的今天，在法国、西班牙、德国、智利和英国已经有 550 个蜂巢，3 000 个活跃的供应商。2014 年，这些供应商的销售额已达到 2 500 万欧元，这是一个非常好的开端。我想，这个蜂巢的平台现在运转良好，未来将会有更大的发展。杰伦告诉我，蜂巢对于很多当地农民来说真正使他们的生活发生了改变，他们原先的收入只能基本维持农场的运作。有了来自人人共享这类组织结构的支持，他们的农场会更加繁荣；而如果没有这样的平台，他们的情况就会越来越糟。他们获得了来自网络上的支持和能量，就像酿造葡萄酒的葡萄一样。同时，这也是一种让很多孤独地待在家里的妇女感到满足的经济活动。最近，蜂巢又出现了新的组织方式。我收到了靠近我在巴黎旧居的“蜂巢”的葡萄酒和饼干品尝大会的邀请。

总而言之，杰伦给我讲了一个短小而感人的故事。那时，他刚在 9 月的一个周末参加了一场法国网络最大的聚会。会上，一位蜂巢联络者向杰伦介绍了他的女朋友：“我在蜂巢里认识了她，她是我的一个客户。有一天，她忘了摘茄子，所以我给她送了过去。”联合利华的保罗·波尔曼就在试图寻找一种能在当地发展小型农场的方式，而杰伦给了他答案。

The Grommet，讲出产品背后的故事

美国的 GDP 中零售业提供的份额占到了 12%，从全世界范围来看零售业占到的比重可能也类似。我们的消费模式很关键，电商平台 The Grommet 的负责人曾说：“我们真的相信每一次购买其实是公民权的一种表现。这就是为什么我们要推出新产品并促使他们成功购买。我们的 Grommet 不仅仅是一种简单的产品，还代表着那些将它们创造出来的人们背后的故事。”每到周末，The Grommet 就会在美国东部时间的正午时分推出一款新产品。他们的目标是让大家在竞技场中公平竞争。在传统的商业模式中，大批零售商决定着某款产品的生死，而 The Grommet 在用不同的方式做事。员工每周从 200 多个想法中挑选出 5 个“英雄式的、创新的、有激励作用的”产品。

每一个与产品相关的原创视频都讲述了制造者自己的故事——你可以认为这是一个使人们感兴趣的电影花絮。他们制作的这些视频包含了产品背后对价值的深刻理解，更显示出 The Grommet 平台上的 200 万个团体所真正关心的东西：绿色和社会化的企业、在美国和其他国家创造工作机会、保留手工艺品、新技术、对未被充分代表的众筹企业家们的支持。并不是每一个 Grommet 都能反映出这些价值，有些产品甚至反映出了与此相反的价值。但是，从总体而言，The Grommet 支持的这些公司代表了经济体中积极的力量，以一个简单、干净的方式让人们去选择产品。

The Grommet 平台为制造者所做的就是让个人去做那些作为个体不可能完成的事：实时提高产品功能，而这是大型消费品公司耗时数年才能实现的。The Grommet 创始人朱尔斯·皮耶里（Jules Pieri）是这样描述的：“我们帮助他们为产品定价，修改他们要传达的信息，并帮助他们找到有影响力的买家、媒体和零售商，我们所做的有一天会为他们实现自己多年的梦想，而很多公司

在没有我们的帮助下无法存活。”The Grommet 成立于 2008 年，2012—2014 年间，其营业收入上涨了 900%。“这时，我们有更大的社区，通过一个小时的产品发布会，我们就能准确地知道美国人对这个前所未闻的公司及其产品的想法。我们实际上就是通过充满好奇、乐观并彼此建立联系的人们对市场进行改革。”有 57% 的美国人认为自己是制造者，而不断发展的制造空间、众筹、3D 打印以及接触到更多制造资源的机会，将使这个群体从基于 DIY 项目的制造者变为自主经营的商人。皮耶里总结道：“我知道我们正在抓住在许可、制造、企业经营领域的主流趋势，而这一切是被原有传统商业所拒绝的。”

对我来说，The Grommet 可能有点儿过于以消费为主导了。它并不符合循环经济的发展要求，大部分人购买的产品最终还是会进入垃圾场，而不会被再利用。但是，The Grommet 确实遵循了我们应该遵循的价值观，并且是人人共享模型所擅长的部分：使消费者对供应链有更好的理解，让他们看到更多所购产品的信息，让他们因自己所看重的价值做出购买决定而不是市场的短板和为他们作出购买决定的零售渠道。就像 La Ruche Qui Dit Oui 和 Etsy，The Grommet 正在支持制造商们用更短的供应链，给予自己更多经济上的掌控权、管理权和利润。

Meetup，创建大规模的“面对面社区”

Meetup 是在 2002 年创立的一家公司，但直到 2006 年我才见到该公司的联合创始人斯科特·海费尔曼（Scott Heiferman）。那时，我几乎被他的魅力所折服。和我一样，海费尔曼对于社交非常痴迷，并创建了 Meetup 来帮助人们在现实生活中聚会。他希望人们能够面对面地坐下来，在一起聊天、吃饭、喝饮料、爬山、跳舞、听音乐、旅游、玩扑克牌、织毛衣和做音乐。在一次会议上，海费尔曼指向身后那个巨大的屏幕，来自全球的数个会面正在那个屏幕上进行，我能看到他脸上不动声色的骄傲。有上千个 meetup 每天在 180 个国家里进行。

> 伦敦的一个星期三，即 2014 年 10 月 8 日，在当天下午 1 点之前，我可以参加伯克利广场演讲俱乐部（Berkeley Square Speakers）的活动（6 人参加）、BRX 城市商业网络早餐会（4 人参加）、企业家和投资者网络（10 人参加）、月度在线市场支持（Monthly Online Marketing Support）（只剩下一个席位）、“创意中心如何在电影行业生存”讨论会（15 人参加）、数字伦敦（4 人参加）、妈妈们的 Meetup（7 位妈妈会参加）、开放咖啡（22 位企业家会参加）、红宝石商界（18 人参加）或是透视伦敦科技对话（30 人参加），当天的对话主题是：科技会改变世界吗？

纽约科技圈的 Meetup 是最大的，有 4 万名会员。Foursquare 和 Tumblr 在这个会议上首次亮相，网络和关系在这里产生，激励着人们为了维护公民权利与管制互联网的立法《禁止网络盗版法案》和《保护知识产权法案》（参见第 7 章）的对抗，并且说服红十字会、美国联邦应急事件管理署、纽约市政府、当地的非政府组织、参加选举的官员以及黑客们在飓风“桑迪”袭击城市之后传播他们的科技信仰。Meetup 公司总部所在地纽约是全世界“meetup”的首都，有 100 万人参与其中。Meetup 正在建造一个大规模的“面对面社区”。

G-Auto，改变电动黄包车的无序状态

对于 Uber 和 Lyft，我们已讨论了很多，这两家公司都为我们之中最富有的人服务。印度的一家公司正在努力提供一个能惠及更多人的平台。与 Uber 相比，G-Auto 更像 Lyft，通过使用一个节约成本的平台，提高车主和乘客的生活质量。在印度，大部分城市的街道上仍有电动黄包车存在，以满足在公共

交通不够发达的情况下人们对低成本交通方式的需求。大部分电动黄包车都是由车主自己运营和驾驶的。我对这些电动黄包车又爱又恨。爱是因为电动黄包车基本上是由 3 个轮子、一个摩托车发动机和后面一个长长的座椅组成，更节省能源，能在极小的空间内转弯，能让 3 个成年人或是 6 个儿童挤坐在一起。它们也能运东西，我看见过运载干草堆、冰箱或是运送物品到集市上，它们基本上无处不在。而讨厌它们是因为很多人讨厌它们，大部分是交通管理员、官员以及汽车司机；即使是乘客有时也会讨厌它们。但所有这些电动黄包车面临的问题都能得到解决。G-Auto 创始人兼 CEO 尼迈·库马尔（Nirmal Kumar）对这些讨厌电动黄包车的人予以反击："这个行业通过税收给政府带来了上百万美元的营收，并使上百万穷人维持着生计。"在库马尔的世界里，电动黄包车最好，是这个地球上最智能的城市交通工具（见图 10-3）。

图 10-3　G-Auto 创始人兼 CEO 尼迈·库马尔

人人共享模型也能让电动黄包车领域焕发生机：组织车主，提供规模经济，提高供应和需求，提高质量。G-Auto 在 2009 年成立，起初在艾哈迈达巴德（Ahmedabad）只有一个 15 人的车队，而现在在艾哈迈达巴德、德里、甘地讷格尔（Gandhinagar）、苏拉特（Surat）和拉杰科特（Rajkot）已有了 1.5 万辆电动黄包车组成的车队。每月乘坐电动黄包车的有 450 万人。G-Auto 与当地政府联系紧密，而印度政府之前也曾推荐所有印度城市复制这种模式，为通勤族创造福利。让人震撼，甚至是让印度人为之震撼的是，正是由于这个行业长期缺少政府的支持，才会由这些在印度等级制度中位于最底层的人运作这一市场。为什么 G-Auto 能成功扭转这一趋势？因为 G-Auto 是为了每个人的利益而去管理这一混乱的电动黄包车市场。

G-Auto 敏捷地利用技术，并在别的交通领域中也提前做好了准备。除了一个呼叫中心和一个网站之外，其移动应用能使人们去预定、呼叫并跟踪交通工具。这种技术减少了拒载和多收费等现象，并通过让乘客在乘车之前了解司机身份，为他们带来了更多的安全。另外，乘客的反馈机制能确保司机有更好的表现，他们不会再通过绕路来提高费用，或是在途中加油让乘客等待，或是不找零钱。作为一个公司，G-Auto 鼓励电动黄包车尝试所有类型的服务：常规的叫车、拼车、长途旅行服务，甚至还有接受过特殊训练的司机提供 6 小时的“古迹导游服务”。这些都很受乘客欢迎。

我青睐库马尔和 G-Auto 还有其他原因。因为电动黄包车是从人力黄包车发展而来的，那是从前一种以力气赚钱的生存方式。电动黄包车司机和大多数人相比，非常贫穷，没有接受过教育，每天的收入极低，工作的时间也要比别人长。是的，他们拥有这种神奇的资产，但生活却捉襟见肘。G-Auto 通过一种真实的、相关的技术使这些电动黄包车所有者的生活发生了改变，它将距离最近的预订信息传达给合适的司机，控制每日的服务预订情况，将车费数以短信形式发给用户，并会更新发票状态。它是印度首家在机场和火车站提供电动黄包车的公司。库马尔同时也进行了低成本的放款，所以司机能将已经过时的发动机换变成更先进、使用天然气的发动机，G-Auto 还与印度最大的天然气公司协商拿到了相对高的天然气费用折扣。所有这些都支持着电动黄包车司机的经济生活。所有参与这一平台的司机都有免费的人身意外保险和人寿保险、驾驶训练、子女的教育补贴和统一的制服。G-Auto 还和医院协商，为所有 1.5 万名电动黄包车司机及其家庭提供相对便宜的医疗问诊和诊断服务。哇！G-Auto 正将这些电动黄包车司机转变成为印度的中产阶级——这不仅提高了他们的收入，也改变了他们的生活状态。

库马尔有更大的计划，他告诉我："印度有 500 多万辆电动黄包车，每天能接送乘客 2.5 亿人，这些黄包车大多是在城市里。没有一种单一的交通模式能够承载这么多的乘客。"他表示，在印度还有 20 多个城市有与艾哈迈达巴德一样的潜力，而该公司的目标是到 2017 年有 10 万辆电动黄包车，而到 2020 年这一数字能达到 100 万。为什么不可以呢？我们已看到有那么多人人共享组织的规模正在飞速扩大。在这些不存在垄断巨头的发展中国家开辟市场能够更加快速地形成新的组织模式，要比那些已有自己的固定模式的国家发展得更快。他们能够直接采用人人共享模式，而不必先经历建立巨头垄断的模式。但库马尔也不会止步于印度这个市场。G-Auto 同样能够改善居住在斯里兰卡、巴基斯坦、泰国、菲律宾、印度尼西亚以及孟加拉国的乘客和司机的生活。在这些地区，电动黄包车很受欢迎。库马尔总结道："G-Auto 能够转变这些无序组织。我们要将这种交通服务变得更值得信任，并使其遍及整个亚洲。"我希望他成功，也能想象出 G-Auto 及其上千名个体司机能够提供这种几近即时且价格极为低廉的公共交通服务，政府也需要出一点点力：专属的交通线路、接送乘客的地点，以及出租巨大的、能够一次乘坐 8 人的新型电动黄包车。相较于在每一条交通路线上花费 10 亿美元建造一个地铁系统或者是花费 1 300 万美元建造一个公交系统，这种个人快速公交系统能用最小的成本来满足司机和乘客的需求。

我提到的这 4 个公司都与大部分人人共享组织相类似，富有弹性和社区建造的潜力。随着未来可能遭遇更加极端的天气状况，资源变得更为稀缺，我们将越来越需要这些公司。人人共享解决方案本身更具有弹性,因为参与者众多,但组织却不需支付其通常寻求这种适应能力需要的成本。但在社区建造方面,我们需要更加努力、更加积极。我们从中获得的一条经验是，**社区是遭受与气候变化相关灾难时的第一个回应者。那些居住在最底层或是临近社区的邻居能给你提供最及时、最好的帮助。**

Airbnb，利用现在的社区和平台应对灾难

就在飓风“桑迪”临近新英格兰海岸的前几个月，我和当时美国住房和城市发展部秘书长肖恩·多诺万(Shaun Donovan)一起参加了城市土地学会(Urban Land Institute) 的年度圆桌会议。关于人人共享结构，我对在场的几千人讲了很多。在飓风“桑迪”袭击美国东海岸的几天后，我接到了多诺万打来的电话：能否通过纽约市的过剩产能为受飓风影响的几千人提供临时住房？我和其他几位研究共享经济的人士来到他的办公室看看有什么可做的。我要承认，因为保险问题，我没能开发出汽车领域内的过剩产能。但是，Airbnb 很快就采取行动了，纽约的 1 400 多位 Airbnb 房主为那些无家可归者免费提供了房屋。Airbnb 网站的建立并不是为了提供免费住所，坦白说，这些失去住处的家庭和 Airbnb 房主之间前期也没有做好沟通。有一些“配对”成功了，那些受到飓风影响的家庭的确获益了，但是大部分的房间被搬空了。尽管如此，使用现有的社区和平台来应对灾难的想法还是站得住脚的。

在收获到一些经验之后，Airbnb 于 2013 年推出了灾难预警方案，这使得 Airbnb 房主们为那些受灾者提供房屋变得更加容易。自此，全世界的 Airbnb 房主会打开他们的房门，支援受到自然灾害侵袭的人们，包括圣迭戈受到大火灾影响的人们；塞尔维亚、波西尼亚、克罗地亚以及巴尔干半岛受洪水影响的人们；伦敦、撒丁岛、美国科罗拉多州多次遭受洪灾的人们；凯法利尼亚岛地震中受到影响的人们；多伦多和亚特兰大受到冰暴袭击的人们；以及菲律宾受到台风“海燕”影响的人们。

为了应对灾难，Airbnb 向受影响地区的房主发送邮件，询问他们是否愿意提供支援。费用的设置可以设为“免费”，而 Airbnb 也会为这些房主提供补助，所有的交易还是通过 Airbnb 的常规运营得以保证和支持。Airbnb 一笔小数额的投资将使大量的住所可供人们居住，而这些都是通过平台的发展来实现的。这是人们志愿予以他人援助的一种更有效的方式，但是它也需要人人共享模式来协调使其变得可靠。新的 Airbnb 灾难回应小组能持续收到有关灾难状况的信息。当一个城市或一个州提前知晓了灾难的发生（目前还是一个疯狂的设想），Airbnb 就可以使用其标准化的沟通工具来让所在区域的房主提前做好准备，及时送出受灾群众所需的物资并邀请他们加入培训项目。尽管我们处于实践这一想法的初级阶段，但我仍期望这种平台能被快速开发出来，在灾难来临时能得到广泛使用。2010 年冰岛火山爆发时，BlaBlaCar 就是一个有效、特别并且实时的应急交通工具。

Red Hook，通过改变社区来改变世界

另一个由个人构建的平台在飓风“桑迪”袭击后在一个被人们忽视的地区起到了作用，当时这片地区没有电、没有电话服务，连网络连接也被切断了。一个由一群来自布鲁克林的年轻科技人士运营的公司 Red Hook Initiative 之前曾在这里安装了一个无线网状网络。这一网络将没有网络连接的和有网络连接的设备连接在一起，最后将所有设备都连接起来，向外界提供有关事故情况的信息。

我对这种网状网络的热爱已有很长时间了，我喜欢它在紧急情况下提供服务，同时也能保证在全球范围内的人们享受到一种成本极低的无线上网。网状网络是解决无线网络拥堵或偏远地区联网困难的一种绝好的方式，有助于实现物联网。这种方式同时还使我们有可能实时使用公路和电力，而这是鼓励人们停止使用非清洁能源的关键。一个网状网络是这样的：你的电话信号不再通过卫星或基站来发射，而能够直接到达目的地，在这个过程中可能会连接到某人

的电话或是服务器。本地的数据仍停留在本地：你的电话、文档、给朋友看的照片；所有人都可以阅读今天早上互联网媒体上发布的新闻；这片地区的商铺、商场的营业时间和地址都能在邻里间直接，而无须将信息发送到旧金山再返回。无需再建新的基础设施，我们能够连接到现有的无线设备和路由器上。你无须每月交纳费用，只需要贡献自己的服务器和设备到网络上，我们利用的是闲置的资产。你的隐私也能得到很好的保护，你的数据不会通过一个公司的网络或是传到美国国家安全局。尽管我所讲述的这些还没有成为现实，但也非常接近了。2013 年 1 月，第一个开源网状网络软件平台面世，离我们将每个人的智能手机和笔记本电脑组成一个世界范围的大网络的目标又近了一步，不用再建造新的基础设施，也不必每月上缴订阅费用。

约书亚·布莱巴特（Joshua Breitbart）是新美国基金会开放科技组织（New America Foundation's Open Technology Institute）的资深研究员，他还是帮助 Red Hook 网状网络运行的开源软件的联合创始人。他曾说过："硅谷流传着这样一句话，'开发一个应用，改变整个世界'。但是现在可以这样说，'开发一个应用，改变我的社区'。"如果要将他的这句话进行延伸，我会说：'开发一个应用，通过改变众多社区来改变这个世界。'网状网络就是这样。它能将连接网络的设备的功能多样化，并利用过剩产能使那些看上去几乎不可能的事情变成可能，它依赖于群体分布式网络增长并形成规模。

刊登于《纽约时报》的一篇关于 Red Hook initiative 的文章是这样写的："这些设备相互之间会'沟通'，它们不仅仅是连接网络的一系列'热点'；网状网络不论是否连接到网络都能上网。而这种独立性是其主要的吸引力——在柏林，技术人员通过共享网络连接来节省费用；在西班牙农村地带，最大的网状网络之一覆盖了那些被电信公司忽略的区域；突尼斯不再对网络内容进行严格审查，外交部花费上百万美元在当地政府协助下构建了一个网状网络来进行试验。"

突尼斯有网状网络吗？距其 140 千米的萨亚达市（Sayada）决定创办一

家媒体，从而摆脱由政府控制的媒体、通信和频谱，因为旧有的管理机制在监管和审查方面都是臭名昭著的。6 岁到 80 岁的当地居民以及一个技术团体 CLibre 花 4 天时间搭建了一个能覆盖本地区 70% 区域的网络。通过协同设计和搭建，这一无线网络为当地居民提供了丰富的信息，如维基百科和开放街道地图，并将包含有关当地的一些信息。“开放技术计划”的技术专家们和 CLibre 协同来帮助当地的社区组织者使用开源、自我引导的工具包，即混合结构工具（Commotion Construction Kit）。该无线网络、当地服务器以及安装硬件的整体成本不到 2 500 美元，但这是过剩产能——捐赠的屋顶以及社区的劳动力，人们能付得起这样的成本。随着时间的流逝，该网络社区的规模在有需要的情况下仍可以再扩大，无须许可。

读到这里，你们有没有意识到本章存在一个巨大的漏洞呢？我们已经涵盖了那些来自大企业、初创公司、非政府机构、人们共同工作的群体以及个人努力的成果，却没有提及政府。一些政府，尤其是地方性政府，往往行动缓慢，小心翼翼。但是，我不能完全不提碳定价就结束这章。在上一章的结尾，我曾提到过，碳定价的判定是我们最终需要开发的、规模最大且最难构建的参与平台。过剩产能的存在基于我们要购买产品、服务、房屋和基础设施；增收碳排放税会将这些花费的目的多样化，而制订碳定价将有助于我们作出选择。这也使平台的角色变得非常重要：制订碳定价使所有利益相关者和每一个购买者的努力能直接体现在价格上，我们做决定的过程也将被简化。这是政府可以独立完成的，并且它们会坚持做到最好。随着全球众多国家政府采取一系列多样化的复杂举措，参与的群体也将努力做到最好，根据这一价格信号来改变他们所处的环境。我曾与一位经济学家讨论过这一问题，他让我从一个新的角度理解了碳定价，这就像是整个世界突然发现了一项难以置信的有价值的新资产。

一个价值上万亿美元的新市场突然从天而降，每个人都有能力基于这一新资源来进行交易。它有点儿像比特币，会掀起一场新的淘金热。

群体间相互协作的人人共享经济正是我们解决地球面临的紧迫问题所需要的。气候变化、可持续发展、水资源稀缺、森林面积退化、住房、可持续交通、教育以及贫穷等问题都需要人人共享组织来解决。我们需要适应力、丰富性、社区化以及低成本和资源的充分利用，同时也需要新的参与平台能够快速扩大规模，适应当地的发展，并使个人的创新成果能在整个平台上应用。我们现在需要以上提到的这一切（实际上，我们以前也需要）。让我们现在就开始设计能够利用过剩产能、使人们踊跃参与的平台，并依赖于群体来实现平台的本地化吧。如果我们要实现到 2017 年碳排放量达到顶峰后开始下降的目标，我们现在就必须要采取行动了。

当我告诉库马尔，我对他的事业极度推崇后，他写信告诉我说："感谢你的赏识，我和真正的伟人相比还差很远。这个世界如此广阔，我所做的只是大海中的一滴水。"

我们都是这个海洋中的一滴水。我依赖于你的天赋、经验和热情，让这一切都实现。我当然不了解也无法体会你对于生活的感悟。我们需要更加多样地去解读这个世界。没有你，我们什么都做不了。

我的朋友《联合国气候变化框架公约》执行秘书长克里斯蒂安娜·菲格雷斯（Christiana Figueres）在信中写道："气候变化并不是一个人、一个组织、一座城市或是一个国家面对的问题，这是我们每个人都要面对的问题。我们都要为找到解决方案贡献出自己的力量，而这件事已迫在眉睫。"

PEERS INC

How People and Platforms Are Inventing the Collaborative Economy and Reinventing Capitalism

结语

共享，通往未来之路

本书提出了一项挑战。这不仅仅是企业家们要面临的挑战，也是那些想要通过创建与用户分享权力和价值的平台来改变游戏规则的人们需要面临的挑战。当个人能获得大量资源从而成为具有创造力的不可替代的生产者时，这将是对个人价值的一种赞颂。最重要的是，这表达了对我们这一代成为协作的一代，构建一种共享经济的期待，而这种经济将不会再使得雇主和员工对立，也不会使生产者和消费者对立。取而代之的是，我们分享一切能分享的事物，因为这是未来唯一可走之路。

在过去的两个世纪里，工业经济只会使某类资本家受益。为了使企业生存下去并不断发展壮大，这些资本家趋于将自己的企业发展成垄断企业，在统治整个市场的同时防范监管。他们通过对知识产权、商业秘密、版权、设备以及员工的独家占有获得对市场的控制权。这是为什么呢？因为只有规模相当的机构才能充分释放工厂、生产工具以及其他昂贵生产设备所具有的潜能。因为高产量能够带来规模经济以及提供低廉物品，这些产品和服务都是标准化的。更高的产量就意味着市场占有份额的提高。

在此之后，互联网产生了。

那些阻碍企业进入市场的障碍——巨额的私有资产以及秘而不宣的知识产权不再那么具有价值了。它们属于老式的策略，企业无法用以挖掘分享资产中存在的潜力，而那些供分享的资产往往能够带来更大的收益，为汇聚无限知识的大众

带来能量。所以，在这个世界上，权力正从笨重、闭塞、集中式的实体转向敏捷、适应能力强、分散式的、具有人人共享结构的企业手中。这也是人人共享组织替代资本主义的方式。

工业经济集中权力和财富之处就是共享经济能成功分配权力和财富的地方。所以，对那些掌握着权力、享受着现状所带来的丰硕成果的人们来说，经历这种改变将会变得尤其艰难。受益于传统经济模式的人们会努力维护现状，避免未来出现变数。工业经济的管理模式以及基于这种经济形态成长起来的巨头公司们不会在一夜之间转型。但是坚持走人人共享的道路，它们一定会有所改变，对此我深信不疑。

这是为什么呢？在新出现的共享经济里，我们彼此联系构成一个关系网，并能更容易地获取到资源。而下文所罗列的 4 项原则会毋庸置疑地指引我们走向共享经济。

共享经济的原则：

1. 可用的开放资产 > 封闭的资产

开放的资产比封闭的资产能带来更多价值，因为这些资产能被更有效地利用，并让我们不断发现新的使用价值。

2. 更多连接的思维 > 少数封闭的思维

正所谓“三个臭皮匠，顶个诸葛亮”，更多的人能汇集更多的智慧，但前提是人们必须要彼此建立联系。

3. 开放带来的益处 > 开放带来的问题

总体而言，创新以及分享式学习带来的机遇要远远多于其带来的问题，例如通过评级、发表评论以及构建值得信任的网络，我们可以辨别并惩罚不良行为。

4. 我获得 > 我给予

为平台贡献出自己资产的人将会获得比其贡献出的更多的资产。这就像维基百科、百乐餐会（potluck dinner）和税收一样，正是由于人们缴纳的税款，我们才有了公共图书馆，并得以进行国防建设。

我们遇到的真正问题是，如何让企业员工、政府以及我们自己为这一即将到来的新经济秩序做好准备？我们无法承担彼此攻讦、推迟和抵制这一更为生态、更为高效的新世界到来所带来的损失。从生态和经济的角度来讲，平台将是未来能获得成功的公司，所以我们认可平台和群体之间的分享所带来的价值是非常重要的。

3 月的一个明媚周日，我见到了好朋友卡洛斯·罗梅罗（Carlos Romero）。那天天气很好，很多生活在旧金山湾区的人们都因而选择出行，我们这些新英格兰人期盼着能经常看到这样的好天气。

卡洛斯开着一辆老旧的棕色皮卡车来接我，车上贴满了胶带。我上车的时候小心翼翼的，很担心会一脚踩穿车的底盘。他告诉我他平时的交通工具是公交或自行车，但是由于能免费停车，他每年还是会把这个沉重的家伙开出去几次。

我们开车出了奥克兰谷，就在到达郊区秀丽的群山之巅前，我们沿着山脊向右转，在一片茂密的红杉林里找到了一个停车场。我们来到了夏博地区公园（Chabot Regional Park），一个景色优美、地理位置隐蔽的公园。我们沿路向上时，前方唯一能见的是一大片遥不可及的谷地和蓝色的山丘。我感觉自己好像置身于另一个世界中，但其实我们离喧闹的都市并不远。

随着我们不断向上爬，罗梅罗一直在问我对人人共享这种新型经济结构的前景为何持乐观态度。他在旧金山湾区从事经济发展、组织新移民和房屋补贴方面的工作已有 20 年了。我对罗梅罗说了自己所预见的世界，这是一个企业员工拥有强大经济能力、自由职业者富有激情的世界。在这个世界里，支撑分散型的价值创造、高效利用现有资产的平台型公司为企业员工和自由职业者们提供了机遇。

罗梅罗对人人共享的理解也许和那些技能水平较低、被边缘化的企业员工相一致，并不乐观。他曾亲眼目睹工资跌到谷底的全过程，如果有无数自由职业者加入公司的话，这就意味着总有人愿意只获取较低工资。他看到有些自由职业者并没有与企业在权力和利益方面讨价还价，或是寻求安全保障，这样平台就很容易会变成垄断组织。消费者没有别的选择。群体会去工作，而平台拥有者们则会拿到所有的钱，掌控一切。一切和以前一样，也许会更糟，因为有越来越多的人发现他们自己做着报酬微薄且没有保障的工作，脱离了之前那种全职且富有保障的工作。失业率会越来越高，人们的收入会越来越不平等。

当我们走出这片山谷，返回现实世界中后，与罗梅罗的对话一直萦绕在我的脑海里。我担心的问题和他一样，一些我们不愿意看到的结果将会出现，或已经出现。政府的注意力很快就会集中到经济转型中的不良影响上来。如果政府要坚持过时的监管措施，并创建新的监管措施来保护那些大公司，我们就不能很快建造能适应气候变化和可持续发展的平台，而这些大公司也终将倒闭。如果政府坚持对就业抱有过时的理念，整个社会的劳动力就会变得越来越不堪一击。罗梅罗和我探讨了大量关于加强员工保护和社会安全保障的问题，以便能覆盖到这些在新型公司中工作的员工（参见第 7 章和第 8 章）。我们可以作出选择，对这些从人人共享平台中获得的丰裕产出作出调整并提高每个人的生活质量……或者不这样做。

辨识过剩产能，建造共享平台，推动群体合作

成功的平台是否会都变成垄断企业，我在第 6、8、9 章中已有所提及。在

现实世界中，我们本以为很多事物会成为垄断，因为不断扩大的规模会带来越来越多的营业收入，如交友网站和租车网站等，但是，这样的现象却从没有真正发生过。事物仍然保持着多样化，因为人们希望有不同的事物，也正是由于这一点，平台仍需不断完善。**本书旨在揭示人人共享框架对于人们思考和采取行动的影响：辨识过剩产能，建造共享平台，让群体能够进一步相互合作。**正如一盘美味可口的意大利面条需要热水和劲道的面团加工而成，平台和群体之间相互依赖，缺一不可。拒绝接受这一事实，双方都不会迎来好结果。

在共享经济中，群体可以获取资源、彼此间能建立联系。在平台通过利用现有公司来以更快速度创建更多公司的同时，也可以通过不断壮大的平台和平台间日益密切的联系变得更加强大（奇迹 3，多样化的网络群体让我们可以即时获取正确想法）。

和工业资本主义不同，在共享经济中，钱并不能帮你买到一切。当更多的交易是在本地时，社会的无形资产如友谊、当地的风俗文化、对于特定事物和境况的理解将会变得更为重要。在工业经济中，并购以及展示有形资产是一种炫耀身份的方式；而在协作型经济中，我们不用担心资产所有权的问题，因为当我们需要时动动手指就可以解决，我们的身份和声誉与人脉有关。

工业资本主义的发展将公司的生存放在首位，而共享经济的繁荣依靠的是独立的个体，其中包括消费者和供应商。即便是主流经济学家也意识到了这种通过财富增长来衡量成功和所创造的价值是不可靠的。拥有不同以往的组织结构及价值创造方式的人人共享模型将在转变世界经济形式中扮演重要角色，那时我们的世界将拥有全新的价值体系以及全新的繁荣衡量标准。

在过去的两年里，我与来自世界各地的许多出租车司机交谈过，话题包括他们的工作环境和生活质量。Uber 已经获得了 33 亿美元的风险投资，其中很大一部分用来与其众多的竞争者以及政府的不利政策相抗衡。它拥有像谷歌这样资金雄厚且受众广泛的投资者。2014 年中期，全球 54% 的智能手机上都安装了谷歌地图应用，随后谷歌地图的选择出行路线功能中还增加了使用 Uber 这一项。

尽管拥有以上这些优势，我从众多司机和媒体对 Uber 不满的阐述中还是听到了 Uber 对司机们反馈的问题极不重视，而这一点对其而言是致命的。在 Uber 迈向成功的道途中，司机很重要。但是，《智族 GQ》杂志称："Uber 的管理者更像是皮条客而不是老板。"对此，我问了一位居住在旧金山的 Uber 司机。对于这一说法，他表示十分认同。2014 年 9 月《印度时报》(*Times of India*)上的一篇报道也谈到了同样的问题。Uber 在德里办公的一位总经理表示："我们的司机都是独自管理生意，并不需要向 Uber 汇报工作，所以也就没多大必要经常联系了。"但是德里的一位 Uber 司机表示："我们被告知只能在周五下午 5~6 点给 Uber 打电话来解决问题。而在这一时段里，我们也从来没有机会见到经理。"

Uber 有很多的竞争者，而群体能自行选择工作的平台。在人人共享平台上，这种自由选择的雇用模式意味着进入和退出都相对容易，而个人和公司之间的权力平衡已发生了改变。不可否认，有一些平台是垄断组织。那些能长期获利的公司都将权力给予了群体，从而助其实现自主经营（在本书第 6 章中，我曾提到埃莉诺·奥斯特罗姆设计出历史悠久的公司 8 原则）。

过去，我们对于所有权的强调来源于对资源匮乏的恐惧。但是，**当我们越来越多地体验到整合资源的价值时，就会越加相信自己应该去分享而不是占有，给予他人我们拥有的，教给别人我们学到的东西。**

想象一下，倘若全世界的人都处于一个分享的网络之中，这个网络将会具有多么大的潜力。即使曾经被认为是"有竞争性的"事物，即那些一个人的使用会减少其他人使用的能力的事物，也将变得不再具有竞争性。Zipcar 就是一个很好的例证。

Airbnb+Zipcar+Lyft+G-Auto+LaRuche+LinkedIn+……

在本书开篇，我谈到了对人人共享架构能带来的改变的一些理解及对这一架构的推崇。当我进一步深入研究之后，我发现了三个奇迹蕴含的潜力：过剩产能让我们得以创生新能量，智能平台让我们得以以指数级速度学习，多样化的网络群体让我们得以即时获取正确想法。但是，随着对每一个相关因素的研究（参见第 6 章和第 9 章），我惊喜地发现自己的想法又有了变化。以下是我的一些观点：

◎ 政府必须尽一切所能来创造并释放资产的价值。

◎ 我们需要对平台收缴较多的税收，因为几乎所有事物都会转变为一个平台，我们希望保持群体的流动性。

◎ 政府的监管条例需要能保护那些自主经营的个人对抗平台所拥有的权力，保护人们而不是工作岗位。

◎ 每一个人都应该是独立的合约方，以最大程度保证公司及员工的灵活性和弹性，能够适应经济形势变化。

◎ 我们必须保证存在最低收入，所以大量的生产收益就会遍及整个经济体而不是提高失业率。

◎ 我们应该充分挖掘那些自由和开源软件的潜力及区块链的潜力，使社区能创造并管理平台。

生活在这个星球上的人口超过 70 亿，而资源却在以惊人的速度日益减少。考虑到如今我们所处的境况，有些事令我感到心情沉重：有上百万无辜的人正在遭受着气候变化所带来的糟糕境遇；年轻人正在慎重地考虑他们是否应该生孩子；由于我们的所作所为，到 2100 年地球上将有 50% 的生物灭绝；伴随着人们对宇宙、创造力、文化、传统以及家庭理解的不断缺失，人类进化的前景非常渺茫。我们会毁灭自己的家园吗？只有到了危急关头，我们才能发挥潜力活下来吗？我们现在的时间已非常有限。

我们需要人人共享，因为这样可以在少数人分享实体资产的情况下维持众多人口生存。

我们需要人人共享，因为虚拟资产能被无限次重组，使人们产生更多的创意和满足感，却不对原始资产造成任何影响。

我们需要人人共享，因为我们需要新的想法、新的方式和不同的生活体验来解决那些似乎无法解决的问题。

我们需要人人共享，去适应当今世界快速变迁的步伐，我们需要上百万人在不同的平台上做重复的事情，这样我们能尽可能用最快速度找到那些可以带来最好结果的工作方式，并进行广泛传播以造福人类。

在共享经济中，经济增长并不意味着我们需要扩大对实体产品的生产和消费规模。当每一个群体加入平台并贡献自己的资产和知识，同时获取比自己所贡献的更多的资源时，才会出现经济增长。当有新的公共资产或私人资产进入平台时，我们可以从这些之前未利用的过剩产能中获取更多价值。同时，这也会增加我们的财富。有很多实物并不是被生产出来的，而是通过建立联系获取的。更多的创意、资产和人力资源都可以被随时使用、任意组合。这种过程或许会有所限制，但也会远超我们现在的生活标准，而我们对实物资源的依赖也将更少。

这就是 Airbnb + Zipcar + Lyft + G-Auto + La Ruche + LinkedIn + Facebook + OKCupid + SoundCloud + Spotify + Twitter + 开放的数据 + eLance-oDesk + Peerby + Yerdle + Etsy + Fiverr + mesh networks + GPS + 智能手机应用 + YouTube +Tumblr + BitTorrent + Meetup +MOOCs + Ciclovía + co-housing + co-working +Open Street Maps + 共享的公用场地 + 快闪族 + 虚拟合唱 +《约翰尼

卡什的计划》(*The Johnny Cash Project*)。

要塑造我们想要生活其中的世界，我们就必须采取行动。戴维·波利尔(David Bollier)在《培养共有权思维》(*Think Like a Commoner*)一书中呼吁人们要采取行动："我们可以想象自己是美国国会议员，成为真正的领导者，运用自己的才能、热情和责任心来面对现实中的问题。我们需要展开行动，因为我们与世间的万物有着千丝万缕的联系。我们要使用人类所拥有的权利和力量，投身于管理对我们生命极为重要的资源。"

共享的力量

这一切已然正在发生：G-Auto 利用使用清洁天然气能源的汽车每月接送 450 亿名乘客，而这些司机们的生活质量也提高了。BlaBlaCar 采用共享私家车的方式每月接送 200 万人。每一天，1.5 万次会面会通过 Meetup 进行。每月上传至 YouTube 的视频数量要比世界三大电视网络过去 60 年制作的还要多，其中来自 30 多个国家的 100 多万人利用他们上传的视频赚钱。WhatsApp 每天发出的 500 亿条信息都是通过已有的流量计划实现的，只在 2013 年一年就为用户节省了 40 亿美元的短信费用。Duolingo 为全球 5 亿人提供免费的语言指导。有 4 000 万人从 Etsy 上采购商品，其 2013 年价值 13.5 亿美元，其中的大部分交易意味着来自 200 多个国家的 100 多万卖家的新增收入。

Zipcar 通过分享同时提升了人们的生活水平和我们的环境质量，这一点通过我的亲身经历就能得到验证。总的来说，相对于每一辆奔驰在街道上的 Zipcar，就有 15 个人不愿买车或是因为能使用分享的车所以卖掉了原有的车。Zipcar 有 87 万名会员和 1 万辆汽车，这就意味着有 15 万辆私家车将不会再闲置在城市街道和车道上。自 Zipcar 进驻波士顿、纽约、华盛顿和芝加哥之后，这些城市的汽车登记率都有所下降，下降幅度达到了 7%~10%。Zipcar 会员会充分考虑开车与步行、骑自行车等其他方式的成本比。结果，Zipcar 会员在使用 Zipcar 时会少开 80% 的路程。全部加起来，仅 2014 年一年就相当于汽车少行驶了 65.6 亿千米，减少了 170 万吨二氧化碳的排放。

充分运用你在本书中了解到的，为人人共享赋予新的含义。这也是人类联合会所做的：让人们彼此之间进行更多的对话，让人们融入到创造价值的链条中，融入到经济之中，让人们共同建立新的组织和团体，但人们又是相互独立的个体。

2003 年中旬，Zipcar 的公众邮箱 info@zipcar.com 收到了一封邮件，其中并没有什么和公司相关的内容。邮件全文是这样的："最近，我有没有说过我爱你？"

我们要敢于做一个会分享的个人、创业者、企业家、规则改变者、决策者、领导者，敢于放弃所有权，敢于为彼此联系的群体和可用资产投资。让我们共同创造一个理想的家园。

想要继续与我对话？请访问 www.peersincorporated.com。

“全民创新，万众创业”是今年中国科技圈里叫得最响的一个口号，年初总理提出的“互联网 +”也让互联网的话题再次被推到了舆论的风口浪尖。

本书正是在这个大家都想创业，又对创业望而却步的时候提供的一剂良药，因为不是所有的产业都适合走互联网道路，也不是所有的行业都给创业留有生存空间。根据本书的理论，要创业，走互联网道路，需要满足的条件有：过剩产能、人人参与、共享平台。

作者以当下最知名的共享公司 Uber 和 Airbnb 为范本，对这种新型共享经济模式进行了深度解读，对其中可能出现的问题，解决方法也都有所涉及，并提出了这种全新的经济模式：人人共享。

在翻译本书过程中，除了对作者提出的这种新型经济模式印象深刻之外，作者对于环境，对于我们生存的地球的担忧和责任感也让我倍感震撼。每每提到环境变化、天气变暖、物种消亡的话题时，我们或许并没有太深的感受，因为不知道能做什么。但是在翻译了本书之后，才发现原来我们身边有那么多的过剩产能，原来我们浪费了这么多资源，原来利用一辆车里的空闲座位也能让一家创业公司融资到 1 亿美元。

我很荣幸能够接触并翻译此书，为它能同中国读者见面尽我之力。翻译是一件辛苦的事，要能够长期坚持，必须对翻译有着很强烈的热爱。是所有关注本书的读者的支持和肯定，让我能够坚持把这本书翻完。另外要感谢好友张和和张尧给我提供关于互联网和共享经济的专业指导，感谢我的领导韩迪对我翻译工作的理解和支持，还要感觉我的母亲韩云朝和父亲王风在翻译本书期间对我生活上无微不至的照顾。

最后，限于译者水平，书中疏误之处在所难免，祈望多方指教。

湛庐，与思想有关……

如何阅读商业图书

商业图书与其他类型的图书，由于阅读目的和方式的不同，因此有其特定的阅读原则和阅读方法，先从一本书开始尝试，再熟练应用。

阅读原则1 二八原则

对商业图书来说，80%的精华价值可能仅占20%的页码。要根据自己的阅读能力，进行阅读时间的分配。

阅读原则2 集中优势精力原则

在一个特定的时间段内，集中突破20%的精华内容。也可以在一个时间段内，集中攻克一个主题的阅读。

阅读原则3 递进原则

高效率的阅读并不一定要按照页码顺序展开，可以挑选自己感兴趣的部分阅读，再从兴趣点扩展到其他部分。阅读商业图书切忌贪多，从一个小主题开始，先培养自己的阅读能力，了解文字风格、观点阐述以及案例描述的方法，目的在于对方法的掌握，这才是最重要的。

阅读原则4 好为人师原则

在朋友圈中主导、控制话题，引导话题向自己设计的方向去发展，可以让读书收获更加扎实、实用、有效。

阅读方法与阅读习惯的养成

（1）回想。阅读商业图书常常不会一口气读完，第二次拿起书时，至少用15分钟回想上次阅读的内容，不要翻看，实在想不起来再翻看。严格训练自己，一定要回想，坚持50次，会逐渐养成习惯。

（2）做笔记。不要试图让笔记具有很强的逻辑性和系统性，不需要有深刻的见解和思想，只要是文字，就是对大脑的锻炼。在空白处多写多画，随笔、符号、涂色、书签、便签、折页，甚至拆书都可以。

（3）读后感和PPT。坚持写读后感可以大幅度提高阅读能力，做PPT可以提高逻辑分析能力。从写读后感开始，写上5篇以后，再尝试做PPT。连续做上5个PPT，再重复写三次读后感。如此坚持，阅读能力将会大幅度提高。

（4）思想的超越。要养成上述阅读习惯，通常需要6个月的严格训练，至少完成4本书的阅读。你会慢慢发现，自己的思想开始跳脱出来，开始有了超越作者的感觉。比拟作者、超越作者、试图凌驾于作者之上思考问题，是阅读能力提高的必然结果。

好的方法其实很简单，难就难在执行。需要毅力、执著、长期的坚持，从而养成习惯。用心学习，就会得到心的改变、思想的改变。阅读，与思想有关。

［特别感谢：营销及销售行为专家 孙路弘 智慧支持！］

我们出版的所有图书，封底和前勒口都有“湛庐文化”的标志

并归于两个品牌

找“小红帽”

为了便于读者在浩如烟海的书架陈列中清楚地找到湛庐，我们在每本图书的封面左上角，以及书脊上部 47mm 处，以红色作为标记——称之为**“小红帽”**。同时，封面左上角标记**“湛庐文化 Slogan”**，书脊上标记**“湛庐文化 Logo”**，且下方标注图书所属品牌。

湛庐文化主力打造两个品牌：**财富汇**，致力于为商界人士提供国内外优秀的经济管理类图书；**心视界**，旨在通过心理学大师、心灵导师的专业指导为读者提供改善生活和心境的通路。

阅读的最大成本

读者在选购图书的时候，往往把成本支出的焦点放在书价上，其实不然。

时间才是读者付出的最大阅读成本。

阅读的时间成本=选择花费的时间+阅读花费的时间+误读浪费的时间

湛庐希望成为一个“与思想有关”的组织，成为中国与世界思想交汇的聚集地。通过我们的工作和努力，潜移默化地改变中国人、商业组织的思维方式，与世界先进的理念接轨，帮助国内的企业和经理人，融入世界，这是我们的使命和价值。

我们知道，这项工作就像跑马拉松，是极其漫长和艰苦的。但是我们有决心和毅力去不断推动，在朝着我们目标前进的道路上，所有人都是同行者和推动者。希望更多的专家、学者、读者一起来加入我们的队伍，在当下改变未来。

湛庐文化获奖书目

《大数据时代》
国家图书馆“第九届文津奖”十本获奖图书之一
CCTV“2013中国好书”25本获奖图书之一
《光明日报》2013年度《光明书榜》入选图书
《第一财经日报》2013年第一财经金融价值榜“推荐财经图书奖”
2013年度和讯华文财经图书大奖
2013亚马逊年度图书排行榜经济管理类图书榜首
《中国企业家》年度好书经管类TOP10
《创业家》“5年来最值得创业者读的10本书”
《商学院》“2013经理人阅读趣味年报·科技和社会发展趋势类最受关注图书”
《中国新闻出版报》2013年度好书20本之一
2013百道网·中国好书榜·财经类TOP100榜首
2013蓝狮子·腾讯文学十大最佳商业图书和最受欢迎的数字阅读出版物
2013京东经管图书年度畅销榜上榜图书，综合排名第一，经济类榜榜首

《爱哭鬼小隼》
国家图书馆“第九届文津奖”十本获奖图书之一
《新京报》“2013年度童书”
《中国教育报》“2013年度教师推荐的10大童书”
新阅读研究所“2013年度最佳童书”

《牛奶可乐经济学》
国家图书馆“第四届文津奖”十本获奖图书之一
搜狐、《第一财经日报》2008年十本最佳商业图书

《影响力》（经典版）
《商学院》“2013经理人阅读趣味年报·心理学和行为科学类最受关注图书”
2013亚马逊年度图书分类榜心理励志图书第八名
《财富》鼎力推荐的75本商业必读书之一

《影响力》（教材版）
《创业家》“5年来最值得创业者读的10本书”

《大而不倒》
《金融时报》·高盛2010年度最佳商业图书入选作品
美国《外交政策》杂志评选的全球思想家正在阅读的20本书之一
蓝狮子·新浪2010年度十大最佳商业图书，《智囊悦读》2010年度十大最具价值经管图书

《第一大亨》
普利策传记奖，美国国家图书奖
2013中国好书榜·财经类TOP100

《卡普新生儿安抚法》（最快乐的宝宝1·0~1岁）
2013新浪“养育有道”年度论坛养育类图书推荐奖

《正能量》
《新智囊》2012年经管类十大图书，京东2012好书榜年度新书

《认知盈余》
《商学院》“2013经理人阅读趣味年报·科技和社会发展趋势类最受关注图书”
2011年度和讯华文财经图书大奖

《神话的力量》
《心理月刊》2011年度最佳图书奖

《真实的幸福》
《职场》2010年度最具阅读价值的10本职场书籍

延伸阅读

《富足》

◎ X 大奖创始人、奇点大学执行主席彼得·戴曼迪斯震撼之作。

◎ 海尔集团董事局主席、首席执行官张瑞敏，大自然保护协会北亚区总干事长张醒生，阿里巴巴集团副总裁、高级研究员梁春晓，《罗辑思维》主讲人罗振宇鼎力推荐！

◎ 李嘉诚案头最显眼的重磅著作，政府、行业和企业家通向未来的战略路线图。

《稀缺》

◎ 哈佛大学终身教授、“麦克阿瑟天才奖”获得者塞得希尔·穆来纳森和普林斯顿大学心理学教授埃尔德·沙菲尔强强联合之作，继诺贝尔经济学奖获得者丹尼尔·卡尼曼《思考，快与慢》之后的又一部行为经济学重磅新作，《金融时报》2013 年必读十佳商业图书。

◎ 清华大学教授、心理学系主任彭凯平，浙江大学经济学教授、跨学科社会科学研究中心主任叶航，物理学家、中山大学教授李淼，福布斯中文网前总编辑周健工，财新传媒主编王烁，《罗辑思维》主讲人罗振宇，诺贝尔经济学奖获得者、《思考，快与慢》作者丹尼尔·卡尼曼等联袂推荐。

《人人时代》

◎“互联网革命最伟大的思考者”克莱·舍基经典作品，《未来是湿的》再版。

◎ 腾讯董事会主席兼首席执行官马化腾，中国互联网发展的重要参与者、知名 IT 评论人谢文，《长尾理论》作者克里斯·安德森重磅推荐。

《认知盈余》

◎《未来是湿的》预言了“无组织的组织力量”，《认知盈余》将开启“无组织的时间力量”。

◎ 腾讯掌门人马化腾首度亲笔作序。

Peers Inc：How People and Platforms Are Inventing the Collaborative Economy and Reinventing Capitalism by Robin Chase

Published by arrangement with PublicAffairs, a member of Perseus Books LLC through Bardon-Chinese Media Agency.

图书在版编目（CIP）数据

共享经济：重构未来商业新模式 /（美）蔡斯著；王芮译．—杭州：浙江人民出版社，2015.9

ISBN 978-7-213-06785-3

Ⅰ．①共…　Ⅱ．①蔡…　②王…　Ⅲ．①企业管理–通俗读物　Ⅳ．①F270-49

中国版本图书馆 CIP 数据核字（2015）第 151159 号

浙江省版权局
著作权合同登记章
图字:11-2015-49 号

上架指导：企业管理 / 创新创业

本书法律顾问　北京市盈科律师事务所　崔爽律师
张雅琴律师

共享经济：重构未来商业新模式

作　　者：［美］罗宾·蔡斯　著
译　　者：王　芮　译
出版发行：浙江人民出版社（杭州体育场路347号　邮编　310006）
市场部电话：（0571）85061682　85176516
集团网址：浙江出版联合集团　http://www.zjcb.com
责任编辑：罗　旭
责任校对：陈　春　姚建国
印　　刷：北京鹏润伟业印刷有限公司
开　　本：720 mm × 965 mm 1/16　　**印　　张：**18.75
字　　数：26.6 万　　**插　　页：**3
版　　次：2015 年 9 月第 1 版　　**印　　次：**2015 年 9 月第 1 次印刷
书　　号：ISBN 978-7-213-06785-3
定　　价：59.90 元

如发现印装质量问题，影响阅读，请与市场部联系调换。